AF627908

VICTORINOX

Schnitzen mit dem Schweizer Taschenmesser

HEEL

IMPRESSUM

HEEL Verlag GmbH
Gut Pottscheidt
53639 Königswinter
Tel.: 02223 9230-0
Fax: 02223 9230-13
info@heel-verlag.de
www.heel-verlag.de

3. Auflage 2026

Acquisitions Editor: Alan Giagnovaco
Developmental Editor: Mindy Kinsey
Junior Editor: Carly Glasmyre
Technical Editor: Bob Duncan
Copy Editor: Katie Weeber
Cover & Layout Designer: Jason Deller
Photography: Scott Kriner

Deutsche Ausgabe:
Übersetzung aus dem Englischen: Claudia Buchholtz, Rackwitz
Satz und Covergestaltung: Axel Mertens
Lektorat: Helge Wittkopp

Warnhinweis:
Das Werken mit Messern, Brennstäben, Sägen und anderen Werkzeugen birgt gewisse Risiken. Etliche Ratschläge und Anleitur gen können bei fehlerhafter Ausführung unter bestimmten Umständen zu erheblichen Folgeschäden führen.
Autor, Übersetzer und Verlag lehnen daher ausdrücklich jede Haftung für die veröffentlichten Arbeitsanweisungen und daraus gefolgerte Schlüsse ab. Beachten Sie bei Aktivitäten in der freien Natur auch immer die jeweiligen Bestimmungen des Natur-, Pflanzen- und Tierschutzes sowie die geltende Waffengesetzgebung.
Bei allen anhand dieses Buches ausgeführten Arbeiten trägt der durchführende Schnitzer das alleinige und uneingeschränkte Risiko. Ebenso ist die Haftung des Autors, Übersetzers und Verlags für Druckfehler, Schreibfehler und sachliche Fehler jeder Art ausdrücklich ausgeschlossen.

Printed in China
ISBN 978-3-95843-232-1

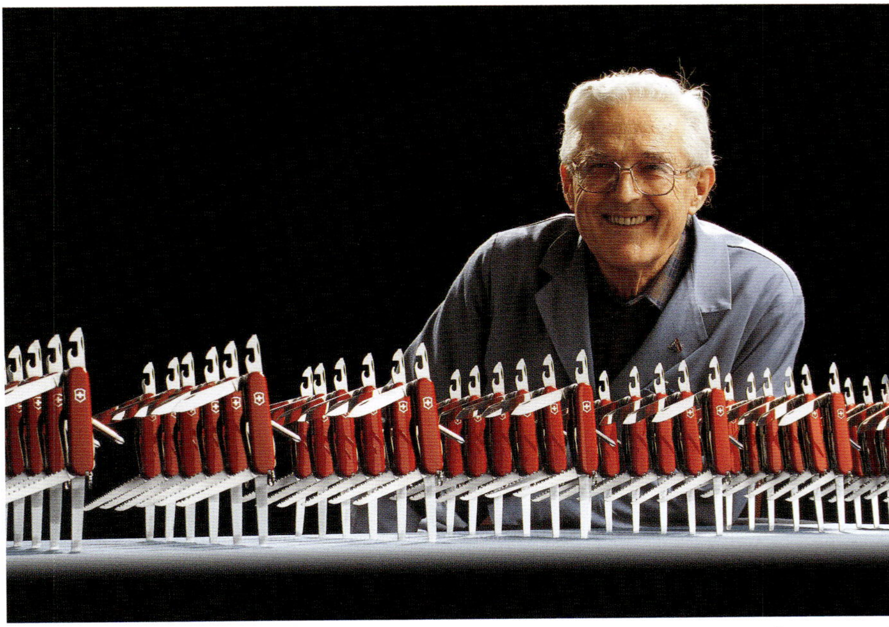

DAS FOTO WURDE FREUNDLICHERWEISE ZUR VERFÜGUNG GESTELLT VON VICTORINOX

Carl Elsener senior (1922–2013)

Widmung

Leider hatte ich nie die Ehre, Carl Elsener sen. persönlich kennenzulernen, aber ich weiß, dass er in den vielen Jahren, in denen er die Geschicke von Victorinox lenkte, diese außergewöhnliche Firma auf seine ganz eigene Weise zu dem gemacht hat, was sie heute ist. Viele Jahrzehnte lang waren sein Faible für Innovation und Qualität und seine Begeisterung für die hervorragenden Produkte, die das „Tal der Schweizer Messer“ verließen, deutlich zu spüren.

Diesem besonderen Menschen sei dieses Buch gewidmet.

Chris Lubkemann
Lancaster, Pennsylvania

INHALT

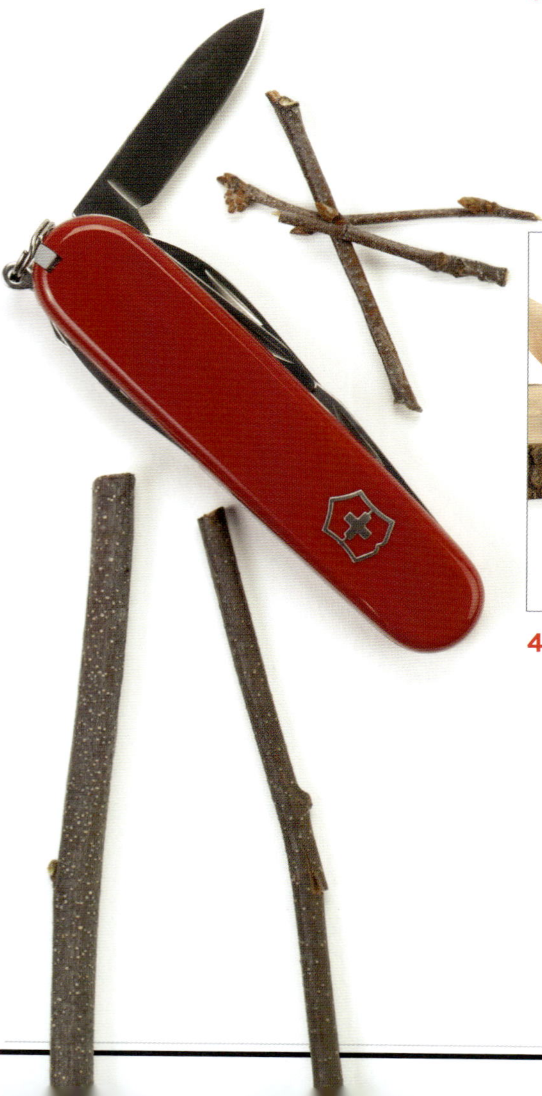

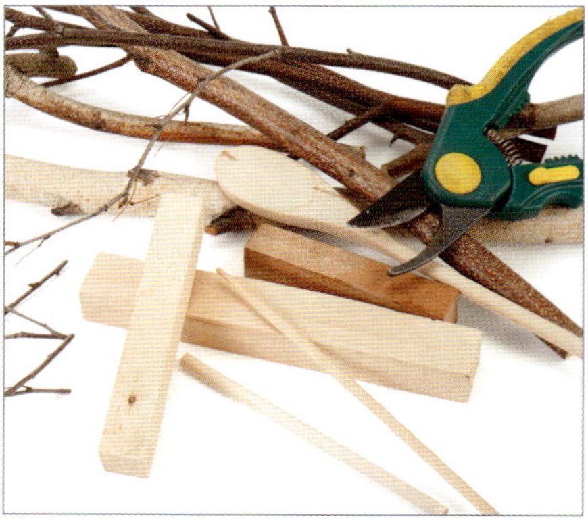

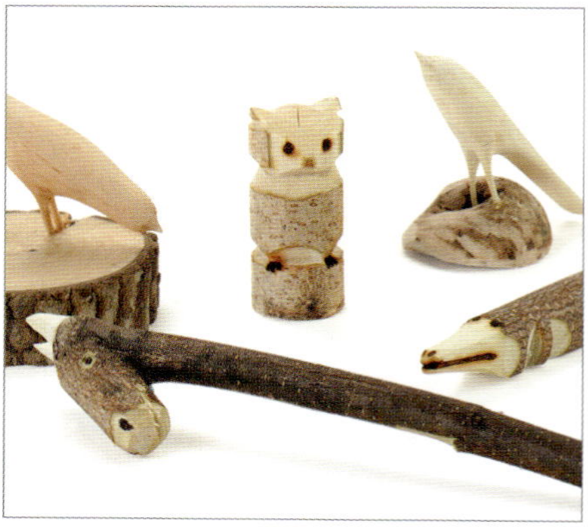

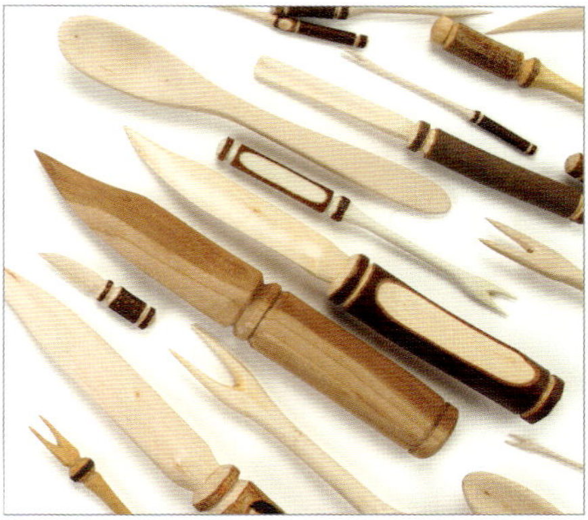

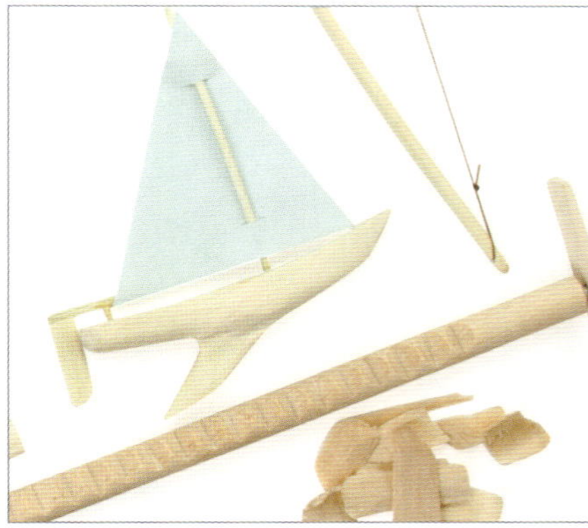

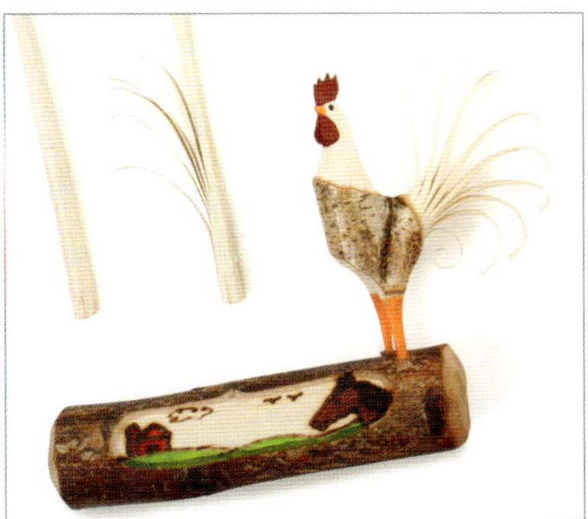

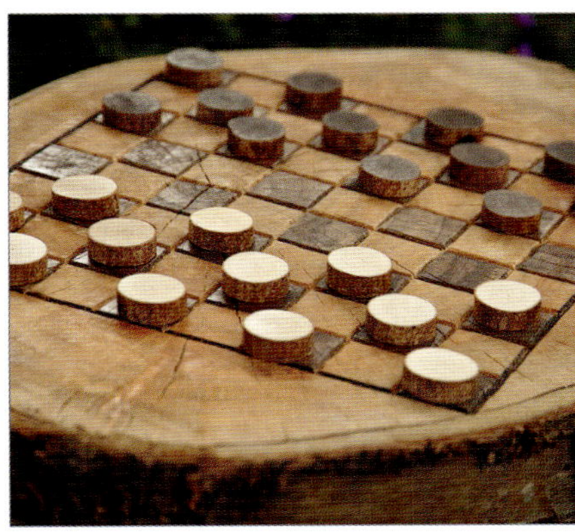

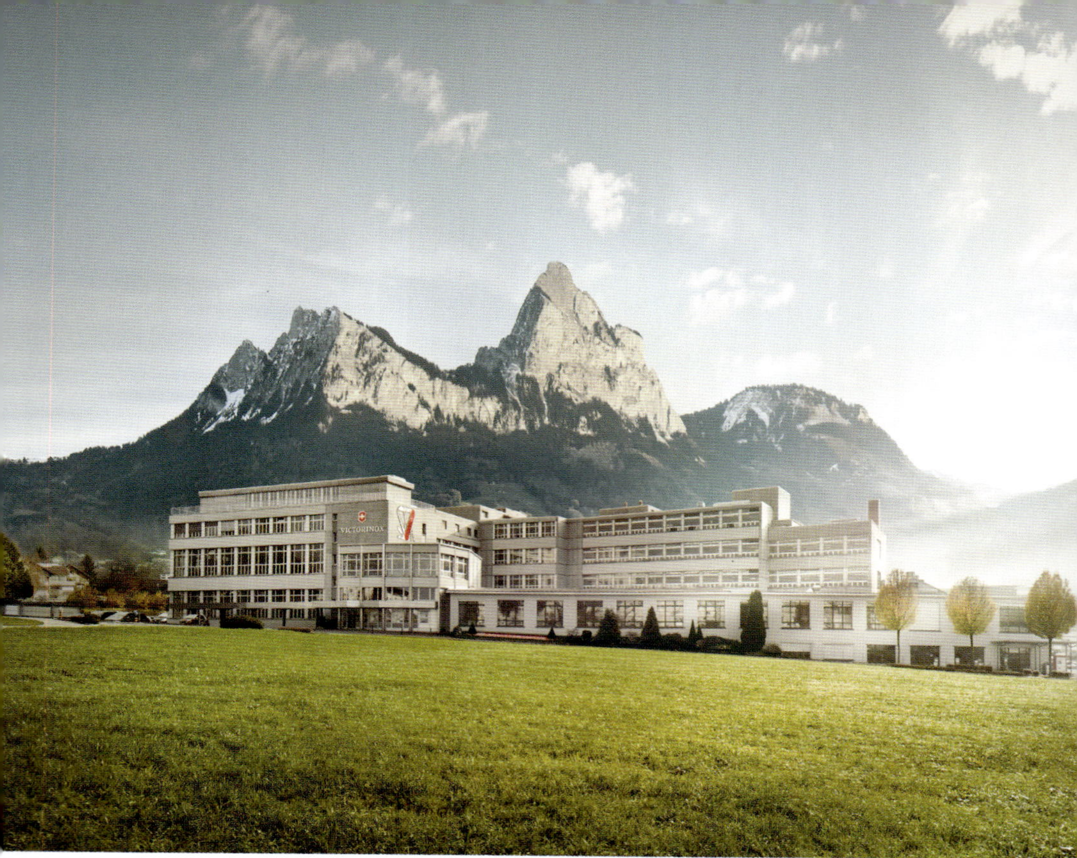

DAS FOTO WURDE FREUNDLICHERWEISE ZUR VERFÜGUNG GESTELLT VON VICTORINOX

Dank

Jedes Buch ist das Resultat der Arbeit vieler fleißiger Menschen. Natürlich bildet das vorliegende keine Ausnahme. Zunächst ist da Brian Huegel zu nennen, ein genialer Experte für Messer und Schneidwerkzeuge aller Art und Inhaber der Firma Country Knives in Intercourse, Pennsylvania, der mir den Kontakt zu Carl Elsener junior ermöglichte, dem CEO von Victorinox, der wohl bekanntesten Messerschmiede der Welt. Carl Elsener seinerseits trug durch sein enthusiastisches Interesse und Anregungen bezüglich dessen, was sich alles mit einem Taschenmesser anstellen ließe, immens zur Verwirklichung dieses Buchprojekts bei. Der Verleger Alan Giagnocavo, Inhaber und Präsident von Fox Chapel Publishing, war bereit, sich auf dieses Projekt einzulassen und hat es von Anfang bis Ende voll unterstützt. Dann sind die Redaktionsmitarbeiter zu nennen und besonders Mindy Kinsey, Zeitschriftenredakteurin bei Fox Chapel, die für das Lektorat und die Feinabstimmung der Schritt-für-Schritt-Anleitungen sowie für Planung und Gliederung des Buches verantwortlich war. Sie hat dafür gesorgt, dass dieses Buch Spaß macht und für Anfänger genauso interessant und spannend ist wie für alte Hasen, die schon lange schnitzen und vielleicht doch noch die eine oder andere Herausforderung oder Gestaltungsidee finden. Auch die Zusammenarbeit mit dem äußert professionellen Fotografen Scott Kriner war außerordentlich bereichernd. Vielen Dank an das gesamte Team – an alle also, die am Buch *Schnitzen mit dem Schweizer Taschenmesser* mitgewirkt haben!

VORWORT

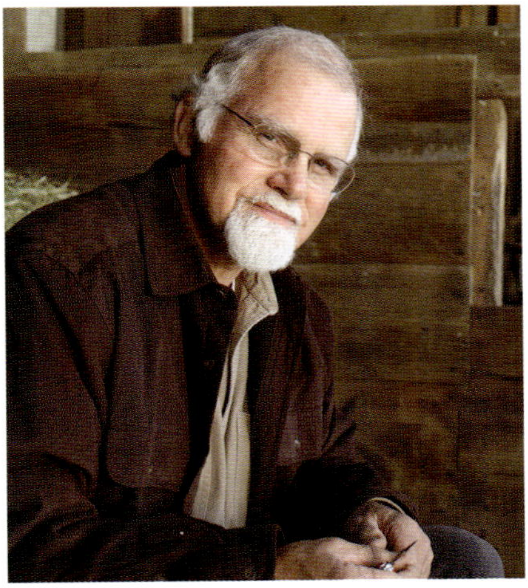

Chris Lubkemann

Als Sohn eines Missionarsehepaares verbrachte ich die meiste Zeit meiner ersten dreizehn Lebensjahre in den Regenwäldern Brasiliens und Perus, umgeben von einer faszinierenden Vielfalt an Bäumen und Hölzern. Ich suchte immer die Nähe zu all den Beiteln, Messern und sonstigen Handwerkzeugen, mit denen mein Vater arbeitete. Spielzeuge, Boote, Fallen, Steinschleudern … ich kann mich noch gut erinnern, wie ich all das bastelte. Selbst als ich in die USA zurückkehrte, um dort die Schule zu besuchen, verlor ich nie das Interesse an Holz.

Im Sommer 1966 machte ich Bekanntschaft mit den Hähnen, die die einheimischen Kunsthandwerker in den Appalachen aus Astgabeln schnitzen. Mit einem Taschenmesser aus einem Gemischtwarenladen und ein paar Tipps von Dr. John Luke schnitzte ich meinen ersten Astgabelhahn. Er sah aus, als ob er in einen mörderischen Kampf geraten sei … den er verloren hatte. Aber wenigstens sah er aus wie ein Hahn, nicht wie eine Taube, eine Ente oder ein Strauß! Ich blieb dabei und eben jenes Taschenmesser half mir, mein letztes Jahr am College zu finanzieren – und sogar mehr als das.

Heute, nahezu fünfzig Jahre später, hat sich meine Astgabelschnitzerei deutlich erweitert auf viele andere Objekte aus Ästen und Zweigen von Dutzenden Baum- und Straucharten, aus Schnittholzresten, ja selbst aus Eisstielen, Essstäbchen und Zahnstochern. Tausende Menschen in vielen Ländern haben ebenfalls Spaß am Schnitzen mit einfachen Mitteln gefunden. Ich habe in Schulen, Vereinen, Ferienlagern, Einkaufszentren, Kirchen, Fernsehsendungen und bei zahllosen anderen Gelegenheiten Kurse und Vorführungen gegeben. Zuzusehen, wie Menschen zwischen neun und neunzig das Hobby des Schnitzens mit dem Taschenmesser aufgreifen und voll darin aufgehen, war immer äußerst beglückend.

Seit ich jenes erste Taschenmesser ausrangierte, habe ich so manches Messer benutzt, doch vor nunmehr fast zwanzig Jahren wurde ein Schweizermesser, das Tinker von Victorinox, das mir jemand geschenkt hatte, mein Lieblingstaschenmesser. Um mit der kleinen Klinge besser arbeiten zu können, habe ich den Schlüsselring sowie dessen Befestigungsöse entfernt und die kleine Klinge schmaler geschliffen, um eine feinere Spitze zu erhalten. Und was soll ich sagen: Ich hielt plötzlich ein Wunderding in meinen Händen! Seitdem gebe ich mein Schweizermesser nicht mehr her, es wurde mir zum treuen Begleiter und hat mit mir Tausende von Dingen geschnitzt. Inzwischen sind bei mir viele weitere Victorinox-Modelle dazugekommen. Ich kann die Messer, die mir beim

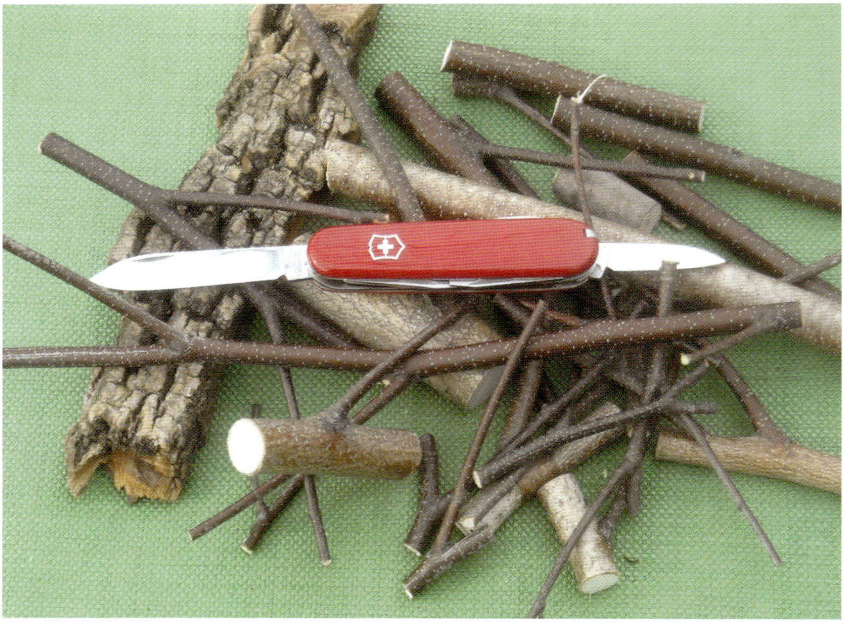

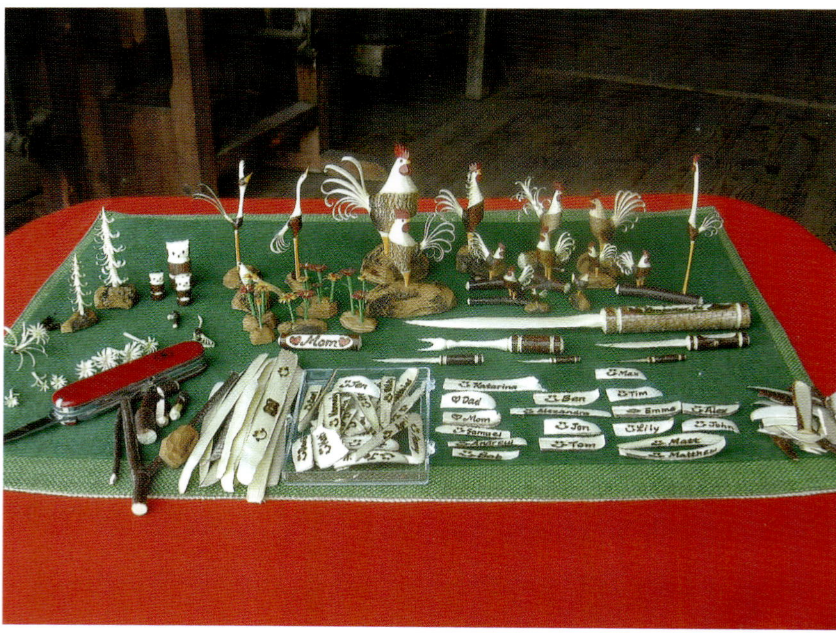

Um meine Art des Schnitzens Herrn Elsener zu demonstrieren, habe ich ein neues Schweizermesser (siehe S. 12 und 83) modifiziert und mich damit durch einen kleinen Haufen Äste und Baumrinde geschnitzt (oben). Die ganze Kollektion an Tieren, Holzmessern, Blumen, Bäumchen, Namensschildern und anderen Dingen habe ich, zusammen mit meinem Messer, in die Schweiz geschickt (unten). Das war der Beginn dieses Buches.

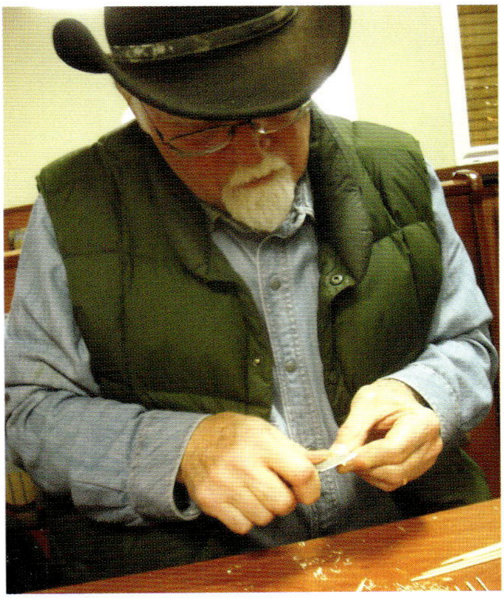
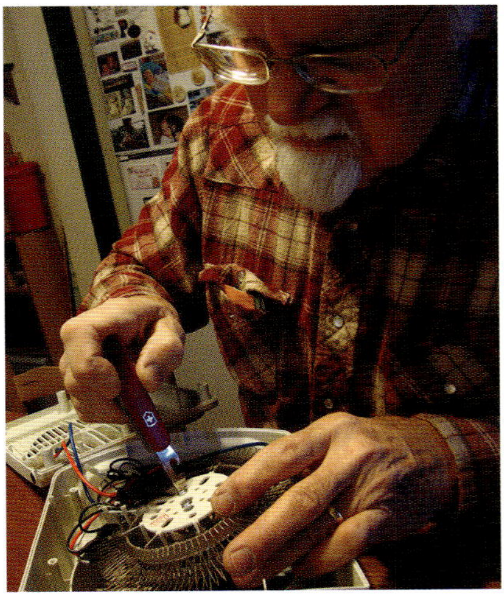

Chris Lubkemann schnitzt immer und überall – sogar im Restaurant, während er aufs Essen wartet. Er verwendet sein Schweizer Taschenmesser aber nicht nur zum Schnitzen, hier repariert er einen Ventilator.

Schnitzen wie auch in ganz normalen Alltagssituationen (dazu später mehr) immer so gute Dienste leisten, nur wärmstens empfehlen.

Der persönliche Kontakt zu Victorinox besteht seit 2013, als ich den Briefkontakt mit Konzernchef Carl Elsener jun. aufnahm. Um eine lange aber interessante Geschichte abzukürzen: Ich habe Herrn Elsener mein modifiziertes Taschenmesser, Modell Hiker, zusammen mit ein paar damit geschnitzten Objekten geschickt. Während wir uns über Messer austauschten, keimte die Idee zu einem Buch über das Schnitzen mit einem Schweizer Taschenmesser auf. Das Tinker und das Hiker verwende ich am häufigsten, aber die Objekte im vorliegenden Buch sind mit jedem Modell machbar, das über eine kleine und eine große Klinge verfügt. Sie alle sind werksseitig so scharf, dass man nach dem Kauf sogleich loslegen kann. Dieses Buch ist also für all diejenigen gedacht, die ein Schweizermesser ihr Eigen nennen oder eins anschaffen möchten. (Um mehr über meine vorgenommenen Modifikationen zu erfahren siehe S. 12f. Besonders bei den Mini-Mini-Miniaturen haben sich diese bewährt.)

Auf den Fotos im Buch schnitze ich natürlich mit meinen eigenen Messern. Ich hoffe, dass auch Sie das Schnitzen für sich entdecken und das, was die folgenden Seiten bereithalten, anwenden und abwandeln. Mögen Sie Spaß und Erfüllung finden, indem Sie ihre eigenen, ganz besonderen Objekte erschaffen und ihr eigenes Kapitel zu dieser umfangreichen und beglückenden Geschichte vom Taschenmesserschnitzen hinzufügen.

Viel Spaß mit Ihrem Schweizermesser
und allzeit fröhliches Schnitzen!

Chris Lubkemann

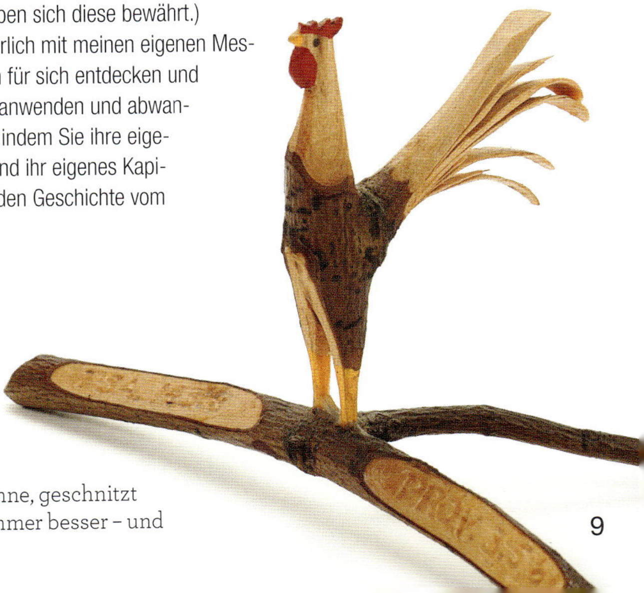

Dies ist einer meiner ersten Hähne, geschnitzt 1966. Sie werden mit der Zeit immer besser – und das geht schnell!

KAPITEL EINS

ERSTE SCHRITTE

Egal ob Neuling oder erfahrener Schnitzer, man sollte doch immer mit den Grundlagen beginnen – oder, falls Sie Letzterer sind, die Grundlagen zumindest noch einmal rekapitulieren. Auf den folgenden Seiten beschreibe ich ein paar Tipps und Techniken, von denen ich glaube, dass sie Ihnen das Schnitzen erleichtern und die Freude an diesem Hobby vergrößern werden. Dabei geht es um die richtige Wahl des Messers, wie man es schärft, die ersten Schnitte ausführt, die Wahl der richtigen Holzstücke und was man sonst noch zur Vollendung der vorgestellten Objekte braucht.

Die wichtigste Regel beim Schnitzen, die man nicht genug betonen kann, ist folgende: Das Messer muss scharf sein! Richtig scharf, nicht nur „irgendwie scharf". Mit einem wirklich scharfen Messer zu schnitzen ist grundsätzlich sicherer, einfacher und macht mehr Spaß. Glauben Sie mir!

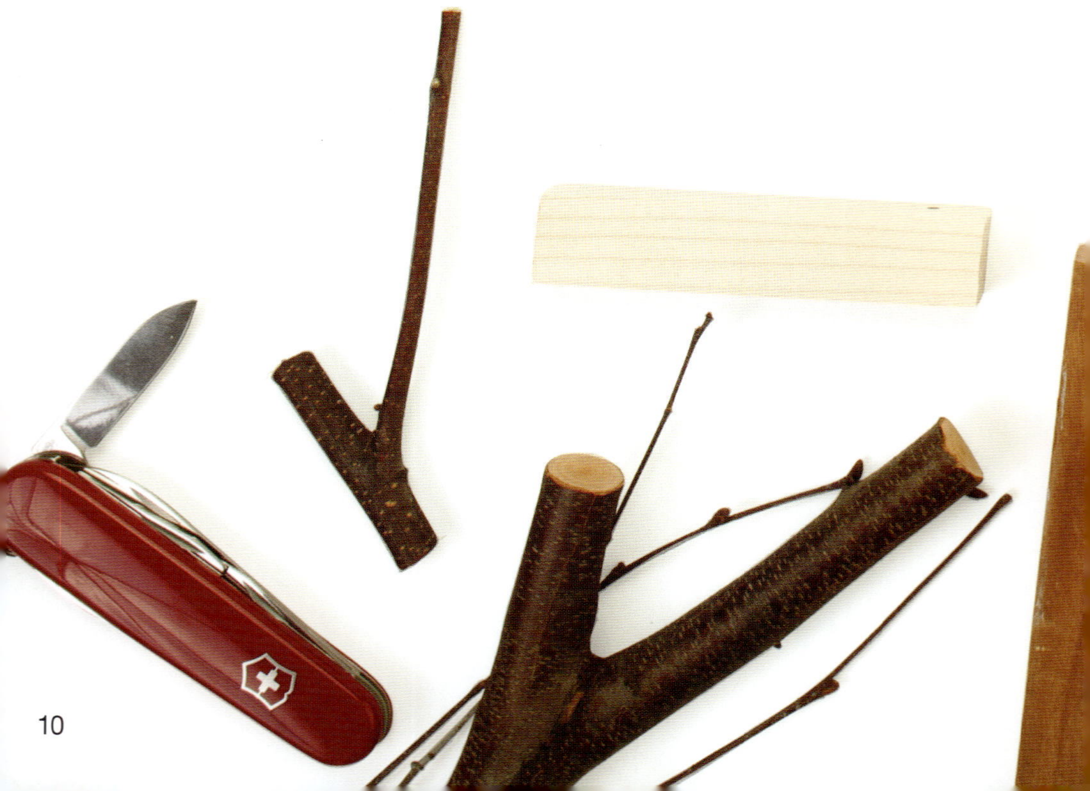

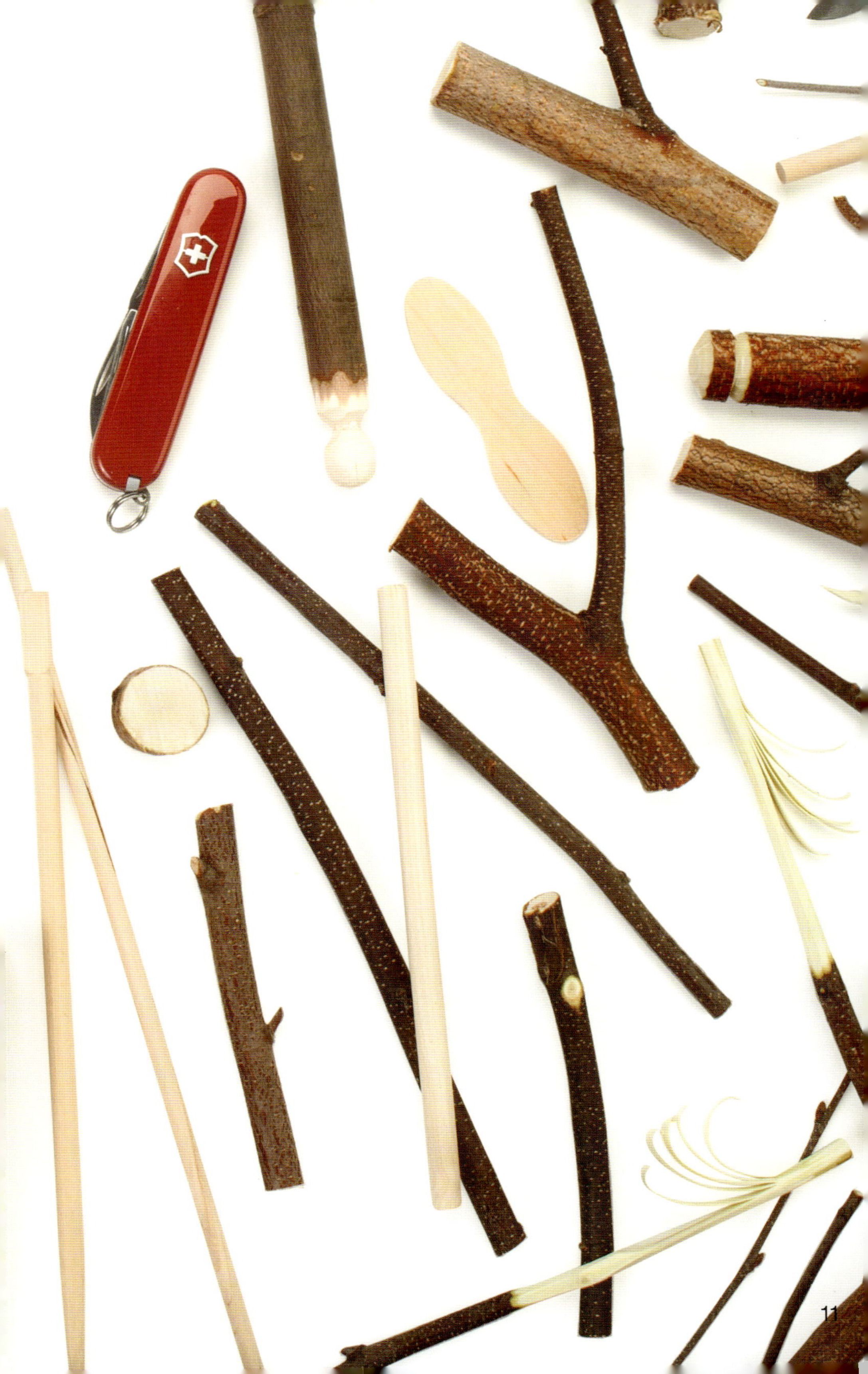

Das richtige Messer

Seit nunmehr fast fünfzig Jahren schnitze ich. Angefangen habe ich mit einem preiswerten Taschenmesser aus dem Gemischtwarenladen und habe seitdem Dutzende verschiedene Taschenmesser besessen. Seit nahezu zwanzig Jahren ist mein wichtigstes Schnitzmesser jedoch ein Schweizer Taschenmesser von Victorinox, Modell Tinker (ich verwende ebenfalls das Recruit und das Hiker).

Es hat mehrere Gründe, dass ich Schweizer Taschenmesser sehr schätze, verwende und allen ans Herz lege. Die von mir verwendeten Modelle weisen mindestens zwei Klingen auf: eine kleine (25–38 mm lang) und eine größere (58–70 mm lang). (Ich verwende für die meisten meiner Schnitzereien die kleine Klinge, aber auch die größere kann ich hin und wieder gut gebrauchen.) Der rostfreie Stahl ist von bester Qualität, die Klingen lassen sich gut schleifen und bleiben lange scharf. Diese Messer zeichnet ein kräftiger Griff und eine straffe Verbindung zwischen Griff und Klingen aus. Zwar sind die wichtigsten Teile beim Schnitzen die Klingen, aber auch die anderen Funktionen brauche ich häufig – Ahle, Schraubendreher, Säge (am Hiker) und nach dem Essen den Zahnstocher! Diese Messer sind in vielen Geschäften erhältlich und man bekommt zu vernünftigen Preisen beste Qualität und ein äußerst brauchbares Taschenmesser oder auch Multitool.

Modifikationen

Ich glaube nicht, dass jeder, der dieses Buch liest, so viel schnitzt wie ich und viele von Ihnen werden das Messer so belassen, wie es ist und lediglich lernen, wie man die Klingen „schnitzscharf" hält. Wer jedoch etwas mehr schnitzt und vor allem, wer wirklich winzige Objekte schnitzen möchte, dem empfehle ich zwei Modifikationen, die ich bei meinen eigenen Messern vorgenommen habe. Beide sind einfach und praktisch, die erste hat etwas mit Komfort zu tun und die zweite mit dem Schnitzen selbst:

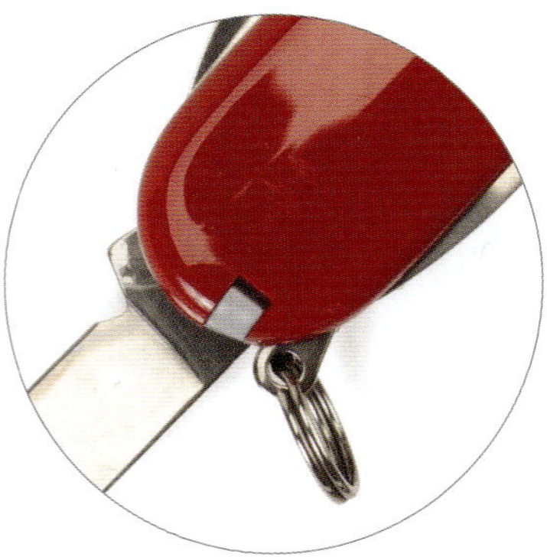

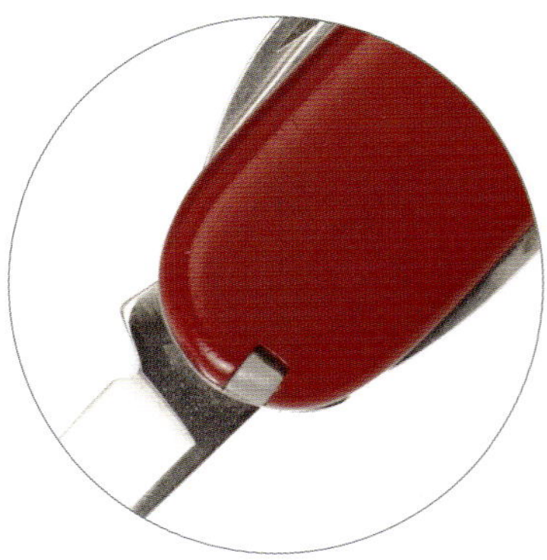

1. **Entfernen Sie den Schlüsselring.** Wer die kleine Klinge viel nutzt, was sich beim Schnitzen kaum vermeiden lässt, dem ist der Schlüsselring (Spaltring) nur im Weg. Entfernen Sie den Ring und sägen Sie die kleine Öse, die ihn hält, ebenfalls ab. Eventuelle scharfe Kanten sollten Sie abfeilen.

2. **Schleifen Sie das Klingenende spitzer zu.** Mit einer schmaleren Spitze lassen sich enge und schmale Stellen besser ausformen. Mit einem Schleifstein wird die Spitze der kleinen Klinge (vorsichtig!) oben und unten schmaler zugeschliffen. Dann folgen Sie meiner Anleitung auf den Seiten 16 und 17, um die Klinge erneut zu schärfen und zu schleifen.

LINKS: Ein Tinker, nagelneu und frisch aus der Verpackung.

RECHTS: Mein Tinker, modifiziert fürs Schnitzen.

Man beachte die unterschiedlichen Formen der beiden Klingen.

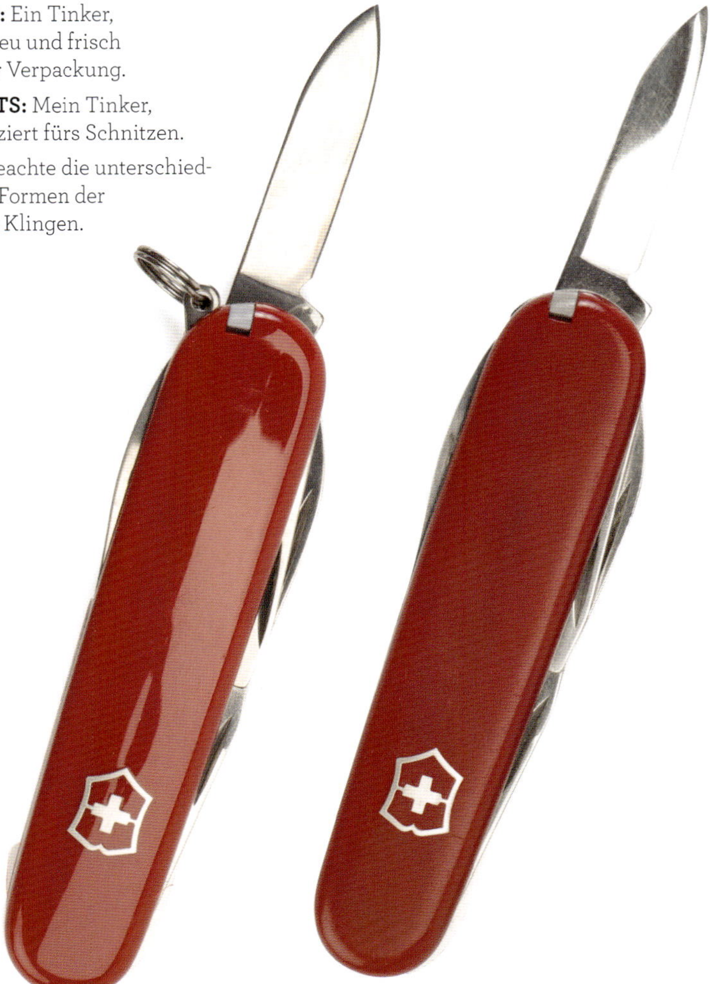

Es gibt über 100 verschiedene Schweizermesser von Victorinox. Bei allen wird eine lebenslange Garantie auf Material- und Fabrikationsfehler gegeben.

Zum einfachen Schnitzen besonders geeignete Victorinox-Messer

TINKER

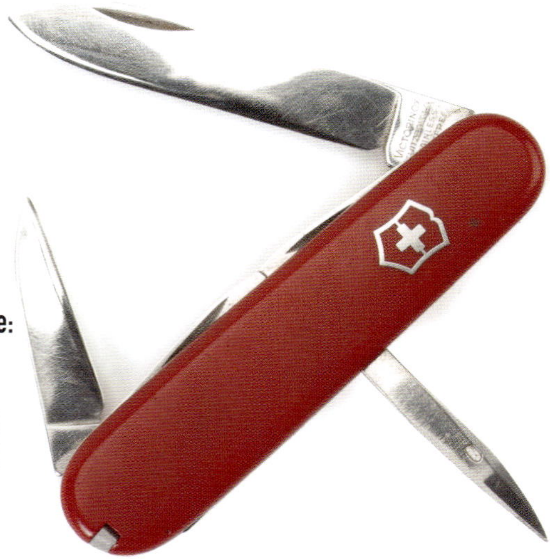

Merkmale:

- Grifflänge 89 mm
- Klinge, klein
- Klinge, groß
- Stech-, Bohr- und Nähahle

Weitere nützliche Werkzeuge:

- Kreuzschlitz-Schraubendreher (Phillips)
- Schraubendreher, groß (5 mm)
- Schraubendreher, klein (3 mm)
- Flaschenöffner
- Pinzette
- Dosenöffner
- Drahtabisolierer
- Zahnstocher (Kunststoff)

HIKER

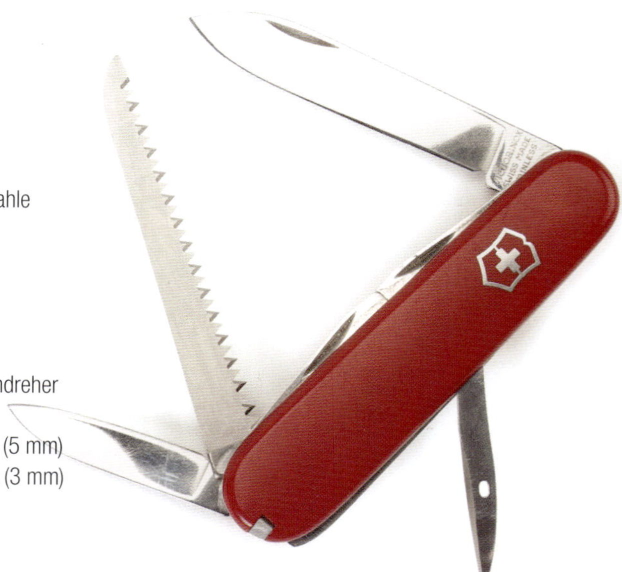

Merkmale:

- Grifflänge 89 mm
- Klinge, klein
- Klinge, groß
- Stech-, Bohr- und Nähahle
- Holzsäge

Weitere nützliche Werkzeuge:

- Kreuzschlitz-Schraubendreher (Phillips)
- Schraubendreher, groß (5 mm)
- Schraubendreher, klein (3 mm)
- Flaschenöffner
- Pinzette
- Dosenöffner
- Drahtabisolierer
- Zahnstocher (Kunststoff)

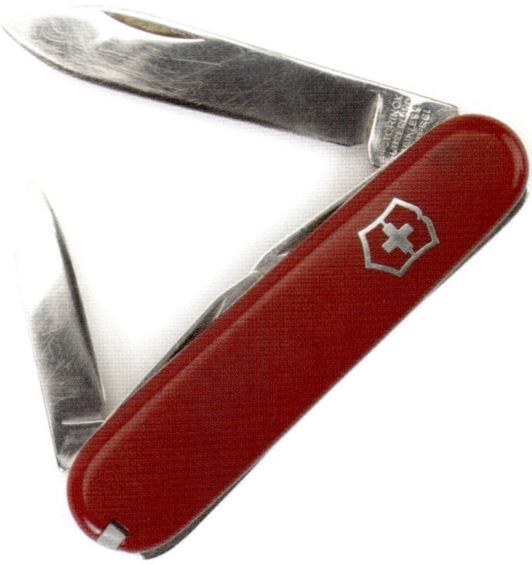

RECRUIT

Merkmale:

- Grifflänge 83 mm
- Klinge, klein
- Klinge, groß

Weitere nützliche Werkzeuge:

- Schraubendreher, groß (5 mm)
- Schraubendreher, klein (3 mm)
- Flaschenöffner
- Pinzette
- Dosenöffner
- Drahtabisolierer
- Zahnstocher (Kunststoff)

BEMERKUNG ZU SEHR KLEINEN TASCHENMESSERN

Einige Messer, wie die aus der Classic-Reihe, eignen sich prima, um sie permanent am Mann zu haben, sei es in der Hosentasche oder am Schlüsselbund – zum Schnitzen ist der nur 57 mm lange Griff jedoch zu klein. Nutzen Sie diese kleinen Helfer für leichte Arbeiten und wählen Sie zum Schnitzen ein größeres Messer.

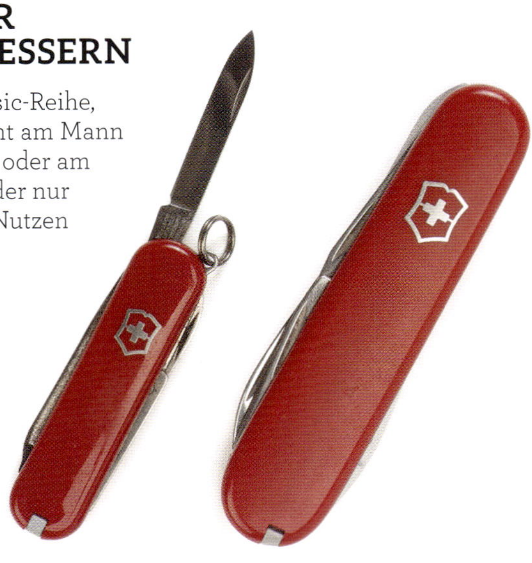

Schärfen und Schleifen

Erste und wichtigste Regel beim Schnitzen: *Das Messer muss scharf sein.* Die Schweizermesser von Victorinox zählen meines Erachtens zu den wenigen Taschenmessern, die bereits werkseitig scharf genug zum Schnitzen sind. Trotzdem sollte man natürlich auch bei jedem hochwertigen Messer wissen, wie man es schärft und die Klinge so anschleift, dass sich präzise Schnitte ausführen lassen und auch detaillierte Schnitzereien angefertigt werden können.

Es gibt viele Methoden und Hilfsmittel zum Messerschärfen. Ich habe meine ganz eigene, simple Technik, die ich hier gerne weitergebe, aber natürlich dürfen Sie auch selbst experimentieren. Wie bei jeder Methode braucht man ein wenig Übung, aber sie funktioniert und ich bin schon seit einigen Jahren zufrieden mit den Ergebnissen. Meine Methode ist auch gar nicht teuer – nach einer sehr geringen Investition zu Beginn haben Sie nur minimale Folgekosten.

Wenn ich ein völlig stumpfes Messer vor mir habe, oder auch ein neues, das nicht scharf genug ist, dann verwende ich zunächst einen Schleif- bzw. Wetzstein mit zwei unterschiedlich gekörnten Seiten (siehe Schritt 1) für den Grobschliff. Dann wird in den Schritten 2 bis 4 zunächst fein geschliffen, dann noch feiner geschliffen und schließlich abgezogen. Erst jetzt ist die Klinge schnitzbereit. Sollte eine Klinge nur den Hauch des Nachschärfens bedürfen, greife ich gleich zum Schleifpapier mit der feinsten Körnung (Schritt 3) und ziehe die Klinge danach ein paarmal am Leder ab. Vergessen Sie nicht, sich nach jedem Schärfen, Nachschärfen und Glätten die Hände zu waschen, damit der graue Schleifstaub nicht die Schnitzarbeit verunreinigt.

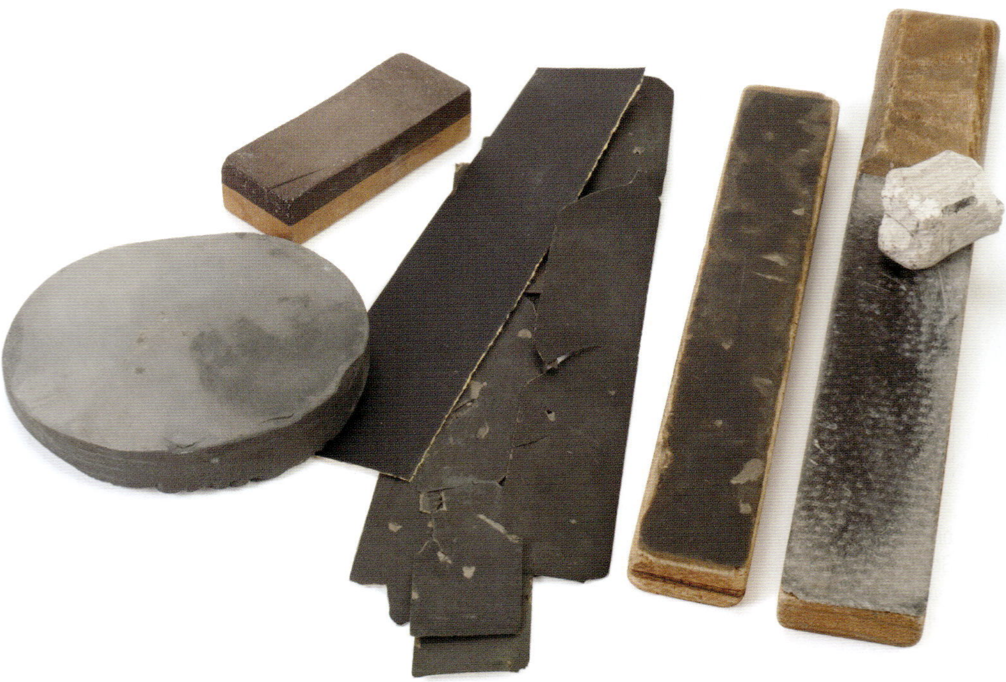

WERKZEUGE ZUM MESSERSCHÄRFEN
(von links nach rechts): Zwei Schleif- bzw. Wetzsteine mit unterschiedlich gekörnten Seiten; Nass-/Trockenschleifpapier der Körnungen 320, 400, und 600; Schleifklotz; Abziehleder mit entsprechendem Poliermittel. Ein Schleifstein genügt, ich besitze nur zufällig zwei und beide haben sich aufs Foto geschmuggelt.

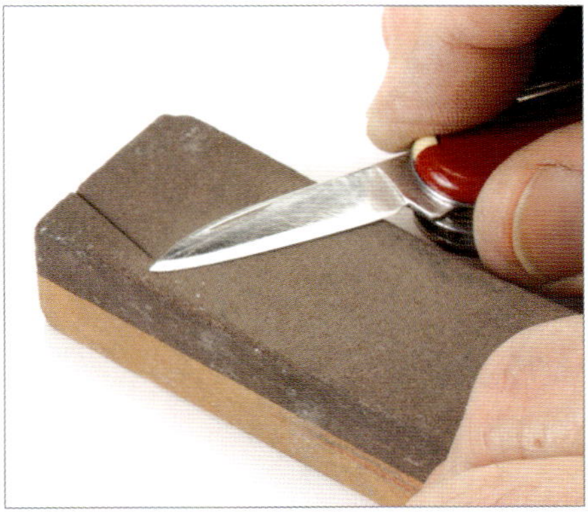

1 Die Klinge in einem leicht angestellten Winkel über die grobkörnigere Seite des Steins kreisen lassen. Dann, mit gleichem Winkel, ein paar schneidende Bewegungen zum Rand hin ausführen. Heben oder drehen Sie die Klinge nicht während Sie schleifen. Den Schleifstein umdrehen und das Ganze auf der feiner gekörnten Seite wiederholen.

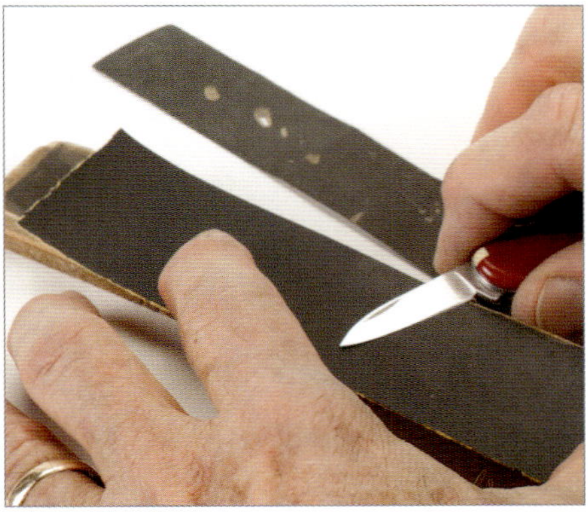

2 Nass-/Trockenschleifpapier auf ein Stück Holz (Brettchen oder Schleifklötzchen) legen und die Schleifbewegungen aus Schritt 1 wiederholen. Nicht vergessen, die Klinge zu wenden, damit beide Seiten gleichmäßig geschärft werden.

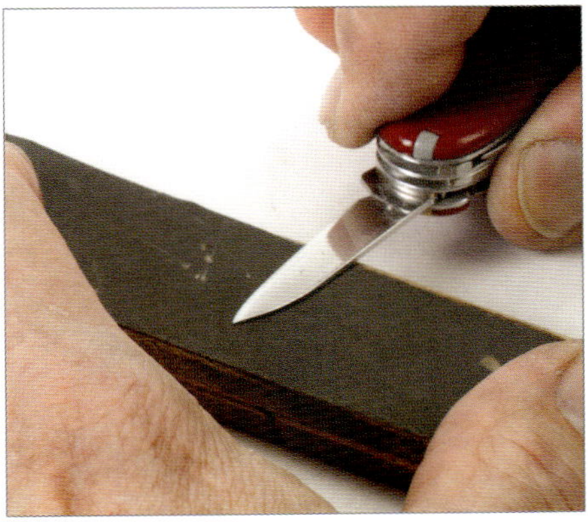

3 Arbeiten Sie sich vom groben (kleinere Zahlen) bis zum feinen (größere Zahlen) Schleifpapier. Selbst wenn die Schleifpapierstücke buchstäblich glattgeschliffen sind, eignen sie sich noch wunderbar zum Polieren. Einige meiner kleinen abgenutzten Schleifpapierstreifen habe ich seit zehn Jahren in Gebrauch und sie erfüllen immer noch ihren Zweck!

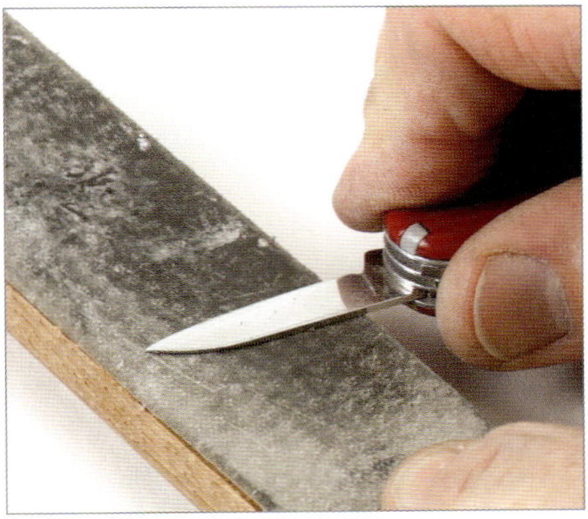

4 Zum Schluss die Klinge an einem Stück Leder (Streichriemen) abziehen. Die raue Rückseite eines alten Ledergürtels reicht völlig aus und funktioniert prima. Einfach etwas Poliermittel auf dem Leder verteilen und die Klinge flach aufliegend ein paar Mal von der Schneide weg in eine Richtung über das Leder ziehen. Dann die Klinge abwischen und schon kann das Schnitzen beginnen.

Victorinox wirbt für seine Schweizer Taschenmesser mit einer lebenslangen Garantie auf Material- und Fabrikationsfehler.

Grundtechniken des einfachen Schnitzens

Mit einem normalen Taschenmesser lässt sich auf verschiedene Weise schnitzen. Im Folgenden zeige ich die Schnitttechniken, die ich am häufigsten verwende. Die Anleitungen sind für Rechtshänder gedacht, Linkshänder vertauschen einfach die Hände und denken sich die Fotos spiegelverkehrt.

Sicherheit

Ich schnitze seit vielen Jahren und habe mich, wenn überhaupt, nur sehr selten geschnitten. Der Grund liegt in einer einfachen Regel, die man beim Schnitzen immer im Hinterkopf haben sollte und die aus drei kleinen Wörtern besteht: „Luft – nicht Fleisch!“ Der Messerschneide ist es egal, ob sie durch Holz (vom Schnitzobjekt) oder Fleisch (vom Schnitzenden) gleitet. Wenn man also das Holz beim Schnitzen festhält, dann stets so, dass die Klinge nach ihrem Weg durchs Holz immer auf Luft trifft und niemals auf Fleisch. Sie werden kaum glauben, wie effektiv diese einfache Regel einen vor schmerzlichen Erfahrungen bewahrt!

Führen Sie zudem immer kleine, kontrollierte Schnitte aus. Nicht allzu aggressiv ins Holz vordringen und halten Sie Ihr Messer immer schön scharf. Ein scharfes Messer lässt sich viel leichter kontrollieren, weil man es weder durchs Holz stoßen noch daran zerren muss und es neigt auch nicht dazu, beim Schnitzen abzudriften oder seitlich wegzurutschen.

Es gibt Schnitzlehrer, die Anfängern Schutzvorkehrungen empfehlen, bis sie sich an den Umgang mit dem Messer gewöhnt haben. Zum Beispiel Schnitzhandschuhe und einen ledernen Daumenschutz (oder zur Not ein Stück um den Daumen gewickeltes Gewebeklebeband). Ich habe nur ungern etwas an meiner Hand oder Fingern (und ich halte mir immer meine Dreiwörterregel vor Augen), aber dennoch möchte ich diese Empfehlungen meinen Lesern nicht vorenthalten.

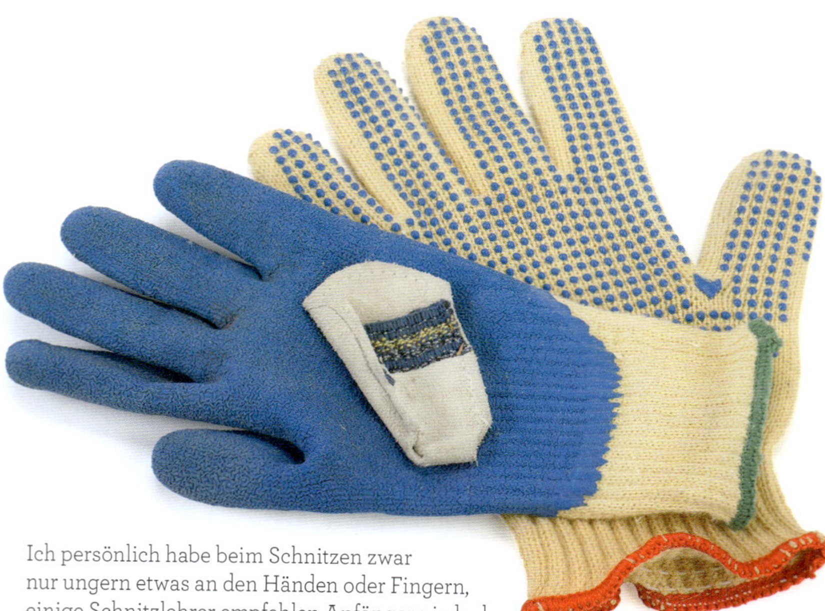

Ich persönlich habe beim Schnitzen zwar nur ungern etwas an den Händen oder Fingern, einige Schnitzlehrer empfehlen Anfängern jedoch Schutzvorkehrungen wie diese Schnitzhandschuhe.

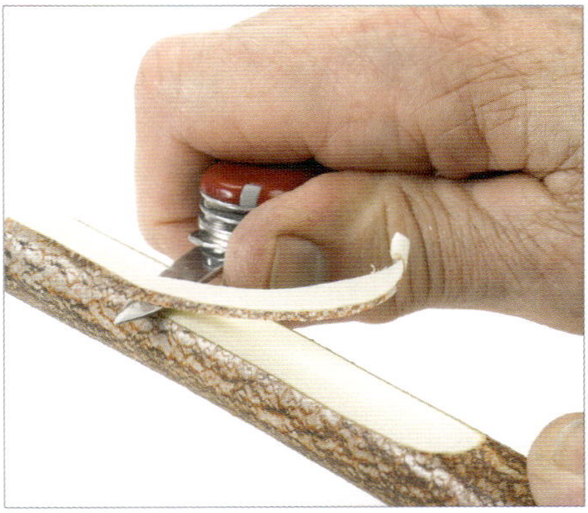

Gerade Schnitte. Dieser Schnitt eignet sich gut, um schnell viel Holz oder Rinde zu entfernen. Halten Sie das Holz in der linken Hand und führen Sie mit der rechten die Klinge in langen, kräftigen Schnitten vom Körper weg. Machen Sie das rechte Handgelenk steif beim Ausführen des Schnitts, schneiden Sie nicht zu tief und heben Sie keine zu dicken Späne ab. Dieselbe Menge Holz schnitzt sich leichter und kontrollierter, wenn man ein paar mehr und dafür dünnere Späne abträgt.

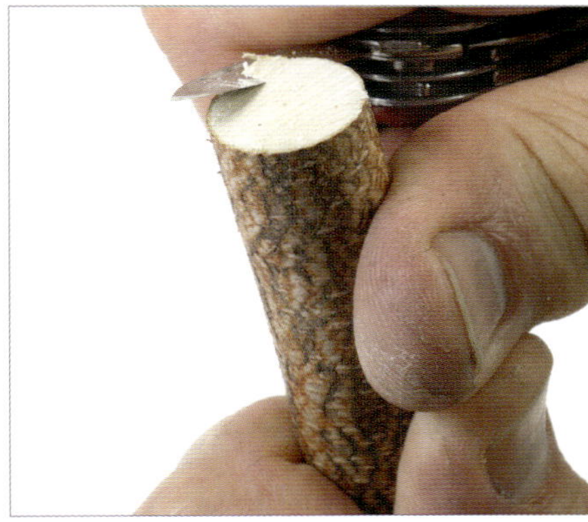

Ziehendes Schneiden. Halten Sie das Holz in der linken Hand und das Messer in der rechten. Schneiden Sie mit kurzen Schnitten zu sich hin, wobei Sie mit dem rechten Daumen gegen das Holz drücken, ähnlich wie beim Schälen einer Apfelsine. Stützen Sie dabei den rechten Daumen auf dem linken ab, nicht oben auf dem Holz selbst. Auf diese Weise laufen Sie nicht Gefahr, sich in den rechten Daumen zu schneiden, wenn die Klinge das Holz durchdrungen hat.

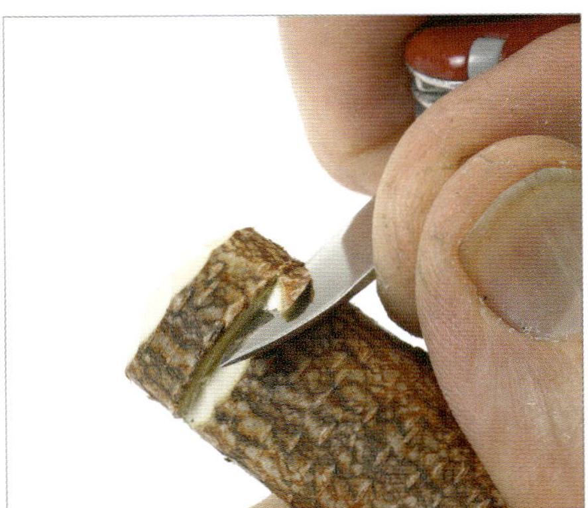

Mit dem Daumen kontrolliert nachdrücken. Diese spezielle Technik eignet sich besonders für kleine, präzise Schnitte, bei denen nicht zu viel Material abgetragen werden soll. Halten Sie das Holz mit vier Fingern der linken Hand, der linke Daumen bleibt frei. Das Messer wird mit der rechten Hand gehalten, der rechte Daumen drückt gegen den Messerrücken. Mit dem linken Daumen drücken Sie entweder ebenfalls gegen den Messerrücken oder gegen die Rückseite des rechten Daumens.

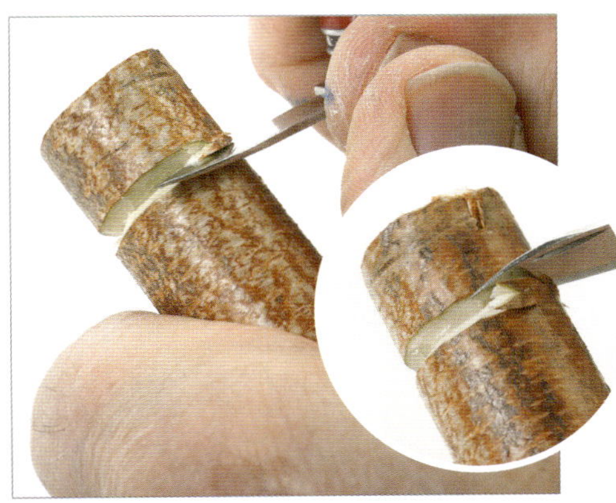

V-förmige Einkerbung. Halten Sie das Messer angewinkelt in Richtung Kerbenmitte und drücken Sie beim Schnitt ins Holz mit dem anderen Daumen kontrolliert nach. Wenden Sie entweder das Messer oder das Objekt und führen Sie einen weiteren Schnitt so aus, dass er mit dem ersten am Fuße der V-förmigen Einkerbung zusammentrifft – ein kleiner Holzkeil fällt von selbst heraus. Führen Sie diese Schnittkombinationen gleich daneben erneut aus, bis Sie den Stock umrundet haben. So entsteht eine Nut oder Rille, die sich um das ganze Stöckchen herum zieht.

Geeignetes Holz

Allerlei Holz

Das am meisten verwendete Ausgangsmaterial für meine Schnitzereien sind Äste und Zweige aller Größen. Wo ich wohne, sind sie immer in ausreichender Menge zu finden, wie vermutlich fast überall auf der Welt – und zudem normalerweise kostenlos! Auch im Urlaub oder wenn ich mit Kursen in fremden Gegenden unterwegs bin, schnitze ich gerne an Holzstückchen herum, die ich vor Ort finde. Ich hatte das Vergnügen, in vielen Ländern Europas, in den gesamten USA, in Kanada und Mexiko zu schnitzen und sogar in Japan und auf den Philippinen habe ich mich an manch tollem Holz versucht.

Ich möchte mich auf keinen Fall so verstanden wissen, dass die Objekte dieses Buches nur aus Ästen gefertigt werden können. Wer momentan keinen Zugang zu guten Ästen hat, dafür aber an geradfaserige Schnittholzreste herankommt – nur zu, probieren Sie mit dem herum, was Sie finden. Ich habe schon an diversen Holzdübeln, -leisten und -stäben, an Essstäbchen, Zungenspateln, Eisstielen und sogar an Zahnstochern herumgeschnitzt!

Was einen guten Ast ausmacht

Schätzungsweise habe ich an über achtzig verschiedenen Holzarten herumgeschnitzt, die meisten davon Hart- und Laubbaumhölzer. Zu meinen Lieblingshölzern zählen Birke (alle Arten), Ahorn, Kirschbaum, Stechpalme, Buche, bestimmte Eichenarten, Zitrus-, Myrten-, Olivenholz, Zambujeiro und Lentisco (Portugal), Alnus- (Philippinen) und Guavenholz. Da die meisten von mir bearbeiteten Äste recht klein und eher Grünholz waren, stellte die Härte der Hölzer nie ein Problem für mich dar.

Wichtiger als die Holzsorte sind die Eigenschaften des Astes, den man schnitzen möchte. Selbst wenn man nicht die leiseste Ahnung hat, von welcher botanischen Art er stammt, sollte er doch die folgenden vier Anforderungen erfüllen:

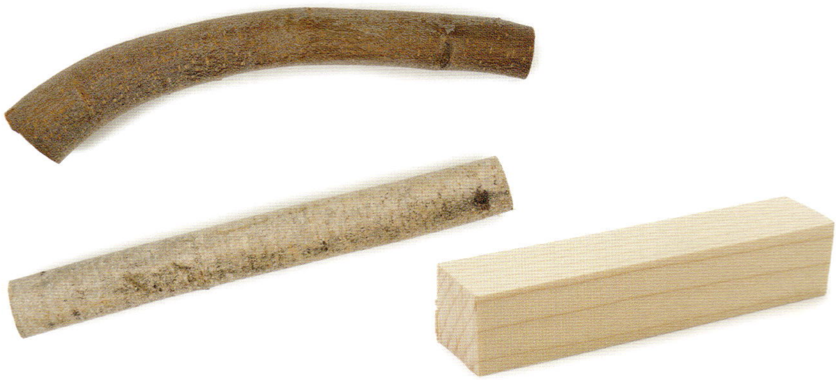

Geradfaserig: Die meisten Objekte im vorliegenden Buch verlangen nach größtenteils astfreiem Holz mit geradem Faserverlauf. Ist ein Ast gebogen, macht das nichts – schnitzen Sie sich einen schönen Brieföffner mit einer gebogenen Klinge daraus!

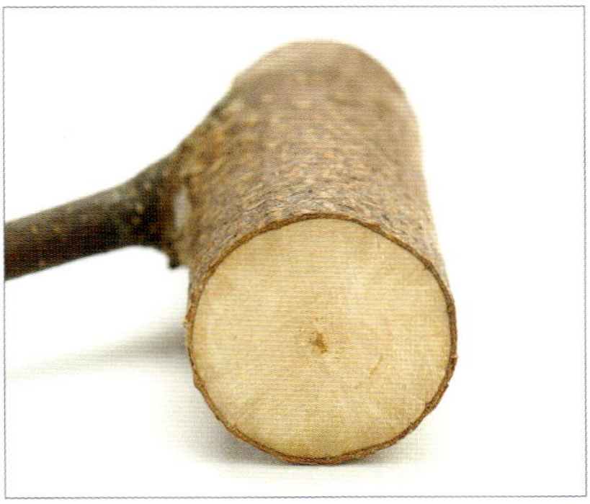

Wenig Mark

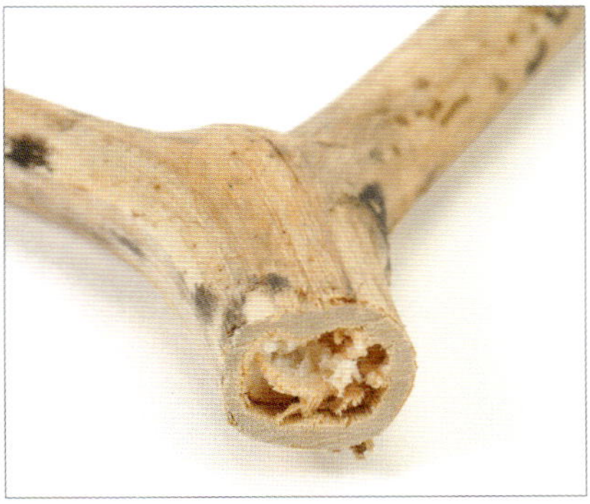

Viel Mark

Wenig Mark: Jener schwammartige Bereich in der Astmitte sollte möglichst klein sein, so wie in der Abbildung links. So sollte beispielsweise bei einem Ast mit 13 mm Durchmesser das Mark maximal 2 mm dick sein. Ein großer Markanteil (oben rechts) zerkrümelt beim Schnitzen.

Kein klebriges Harz: Das ist ein Grund, warum ich frische Kiefer möglichst vermeide. Beim Schnitzen würde man viel Zeit damit verbringen, Messer und Hände von dem klebrigen Pflanzensaft zu reinigen. Dagegen verwende ich gedarrtes, also im Ofen getrocknetes, Kiefernschnittholz gerne, um Brieföffner und Plaketten daraus zu machen.

Einigermaßen frisch: Da ich hauptsächlich mit Harthölzern arbeite, bevorzuge ich solche, die noch leicht feucht sind. Einige Holzarten wie Buche, Eiche sowie einige Obstbaumhölzer sind sehr hart und sollten recht frisch bearbeitet werden. Andere, einschließlich der meisten Birkenarten, lassen sich am besten schnitzen, wenn sie schon ein wenig getrocknet sind. Damit die Äste und Zweige besonders in den wärmeren Monaten nicht zu sehr austrocknen, schneide ich sie in handliche Stücke und bewahre sie in Plastiktüten im Tiefkühlschrank auf. So halten sie sich Jahre! Wenn ein Ast zu hart oder trocken geworden ist, kann man ihn ein bis zwei Tage in Wasser legen, man muss ihn dann aber wieder etwas trocknen lassen, bevor er sich optimal schnitzen lässt. Oft ist es einfacher, kurzerhand nach einem neuen Ast zu suchen.

Hinweis: Holz lässt sich zu jeder Jahreszeit schneiden. Im Winter sogar besonders gut, da man schön geformte Äste aufgrund des fehlenden Blattwerks leicht ausmachen kann und die meisten kleinen Waldbewohner und Krabbeltiere, wie zum Beispiel Zecken, irgendwo versteckt schlafen … oder was immer sie tun.

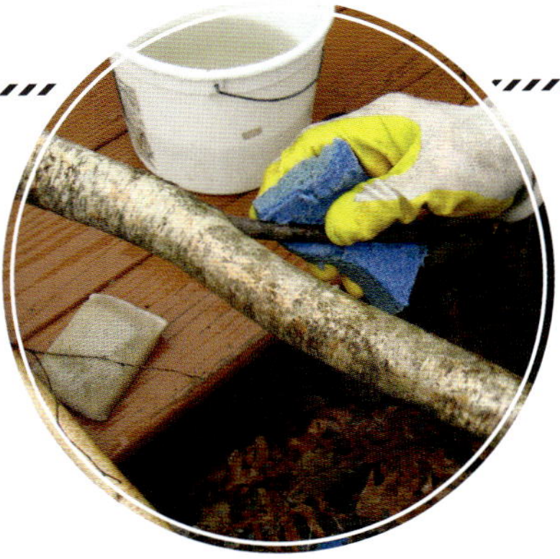

DIE ÄSTE SÄUBERN

Sollten die Zweige und Äste mit Ruß, Staub, Schimmel, Erde, Pilzen oder Schlamm bedeckt sein, waschen Sie einfach die Rinde ab. Ich nehme dazu Lappen, Scheuerbürste und einen Eimer und Wasser. Denn schließlich will man den Schmutz nicht beim Schnitzen auf dem schönen, hellen Holz haben.

Weitere Werkzeuge und sonstige Hilfsmittel

Außer einem guten Messer werden eine Reihe weiterer Werkzeuge und Hilfsmittel benötigt, um die Objekte in diesem Buch fertigzustellen. Vieles davon besitzen Sie bestimmt schon. Ich erwähne das, was ich benutze, Sie können die Liste aber natürlich gerne Ihren eigenen Präferenzen entsprechend anpassen.

Bleistift und Permanentmarker: Für die eine oder andere Zeichnung und Markierung wird ein Bleistift benötigt. Mit Permanentmarkern in verschiedenen Farben lassen sich kleine Brandmalereien bunt ausmalen.

Schleifpapier: Eine Reihe verschiedener Körnungen von fein bis sehr fein ist immer nützlich. Zum Schärfen des Messers verwende ich Nass-/Trockenschleifpapier, wie es auch bei Karosseriearbeiten und in der Autolackiererei zum Einsatz kommt – dieses gibt es in viel feineren Körnungen zu kaufen als einfaches Sandpapier.

Ein großes dunkles Stück Stoff: Das kann ein altes Tischtuch sein, ein Stoffrest oder auch ein altes Badehandtuch. Die Objekte in diesem Buch wurden zwar vor einem weißen Hintergrund fotografiert, in Wirklichkeit sieht man aber sein Werkstück, und das was man tut, besser vor einem dunklen Hintergrund. Die meisten Hölzer sind innen hell, man sieht die Einzelheiten seines Schnitzwerks also viel besser, wenn man sie gegen etwas Dunkles hält. Außerdem ist es einfacher, die Holzspäne und Schnitzschnipsel vom Arbeitsplatz zu entfernen, wenn man sie mit einem großen Lappen oder Handtuch auffängt. (Ich glaube, in 48 Jahren hat meine Frau nur drei Mal meine Späne weggekehrt – vielleicht einer der Gründe, warum wir uns nach all der Zeit immer noch so gut verstehen …)

Holzleim: Ein beliebiger guter Holzleim

Sekundenkleber (Cyanacrylat-Klebstoff): Manche Objekte, besonders die mit gekräuselten Spänen (Blumen, Bäumchen, ausladende Vogelfedern etc.) sichere ich gerne mit flüssigem Sekundenkleber. Dieser dringt ins Holz ein und sichert und härtet die dünnen Spanlocken und Kräuselspäne. Außerdem ermöglicht mir dieser Kniff, wasserbasierte Farben auch an Teilen zu verwenden, die sich sonst wieder glätten würden, wie z. B. bei Blütenblättern.

Holzbrenngerät: Eins meiner Lieblingswerkzeuge, um Objekte mit Namen, Datum, Mustern und kleinen Bildern zu personalisieren – ich benutze es ständig. Für Anfänger genügt ein Brandmalkolben aus dem Bastelladen, es lohnt aber meist, etwas mehr zu bezahlen und sich ein Holzbrenngerät anzuschaffen, bei dem sich die Temperatur einstellen lässt. Wer feststellt, dass er gerne und viel mit dem Holzbrenner arbeitet, kann auch in eine hochwertige Brandmalstation investieren, deren Brenner heißer wird. Die Anwendung ist denkbar einfach und mit einer dünnen Spitze lässt sich wirklich nahezu alles gestalten.

Öl- oder Acrylfarben und Pinsel: Ölfarben oder andere lösungsmittelbasierte Farben entkräuseln Teile wie Blütenblätter aus Spanlocken nicht. Wasserbasierte Acrylfarben sollten erst verwendet werden, wenn die Kräuselspäne vorher mit flüssigem Sekundenkleber getränkt wurde, dafür lassen sie sich viel besser entfernen als Ölfarben und auch das Reinigen der Pinsel ist viel leichter. Ich verwende Pinsel der Größen Nr. 00 bis Nr. 2. Qualitativ hochwertige Pinsel halten länger und lassen sich besser handhaben als billige, außerdem verlieren sie keine Haare auf dem Objekt.

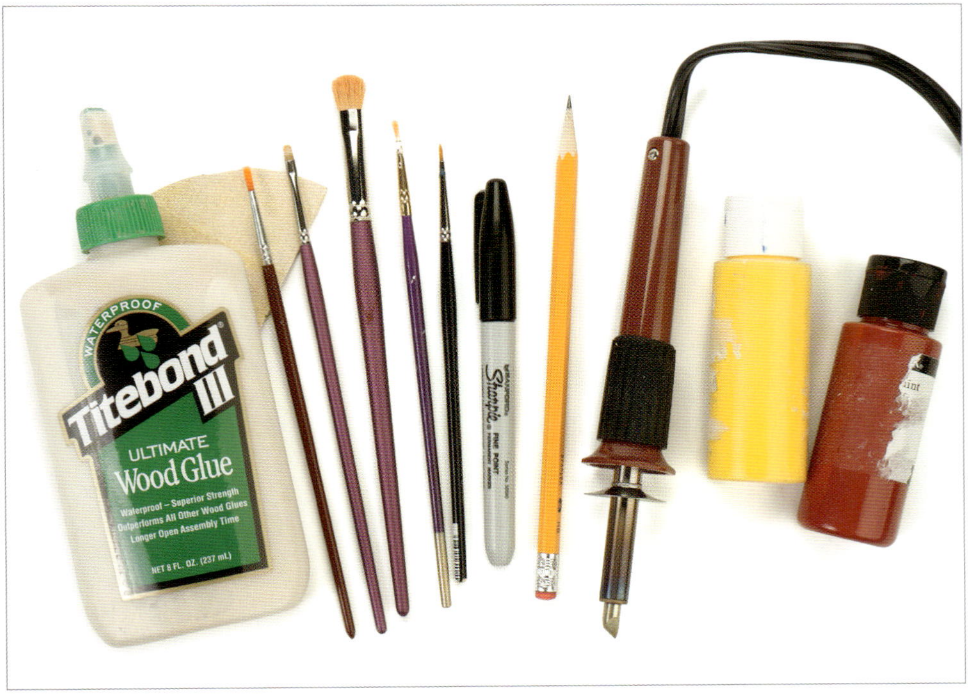

Klarlack: Die meisten Objekte müssen nicht endbehandelt, sprich lackiert, imprägniert oder versiegelt werden, aber ein Acryl-Klarlackspray, Polyurethan-Klarlack oder etwas in der Art kann man durchaus im Haus haben, um das eine oder andere Stück zu schützen. Achtung: Besonders bei Feuchtigkeit niemals einen wasserbasierten Lack (z. B. PU oder Acryl) auf den Schwanz eines Hahnes oder andere fein gekräuselte Späne auftragen, sie würden sich augenblicklich entkräuseln. In solchen Fällen entweder einen lösungsmittelbasierten Öl- bzw. Kunstharzlack verwenden oder auf Trockenheit warten und dann Acryl-Klarlack leicht aufsprühen.

Handsäge: Es ist immer wieder verblüffend, was die Holzsäge des Victorinox-Modells Hiker leistet. Ich habe damit sogar schon einmal eine knapp 2,5 m lange Holzfaserplatte der Länge nach durchgesägt! Wenn Sie jedoch ein dickes Brett oder einen kräftigen Ast durchsägen wollen, macht sich auch eine kleine Handsäge nicht schlecht. Ich persönlich greife gerne zu einer auf Zug arbeitenden Japansäge, gerade bei den kleinen Holzscheiben fürs Damespiel, Magnete, Stricknadeln usw.

Schnelldrehendes Multifunktionswerkzeug sowie sonstige Werkzeuge für die Holzbearbeitung: Wem ein schnelldrehendes Multifunktionswerkzeug, Beitel, Bohrer oder sonstige Werkzeuge zur Holzverarbeitung zur Verfügung stehen, darf sie natürlich benutzen. Ich selbst habe jedoch, abgesehen von ein paar gebohrten Löchern und gesägten Stücken, alle Objekte im vorliegenden Buch lediglich mit meinem Taschenmesser bearbeitet.

Bei Victorinox wird kein Stahl vergeudet. Nachdem die Messerklingen gefertigt wurden, sendet Victorinox jegliche Stahlreste an den Lieferanten zurück und führt so das Material wieder der weiteren Stahlproduktion zu. Auch Schleifschlamm und Späne, die beim Schleifen und Polieren entstehen, werden wiederverwertet, sie werden aufgefangen und in Quader gepresst.

KAPITEL ZWEI

EINFACHE GEBRAUCHSGEGENSTÄNDE

Schnitzen ist eine Freizeitbeschäftigung, die nahezu überall möglich ist. Sie würden kaum glauben, wo und bei welchen Anlässen ich schon überall geschnitzt habe! Nützlich ist es zudem. Ob man nun Stöcke zum Rösten von Marshmallows anspitzt, sich fix ein Löffelchen für das Eis oder den Joghurt zwischendurch schnitzt oder ein Streichmesserchen, um den Senf besser auf dem Wurstbrot zu verteilen – solange man ein Stöckchen und ein Taschenmesser zur Verfügung hat, sind es zu den von daheim gewohnten Bequemlichkeiten nur ein paar Schnitte.

Meine Holzmesserchen und Brieföffner behandle ich gewöhnlich mit Klarlack, bei Gegenständen, die mit Lebensmitteln in Berührung kommen, wie Löffel und Gabel verzichte ich darauf. Wer auch diese versiegeln möchte, dem seien Speziallacke empfohlen, die speziell für Hölzer entwickelt wurden, die mit Lebensmitteln in Berührung kommen, z. B. für Salatschüsseln. Vor dem ersten Gebrauch sollten diese 24 Stunden lang gut durchtrocknen.

Natürlich können Sie die Objekte im Buch in beliebiger Reihenfolge schnitzen, sie sind aber grob nach Schwierigkeitsgrad sortiert und manches Objekt weiter hinten baut auf Techniken aus vorherigen Kapiteln auf. Ich fange mit dem Holzmesser/Brieföffner an, weil sich dabei die Grundtechniken des einfachen Schnitzens gut erklären lassen und sich schnell erste Erfolgserlebnisse einstellen.

Die Techniken sind ungeachtet der Größe des Objekts im Grunde immer dieselben, egal, ob man nun ein Miniaturteil oder ein sehr großes schnitzt. In den folgenden Anleitungen erwähne ich die Größe des Holzstücks, das ich zur Demonstration verwendet habe, aber das ist natürlich kein Muss. Ich mache mir oft den Spaß und schnitze winzige Gegenstände aus 2 mm dicken Zweigen oder Zahnstochern.

HINWEIS AN ALTE HASEN

Sollten Sie ein erfahrener Schnitzer sein, sehen Sie meine Objekte doch als Grundlage und Anregung für neue Herausforderungen an! Verzieren Sie die Griffe mit geschnitzten Mustern, experimentieren Sie mit der Größe oder fügen Sie weitere Details hinzu.

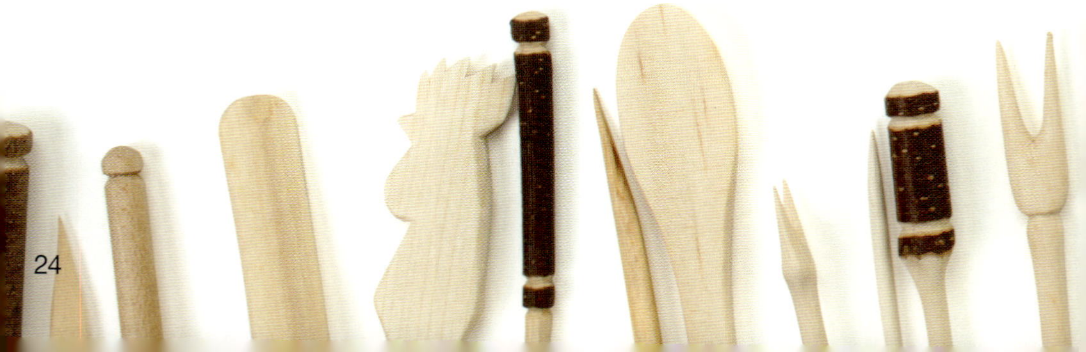

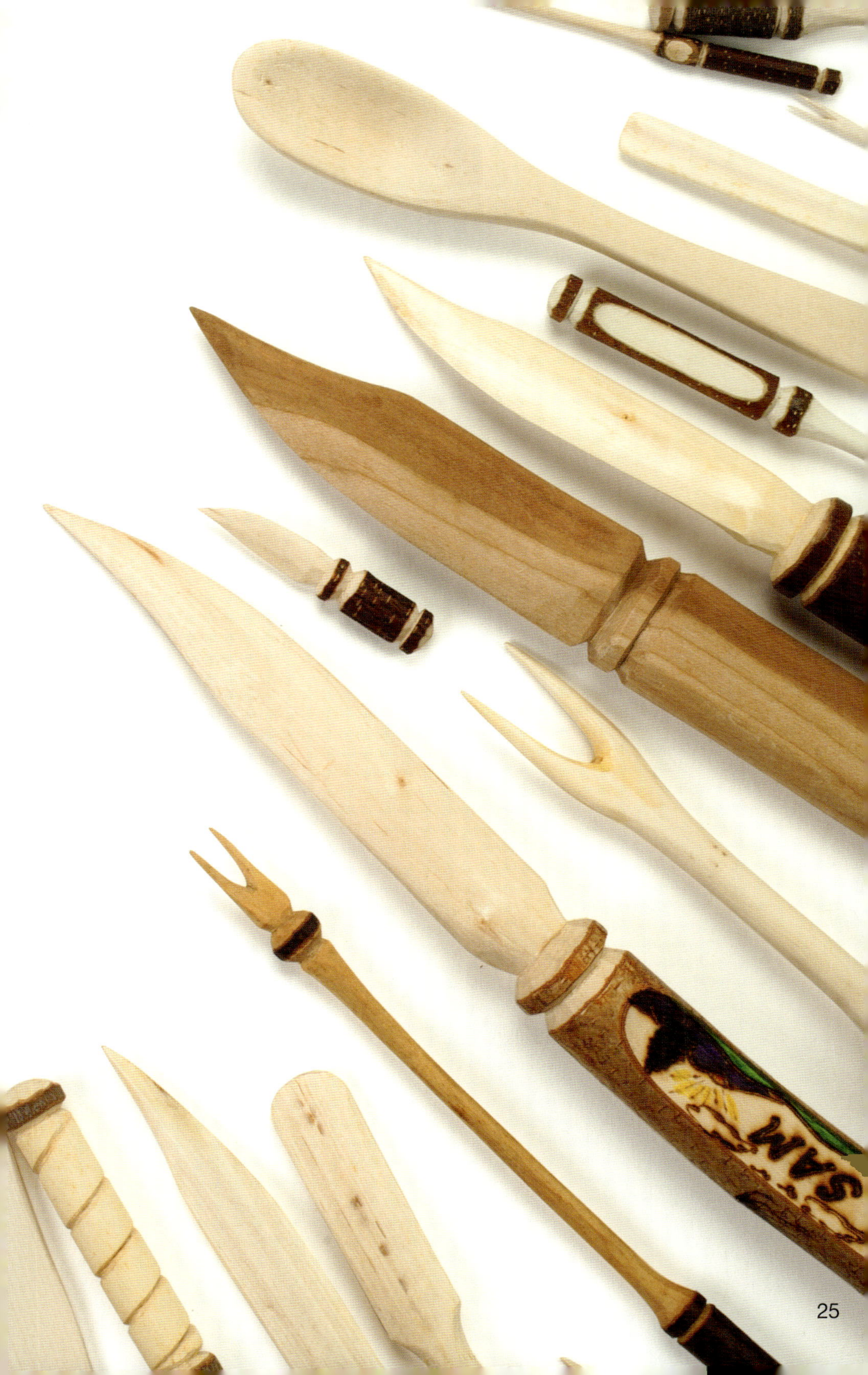
SAM

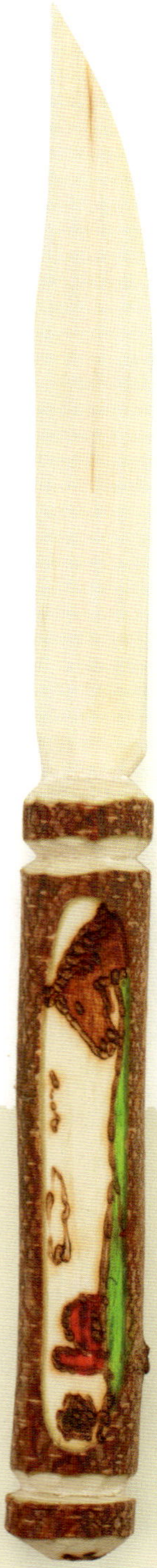

HOLZMESSER

Das Holzmesser eignet sich prima für den Anfang, hier können Sie sich mit Ihrem Taschenmesser vertraut machen und Grundtechniken des Schnitzens erlernen. Holzmesser aller Größen und Formen zählen zu meinen Lieblingsspontanschnitzereien – wann immer ich mein Taschenmesser zur Hand habe und ein Stück Holz irgendwo herumliegt, sei es nun klein, ein gerade gewachsener Zweig, ein 30 cm langer Ast oder ein Stück Bauholzabfall, ein Zungenspatel oder ein Zahnstocher, egal ob neu oder benutzt, schnitze ich immer gerne ein Messer daraus. Die Größe des Holzmesserchens hängt natürlich von dem Holzstück ab, mit dem Sie anfangen. Aus einem halben runden Holzzahnstocher wird das perfekte Bowiemesser für Polly Pocket™! (Werfen Sie die andere Hälfte nicht weg, daraus können sie noch eine Blume samt Blütenblättern, Stiel und Blättern zaubern – die Anleitung folgt weiter hinten.)

Natürlich ist ein aus Holz geschnitztes Messerchen nicht so vielseitig nutzbar wie eins aus Stahl, aber es hat durchaus auch seine Berechtigung, besonders als Brieföffner. Außerdem kann man es so vollendet schnitzen und gestalten, dass es zu einem regelrechten kleinen Kunstwerk wird (eine unterhaltsame Herausforderung an all die Schnitzer unter Ihnen, die schon jede Menge Erfahrung haben).

Die Grundtechniken sind unabhängig von der Größe des zu schnitzenden Messers, egal, ob es nun 2,5 cm oder einen halben Meter misst. Es unterteilt sich in zwei Abschnitte, nämlich den Griff und die Klinge. Wie bei allen Messern können Form, Gestaltung, Stil und Machart von Griff wie Klinge erheblich variieren. Mitunter werden Form und Ausführung zum Teil auch von der Form des gewählten Holzrohlings vorgegeben.

MATERIAL:

- Messer (nicht vergessen: scharf muss es sein!)
- glattes, geradfaseriges Holz, ca. 1,5–2 cm im Durchmeser und ca. 20–30 cm lang
- Bleistift
- Schleifpapier verschiedener Körnungen von fein bis sehr fein (z. B. 150 und 220). Bereits stark abgenutzte Schleifpapierstücke ergeben ein besonders glattes Endergebnis!
- Sekundenkleber (flüssiger Cyanacrylat-Klebstoff)
- Holzbrenngerät mit Schreibspitze (falls gewünscht)
- Klarlack (falls gewünscht)

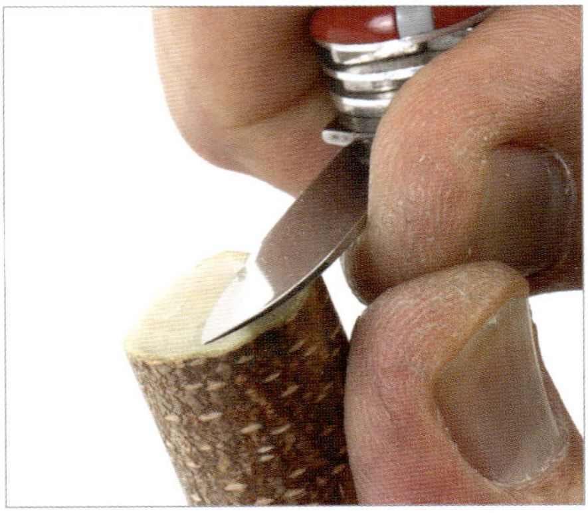

1 Wählen Sie einen möglichst astfreien, relativ glatten Zweig oder Ast mit wenig Mark im Innern oder einen geradfaserigen Schnittholzrest aus. Um das untere Ende des Griffs zu formen, runden Sie ein Ende des Asts ab, indem Sie rundherum am Rand entlang drückend schneiden.

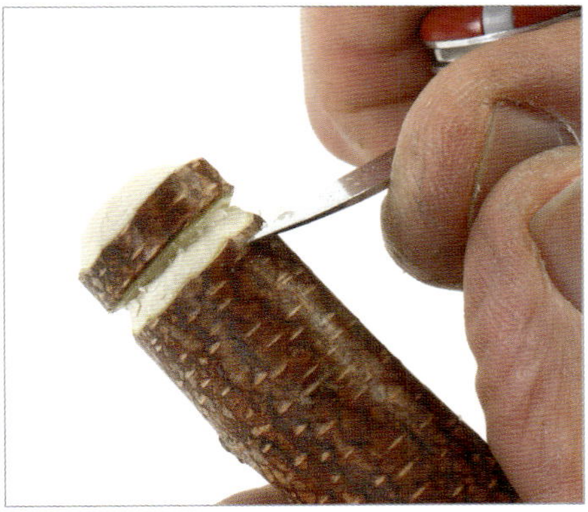

2 Ich verziere beide Enden des Griffs immer gerne mit kleinen eingekerbten Ringen bzw. Rillen aus aneinandergereihten V-förmigen Einkerbungen. Wer seiner Kreativität freien Lauf lassen möchte, kann sich den Kontrast von dunkler Rinde und hellem Holz zunutze machen und Spiralen, Kreuzschraffuren oder andere Muster hineinschnitzen.

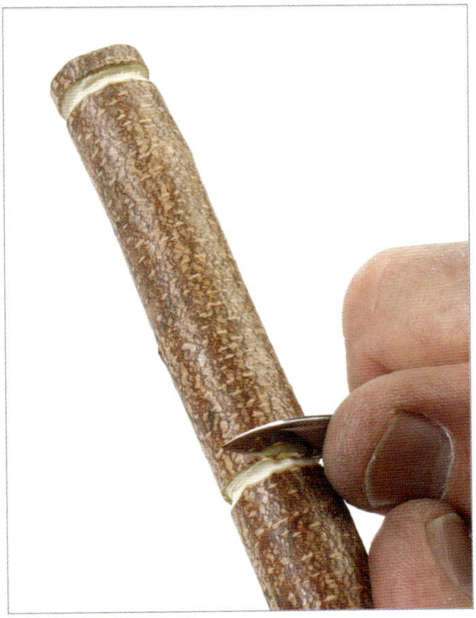

3 Entscheiden Sie, wie lang Griff und Klinge sein sollen. Schnitzen Sie einen zweiten Rillenring ins andere Ende des Griffs.

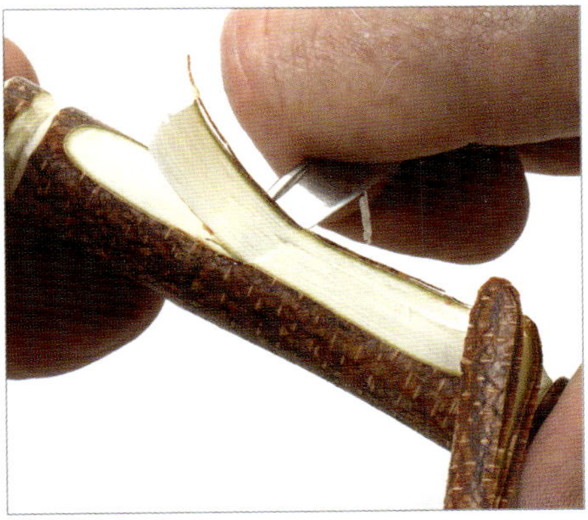

4 (Wahlweise) Entscheiden Sie, wie und wo Sie die Klinge herausarbeiten wollen. Drehen Sie den Ast so lange, bis Sie eine Stelle gefunden haben, die eine gerade Klinge zulässt. Markieren Sie die zukünftigen Klingenseiten. Dann schälen Sie mit ein paar langen, gleichmäßigen Schnitten gerade Streifen aus einer oder beiden Seiten des Griffs. Schneiden Sie von beiden schmalen Enden so zur Mitte des hellen Streifens hin, dass sich die Schnitte in der Mitte treffen. Versuchen Sie nicht, den gesamten Streifen nur in einer Richtung, also nur von einer Seite aus, herauszuschnitzen.

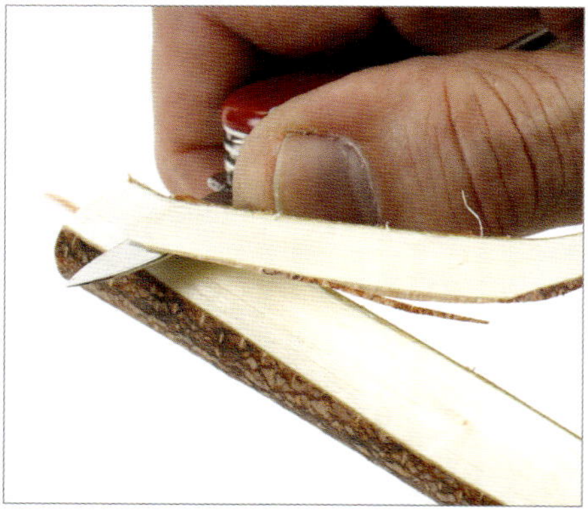

5 Dünnen Sie die Klinge mit langen, geraden Schnitten aus. Ich mache dazu mein Handgelenk steif und schiebe das Messer bis zum Ende des Astes beherzt durchs Holz. Tragen Sie pro Schub immer nur einen dünnen Span ab und nicht zu viel auf einmal. Hören Sie auf, bevor Sie das Mark im Innern des Astes erreichen.

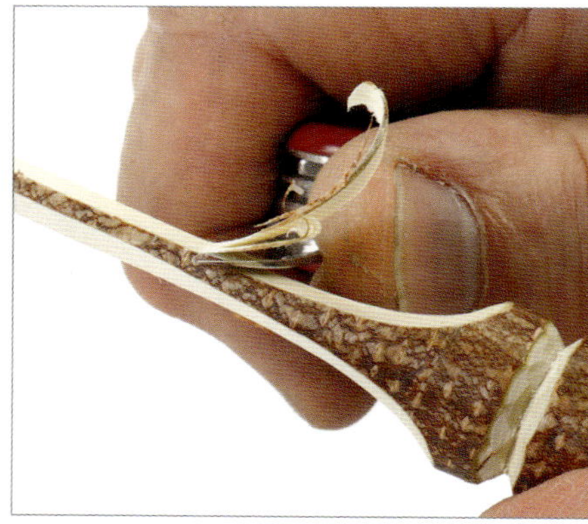

6 Dünnen Sie die zweite Seite der Klinge genauso aus. Achten Sie darauf, an beiden Seiten dieselbe Holzmenge abzutragen, damit die Klinge später in der Mitte des Heftes sitzt.

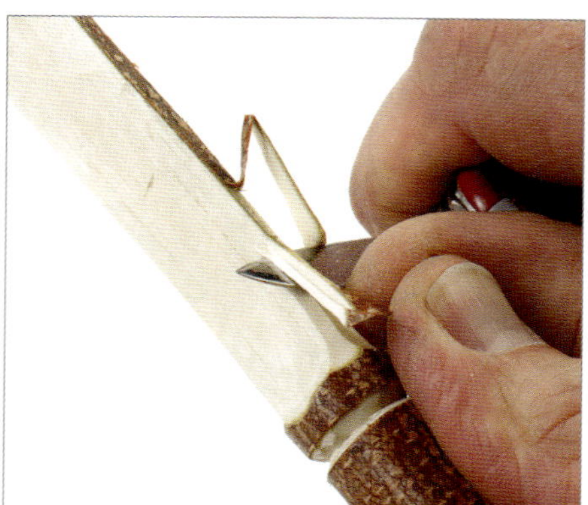

7 Entfernen Sie die verbliebenen dünnen Rindenstreifen an der Schneide und dem Klingenrücken.

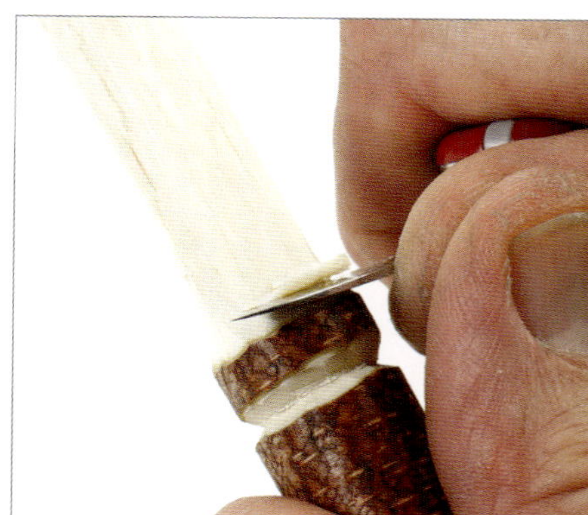

8 Schneiden Sie umlaufend am Griffansatz eine breite, flache V-förmige Kerbe in die Klinge. Drücken Sie dazu mit dem linken Daumen kontrolliert auf den rechten und reihen Sie flache Kerbe an flache Kerbe, bis Sie sich rund um den Klingenansatz gearbeitet haben. Nicht zu tief schneiden, sonst besteht die Gefahr, dass das Holzmesser später an dieser Stelle zerbricht.

Alle Schweizer Taschenmesser werden in der Schweiz aus erstklassigem rostfreiem Stahl hergestellt.

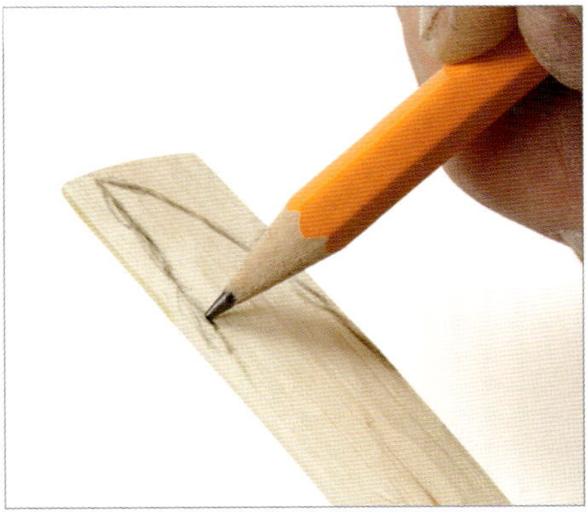

9 Zeichnen Sie die gewünschte Form der Klingenspitze mit einem Bleistift an.

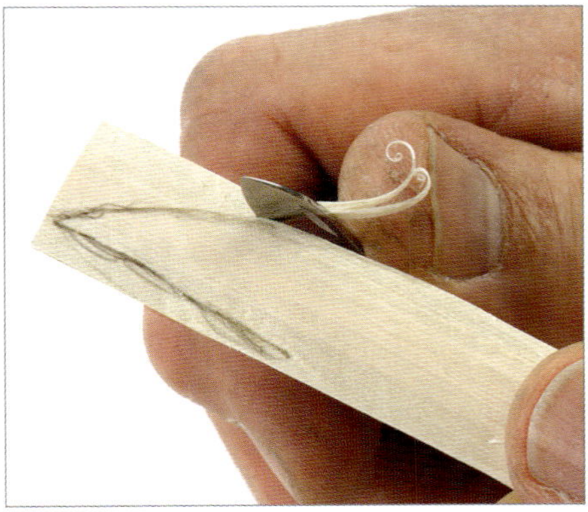

10 Entfernen Sie das Holz entlang der Bleistiftlinien beidseits der Spitze mit langen Schnitten.

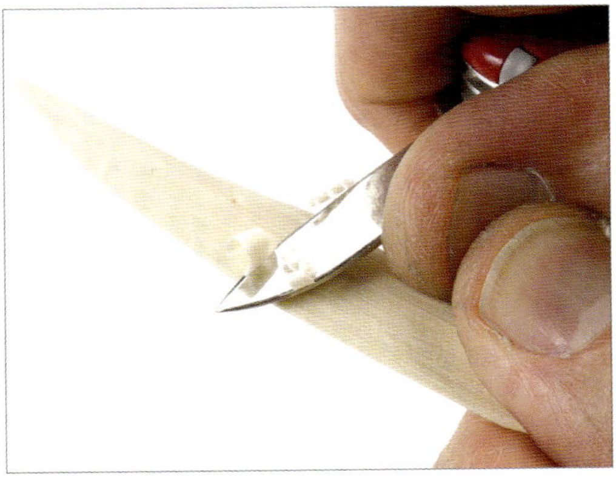

11 Dünnen Sie die Spitze und die Schneide aus, sodass es scharf wird. Wenn der Ast aus Grünholz besteht und noch recht frisch ist, übertreiben Sie es nicht. Lassen Sie das Holz erst etwas trocknen und wenn es fester und straffer ist, schärfen Sie die Schneide weiter. Beim Herausarbeiten der Spitze achten Sie darauf, dass diese nicht genau in der Mitte sitzt – es sei denn, das Mark ist wirklich kaum vorhanden. Eine aus Mark geschnitzte Messerschneide und -spitze wäre kontraproduktiv, denn schließlich sollen die Spitze und die gesamte Schneide des Holzmessers aus festem, stabilem Holz bestehen.

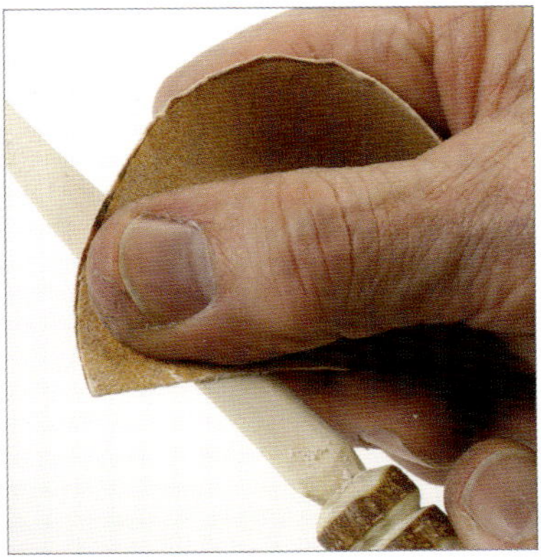

12 Sobald das Holz ausreichend getrocknet ist, sodass es sich schleifen lässt, greifen Sie zu feinem Schleifpapier und glätten Sie die Klinge sowie die Griffmulde.

13 Tragen Sie Sekundenkleber (flüssigen Cyanacrylat-Klebstoff) auf Klinge und Spitze auf, um sie härter zu machen. Wenn der Klebstoff ausgehärtet ist, schleifen Sie die Schneide und die Spitze erneut mit Schleifpapier, bis die gewünschte Schärfe erreicht ist. Nun ist das Messer im Grunde fertig, aber natürlich können Sie es noch weiterbearbeiten und verzieren, wenn Sie möchten.

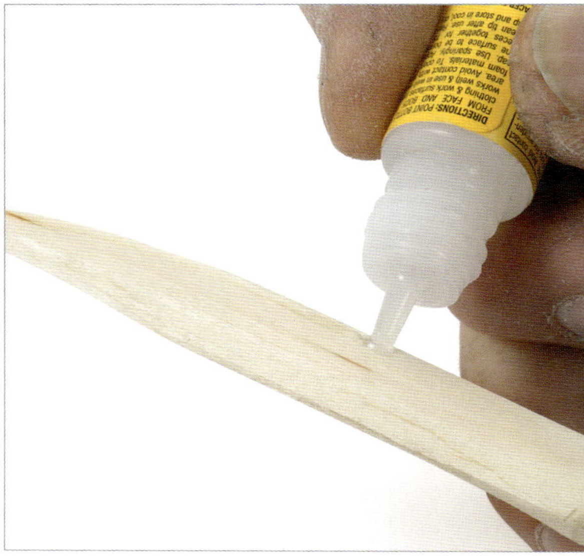

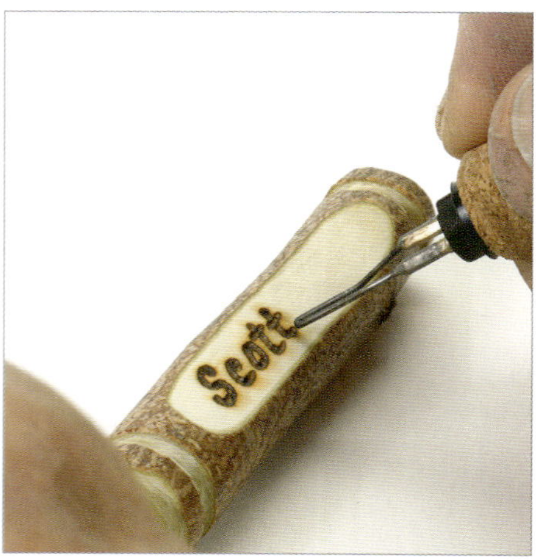

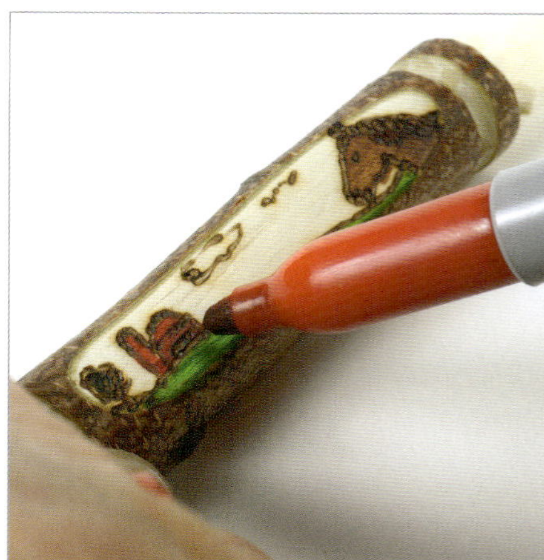

14 (Wahlweise) Ich personalisiere meine Messer gerne, indem ich mit dem Holzbrenner einen Namen auf der einen Seite und ein Bild auf der anderen Seite in die Griffmulde brenne. Mit Hilfe von Permanentmarkern kommt auch noch Farbe ins Spiel. Den Möglichkeiten sind fast keine Grenzen gesetzt.

Säubern, schärfen und ölen Sie Ihr Schweizermesser regelmäßig. Verwenden Sie ein geruchs- und geschmacksneutrales, alterungsbeständiges und lebensmitteltaugliches Messer-, Multifunktions-, Universal- oder Feinmechaniköl, das vor Korrosion schützt und gut schmiert. Reinigen Sie Ihr Messer nur unter warmem Wasser und niemals in der Spülmaschine.

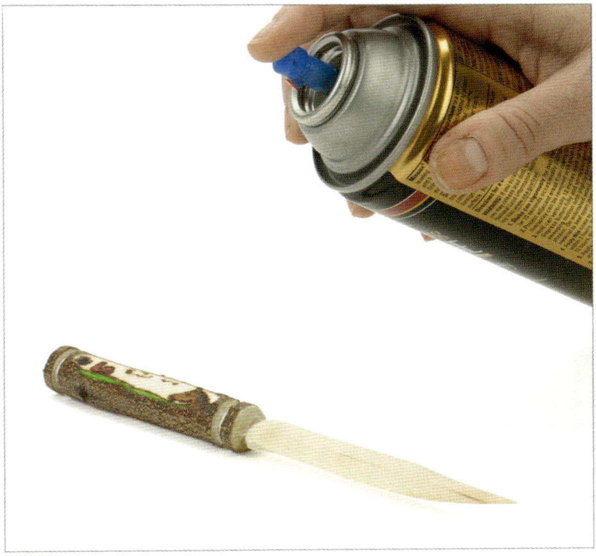

15 Wenn ich meine Messer fertiggestellt habe, kommt bei mir immer noch etwas Klarlack darauf, das hält bei Gebrauch den Schmutz fern. Ein PU- oder Acryl-Klarlack genügt, Polyurethan-Lack wird härter aber Acryllack trocknet schneller.

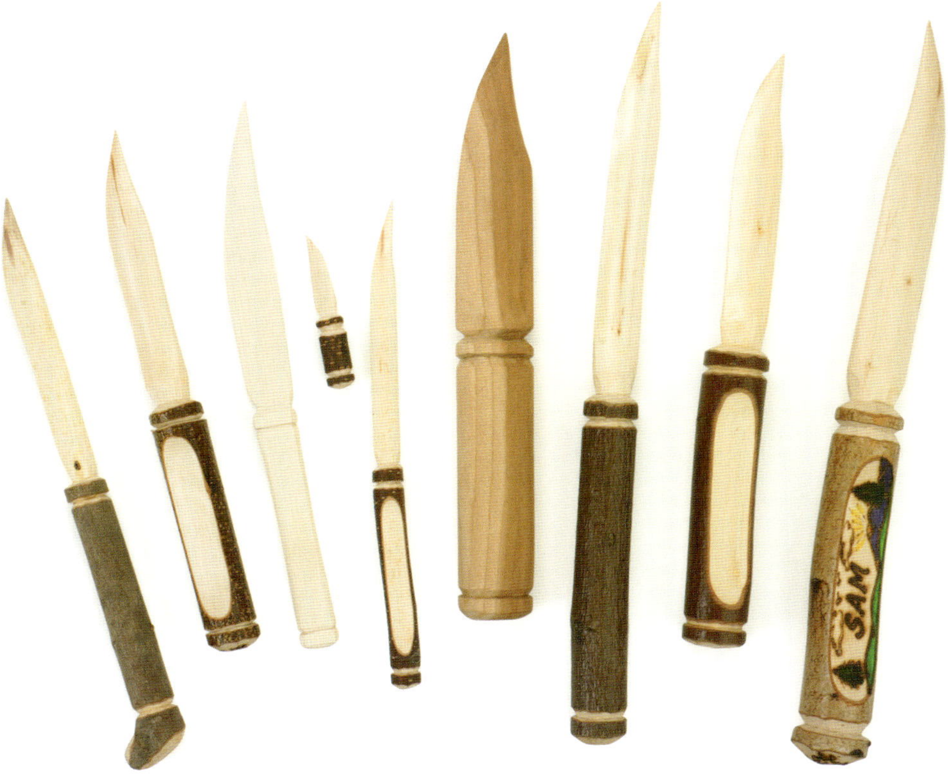

Zu einfach? Variieren Sie beim nächsten Mal Größe, Griffgestaltung oder Klingenform des Holzmesserchens.

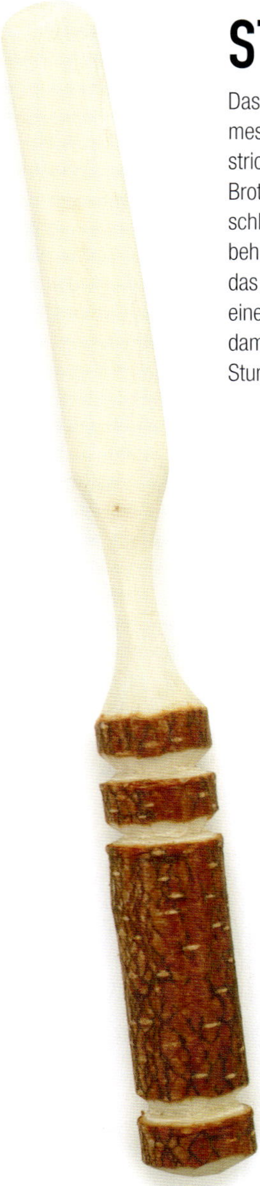

STREICHMESSER

Das Buttermesser hat eine dickere und abgerundetere Klinge als das Holzmesser. Mit Hilfe des Streichmessers lassen sich alle möglichen Brotaufstriche wie Marmelade, Erdnussbutter, Senf und dergleichen auf einer Brotscheibe verteilen. Folgen Sie der Anleitung für das Holzmesser bis einschließlich Schritt 8. Dann runden Sie die Seiten und das Ende der Klinge behutsam ab. Behandeln Sie die Klinge leicht mit Schleifpapier und fertig ist das Streichmesser. Ich lasse es gewöhnlich unbehandelt, wenn Sie aber lieber einen Klarlack verwenden möchten, achten Sie auf Lebensmitteltauglichkeit, damit das Holz ohne giftige Bestandteile schön glänzt. Vor Verwendung 24 Stunden trocknen lassen.

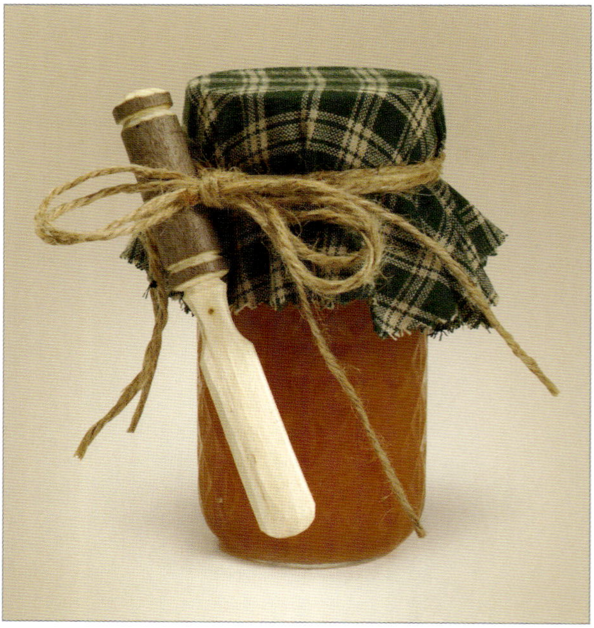

PARTYSPIESS

Kleine Cocktail- oder Partyspieße eignen sich wunderbar, um Häppchen und Vorspeisen einschließlich Käse, Fleisch, Oliven, saure Gurken, Mixed Pickles und dergleichen zu servieren. Folgen Sie der Anleitung für das Holzmesser bis einschließlich Schritt 8. Dann flachen Sie alle vier Seiten der Klinge gleichmäßig ab, sodass ein quadratischer Querschnitt entsteht. Nun schnitzen Sie noch die vier Kanten weg, bis der Spieß einen runden Querschnitt erhält und schneiden die Spitze konisch zu, die allerdings leicht außerhalb der Mitte liegen sollte, damit sie nicht aus Mark besteht.

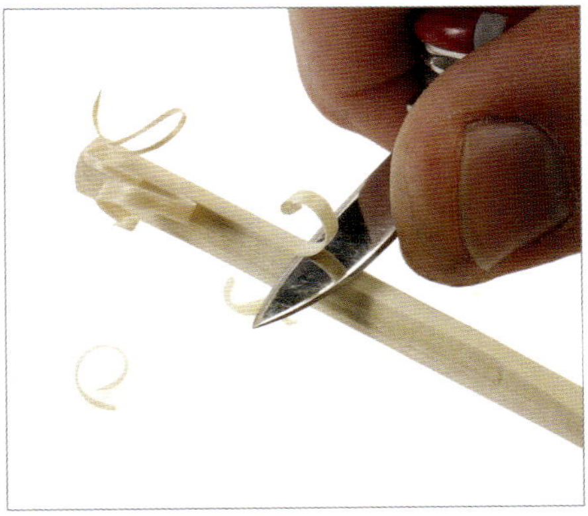

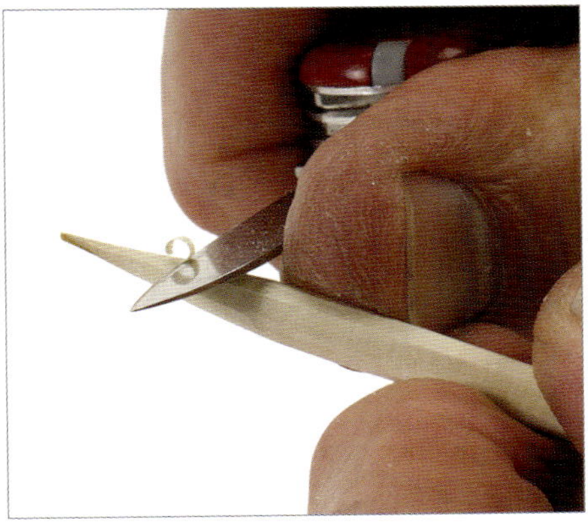

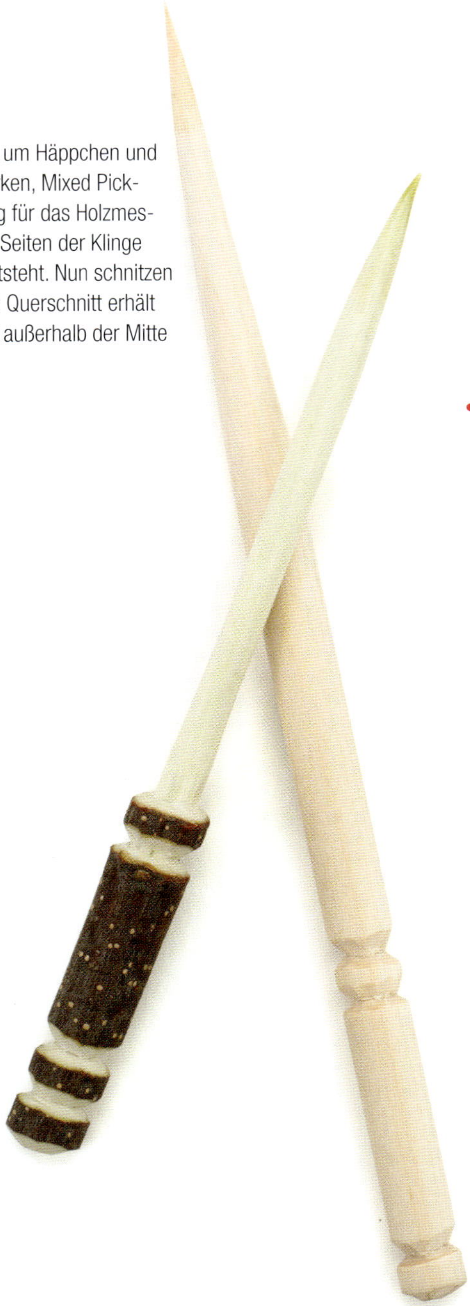

SCHNEEBESEN

Sollte Ihnen einmal ein Ast in die Hände fallen, von dem viele Seitenzweige nah beieinander abgehen, werfen Sie ihn nicht weg! Das gibt einen prima Schneebesen. Schneiden Sie den dicken Hauptast auf einer Länge von ca. 30 cm ab und bearbeiten Sie die Seitenzweige so, dass sie ein hübsches Grüppchen ergeben. Schälen Sie die Rinde von den Seitenzweigen und teilweise auch vom Griff. Runden Sie diesen am anderen Ende ab und schneiden Sie, wenn Sie möchten, eine dekorative Rille ein (siehe S. 27, Schritte 1 und 2).

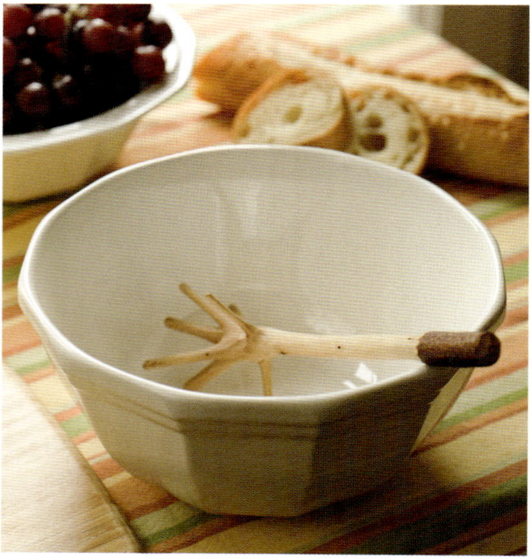

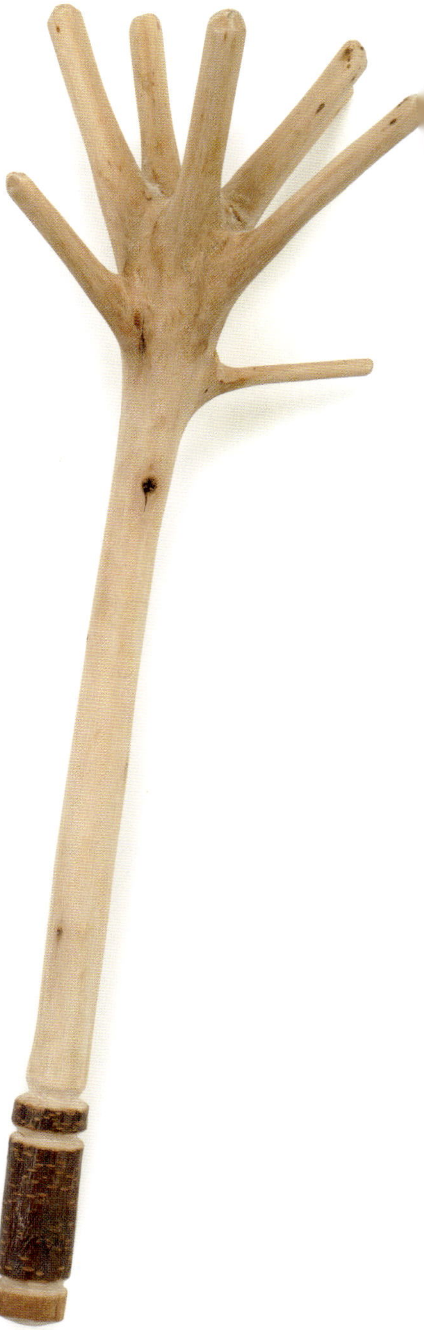

GABEL

Eine Gabel kann in allen Größen verwendet werden, um Verschiedenes aufzuspießen oder gar zu rösten – beispielsweise Marshmallows oder Würstchen. Meine Gabelvarianten bestehen immer aus drei Teilen: Griff, Stiel und Zinken. Ich habe immer nur zwei Zinken geschnitzt, was aber nicht heißen soll, dass nicht auch drei- oder vierzinkige Gabeln möglich sind.
Der Griff entspricht genau dem des Holzmessers (siehe Schritte 1 bis 3 auf S. 27).

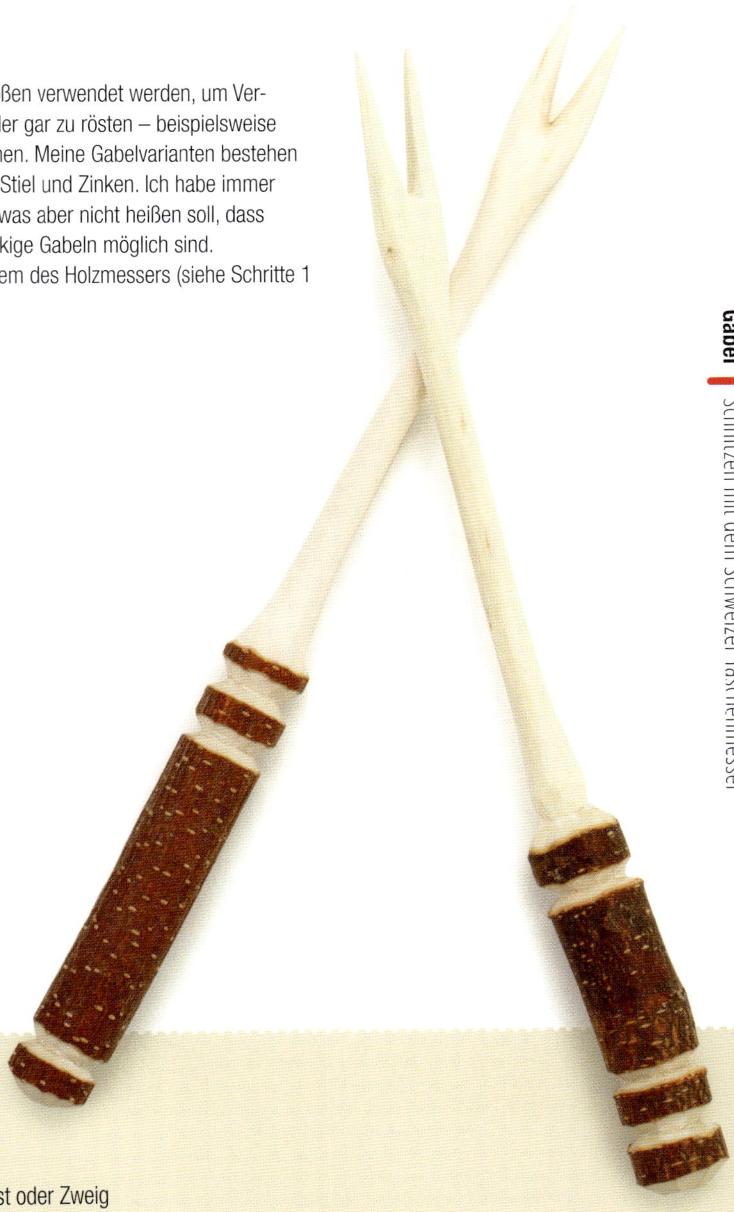

MATERIAL:

- Messer
- geradfaseriger Stock, Ast oder Zweig
- Schleifpapier

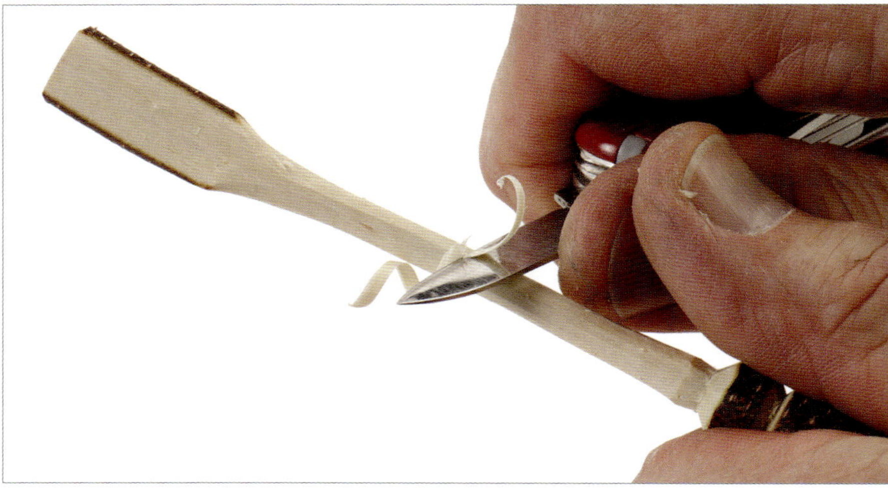

1 Wie beim Holzmesser wird zuerst der Griff geschnitzt und die „Klinge" ausgedünnt. Hier arbeiten Sie dann an der Gabel weiter und formen den Stiel aus. Am Ende soll jedoch ein flaches Stück stehenbleiben, das zunächst wie ein Paddel aussieht. Schnitzen Sie den Stiel schön rund.

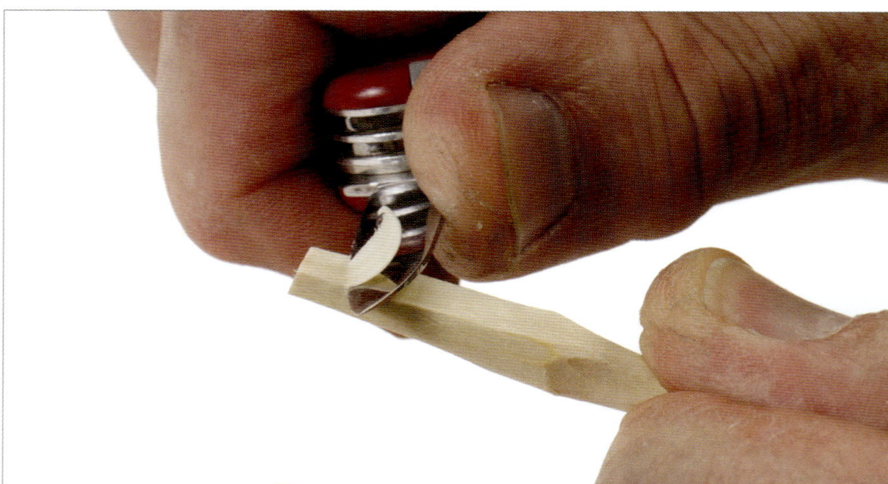

2 Entfernen Sie die Rinde von den Rändern des „Paddels" und verjüngen Sie das Ende so, dass es einem Schraubendreher ähnelt.

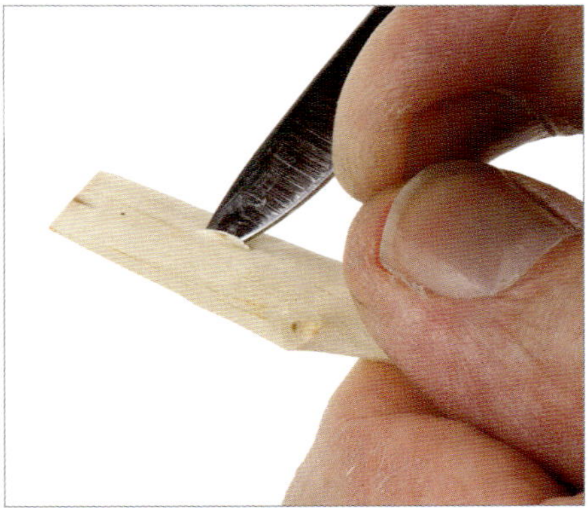 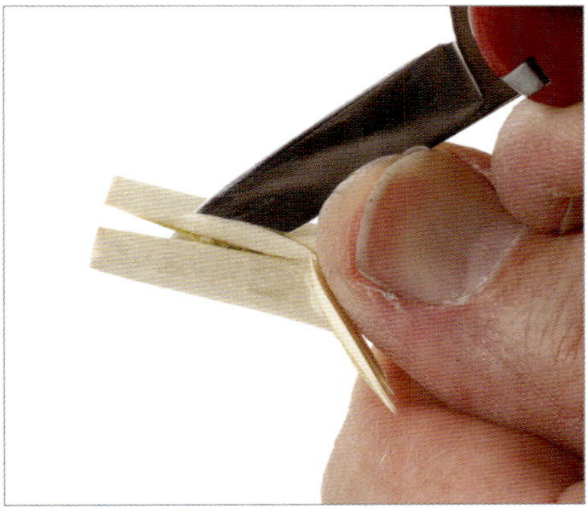

3 Die beiden Gabelzinken entstehen, wenn Sie am Ende des „Paddels“ einen V-förmigen Keil herausschneiden. Stechen Sie dazu die Spitze des Taschenmessers ca. 12 mm vom Ende des „Paddels“ entfernt ins Holz und ziehen Sie dann die klinge bis zum Ende hin druch. Wiederholen Sie diese Schnittbewegung, immer von der inneren Spitze der V-Form zu den Enden der Zinken, bis der Keil gut herausgearbeitet ist und die Zinken die gewünschte Form annehmen.

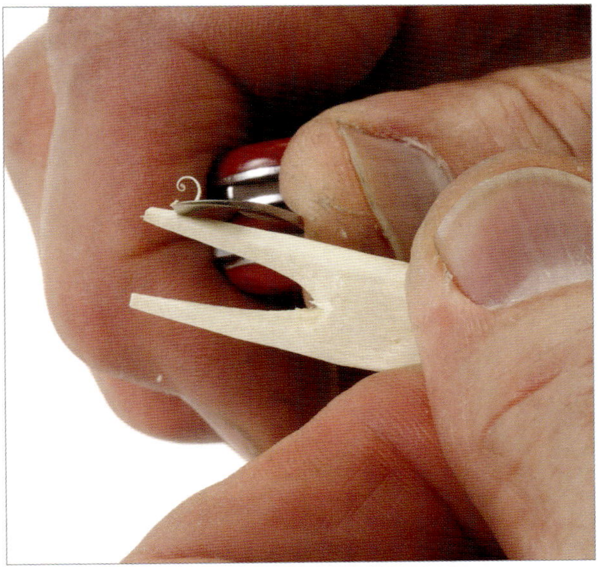

4 Bearbeiten Sie die Gabelzinken vorsichtig weiter, bis sie schön spitz sind.

Das Victorinox-Werk verbraucht gerade einmal so viel Heizöl wie ein Einfamilienhaus. Die bei der Fabrikation entstehende Abwärme wird genutzt, um die Produktionsstätten im schweizerischen Ibach-Schwyz sowie 120 Wohnungen in der Nähe zu beheizen.

Nutzen Sie die Holzmessergriff-Technik (S. 27, Schritte 1 bis 3) um folgende Objekte zu schnitzen. Dazu braucht man kürzere Äste oder Stöckchen; 7,5 cm sind ideal.

NAMENSSCHILDER

Schreiben Sie mit einem Kugelschreiber oder einem Holzbrenngerät jeweils einen Namen auf die kleinen „Baumstämme".

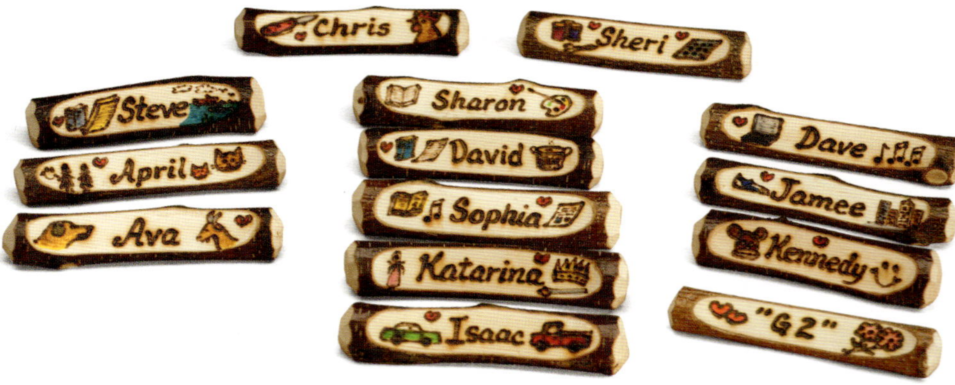

ANSTECKER

Spalten Sie die „Baumstämmchen" und kleben Sie mit Epoxidharzkleber, oder einem guten Tischlerleim, Broschennadeln (sog. Broschplatten) auf die Rückseite der Hälften.

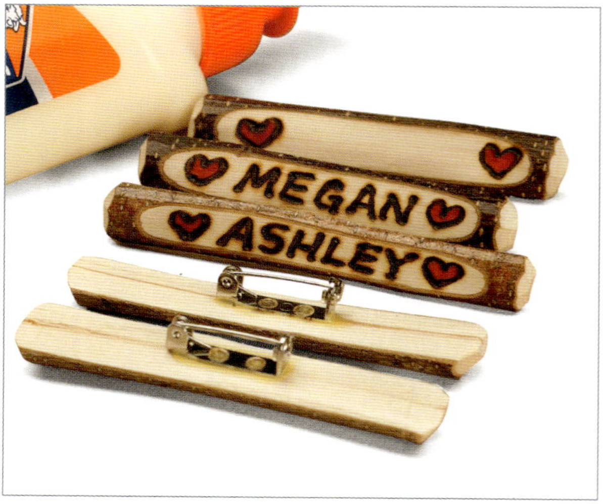

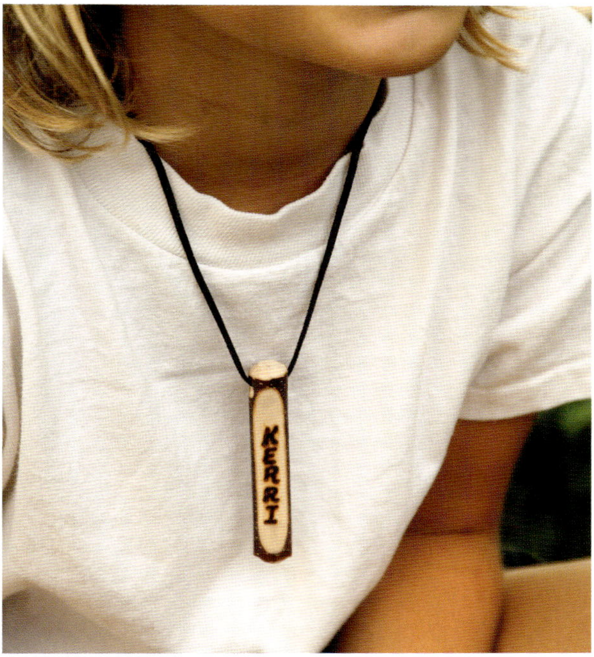

ANHÄNGER

Schreiben Sie den Namen vertikal auf das Stämmchen. Bohren Sie am oberen Ende ein kleines Loch und ziehen Sie eine Schnur hindurch.

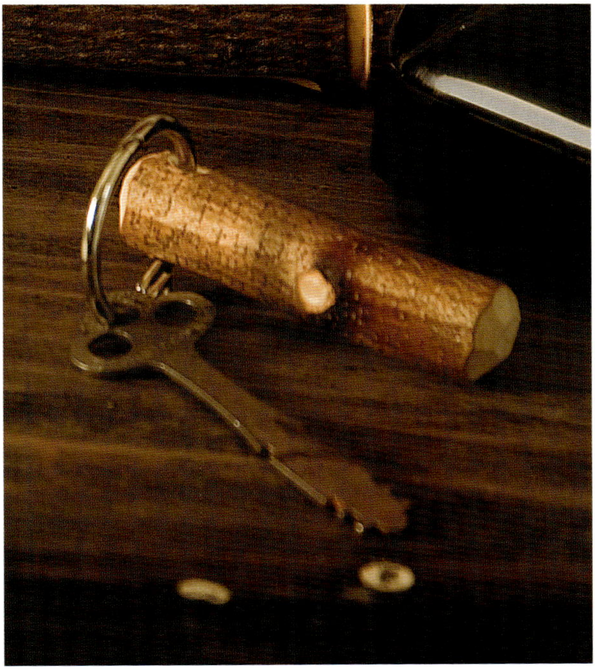

SCHLÜSSEL-ANHÄNGER

Anstelle der Schnur kann man auch einen Schlüsselring oder einen kräftigen Ring von einem Spiralblock verwenden.

STRICKNADELN

Ich kann zwar überhaupt nicht stricken, habe mir aber sagen lassen, dass sich Stricknadeln aus Holz wärmer anfühlen als metallene und auch nicht so laut klappern beim Stricken. Stricken lässt es sich damit aber genauso gut. Ob sie auch für Menschen mit Arthritis besser geeignet sind, kann ich nicht beurteilen, aber eins weiß ich: Sie lassen sich leicht selbst herstellen und es bereitet vergnügen, wenn man sie jemandem überreicht und sagt: „Schau mal, ich habe Dir diese Stricknadeln gemacht!“ Wer weiß, vielleicht fangen Sie nach dem Schnitzen der Nadeln sogar selbst mit dem Stricken an. Das soll ja ebenfalls ein entspannendes Hobby sein und am Ende kommt ein schöner warmer Schal oder ein Pullover dabei heraus.

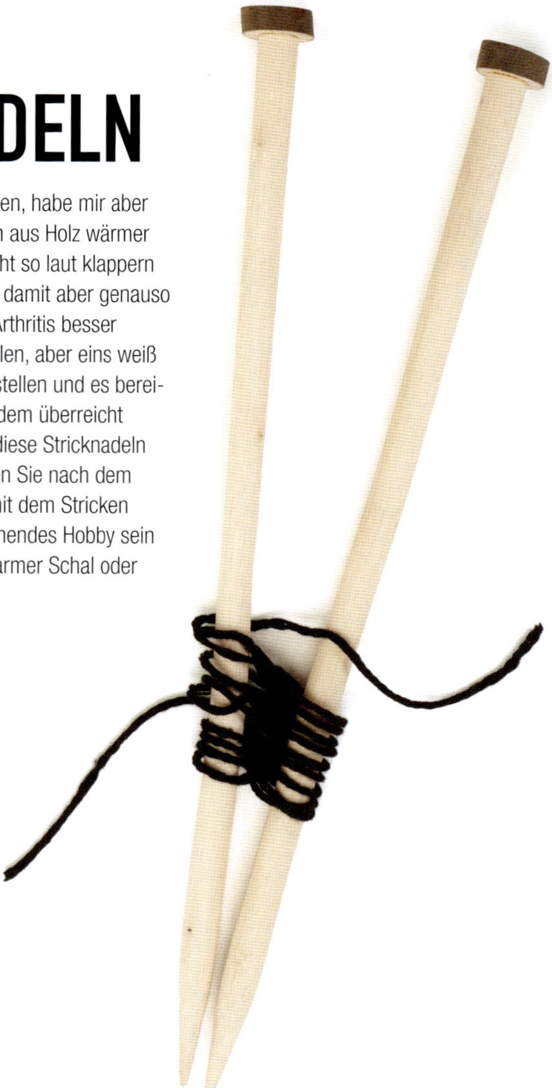

MATERIAL:

- Messer
- 2 gerade Äste oder Holzstäbe, ca. 25–30 cm lang und etwas dicker, als die Nadeln später sein sollen
- ein dickerer Ast
- Schleifpapier
- Handsäge oder Säge am Taschenmesser
- Holzleim

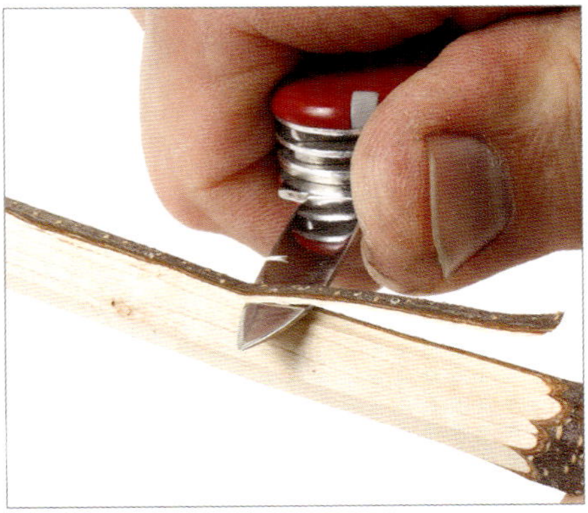

1 Entrinden Sie einen dünnen Ast mit langen, geraden Schnitten. Tragen Sie dabei aber nicht zu viel Holz ab.

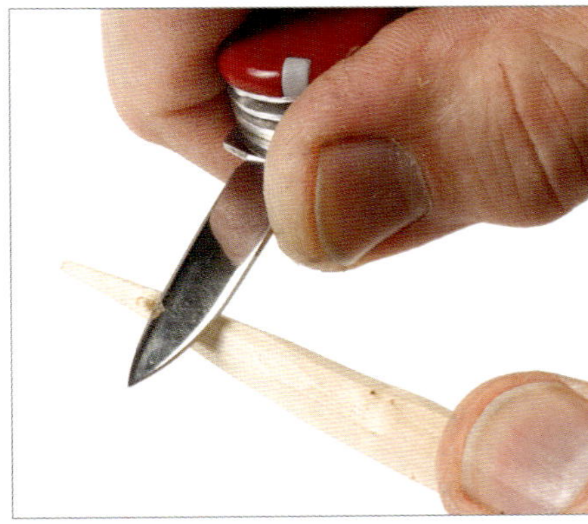

2 Schnitzen Sie das Ende des Astes konisch zu, aber nicht zu spitz!

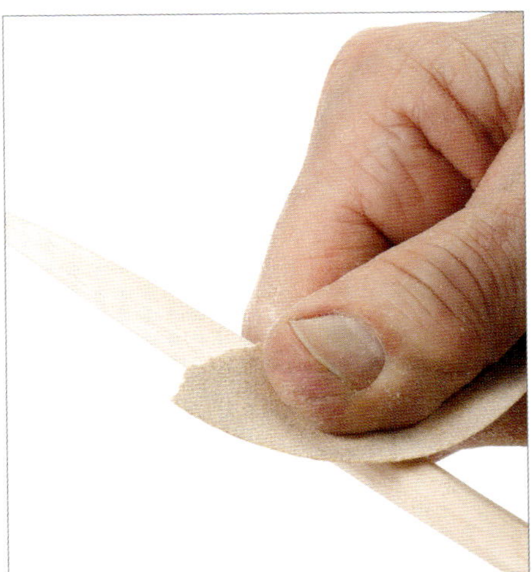

3 Glätten Sie die Nadel mit Schleifpapier. (Sollten Sie Grünholz verwenden, müssen Sie etwas warten, bis das Holz getrocknet ist. Erst dann wird es beim Schleifen schön glatt.)

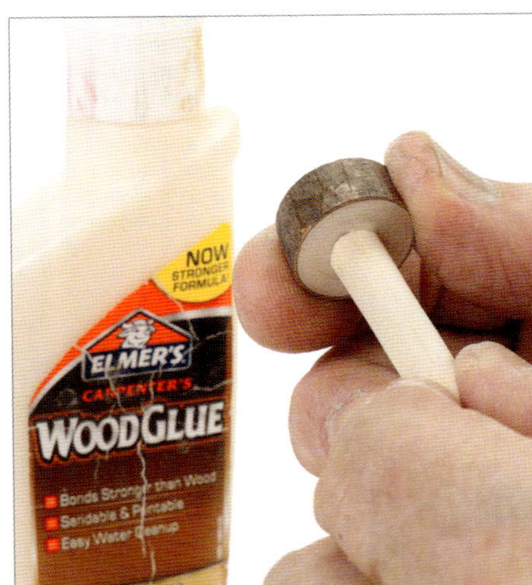

4 Wählen Sie einen Ast aus, der den Durchmesser aufweist, den Sie sich für den Stopper am Ende der Stricknadel wünschen. Mit Hilfe einer Handsäge oder der Säge an Ihrem Schweizermesser sägen Sie eine kleine Scheibe ab und glätten beide Flächen mit Sandpapier. Mit Holzleim befestigen Sie die Scheibe am Nadelende. Für die zweite Nadel wiederholen Sie alle vier Schritte.

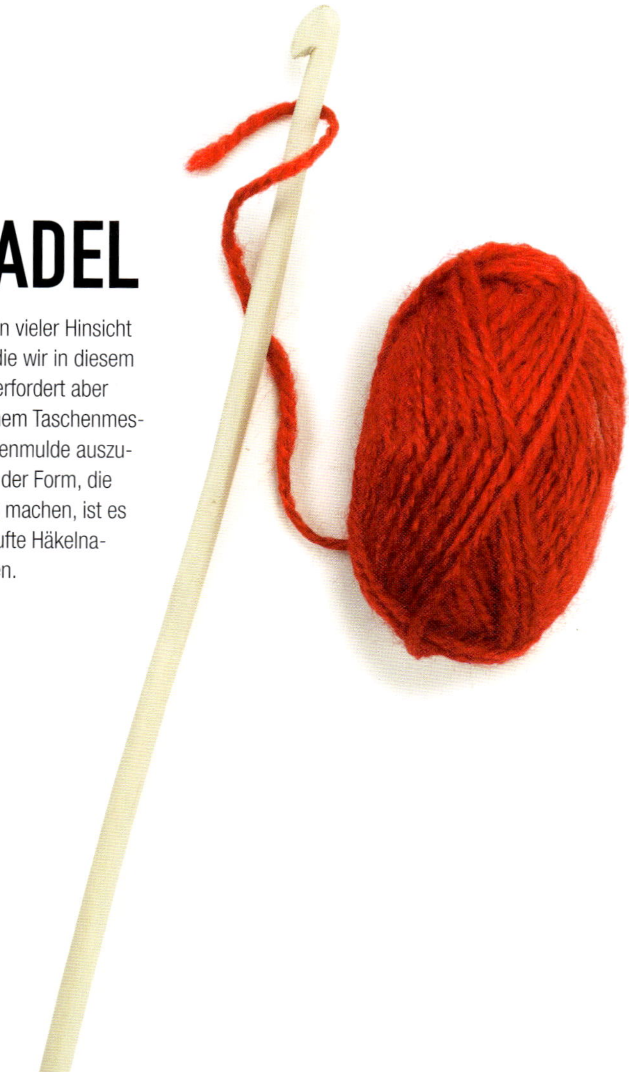

HÄKELNADEL

Eine Häkelnadel ähnelt zwar in vieler Hinsicht den anderen Gerätschaften, die wir in diesem Kapitel geschnitzt haben, es erfordert aber etwas mehr Geschick, mit einem Taschenmesser den Haken und die Daumenmulde auszuformen. Um sich anfangs mit der Form, die man schaffen will, vertraut zu machen, ist es durchaus hilfreich, eine gekaufte Häkelnadel als Modell danebenzulegen.

MATERIAL:

- Messer
- ein gerader Ast oder Holzstab, ca. 15–20 cm lang und etwas dicker, als die Nadel später sein soll
- Schleifpapier
- Bleistift

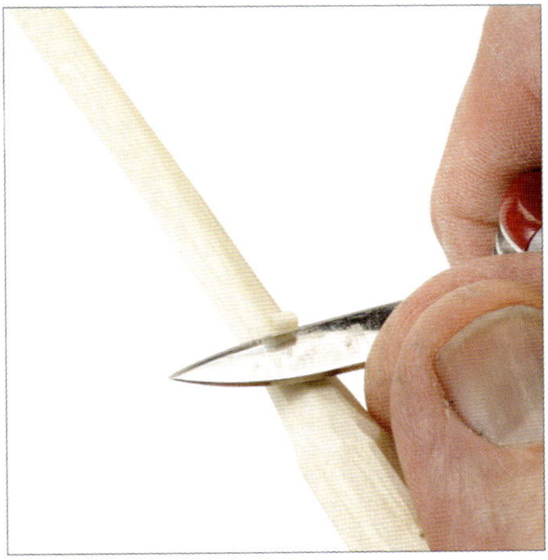

1 Entrinden Sie den Ast. Schnitzen Sie das Griffende leicht konisch zu und runden Sie es anschließend ab.

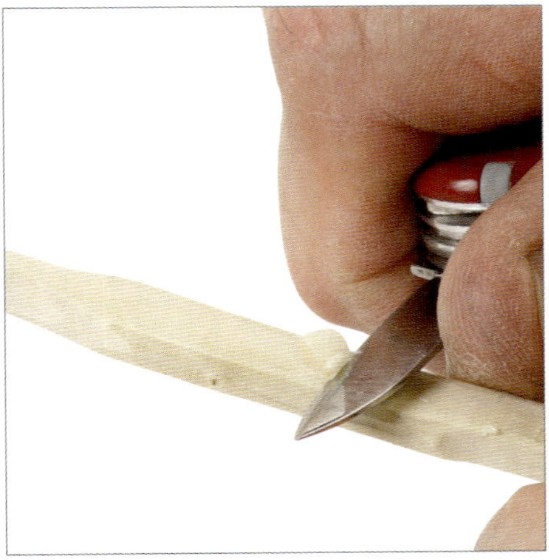

2 Flachen Sie die Daumenmulde ab, also den Teil des Griffs, auf dem später beim Häkeln der Daumen ruht. Diese Stelle sollte etwa zwei Drittel der gesamten Nadellänge vom hinteren Ende entfernt sein.

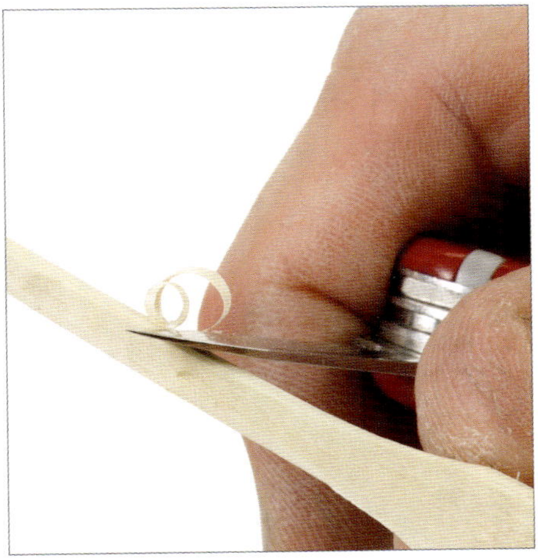

3 Drehen Sie den Ast um 90 Grad und schnitzen Sie beide Seiten des vorderen Nadelendes, wo später der Haken sein wird, leicht konisch zu.

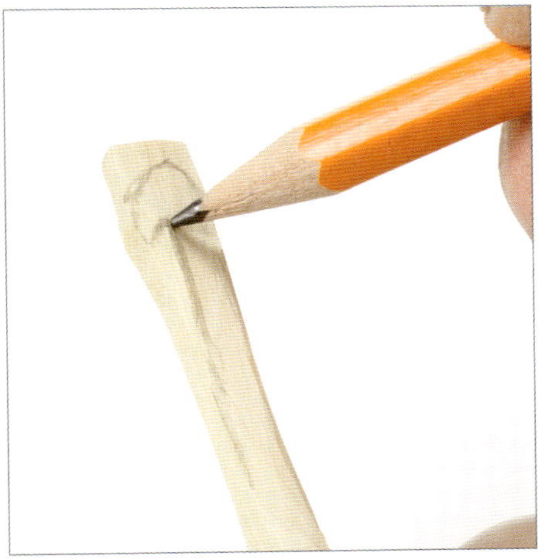

4 Zeichnen Sie mit einem Bleistift den Umriss des Hakens an.

Der (Mehrzweck-)Haken an einem Schweizermesser wird auch Paketträger genannt – hängen Sie die Paketschnur eines Päckchens an diesen Haken anstatt an die Finger, so trägt es sich viel leichter und die Schnur schneidet nicht ins Fleisch.

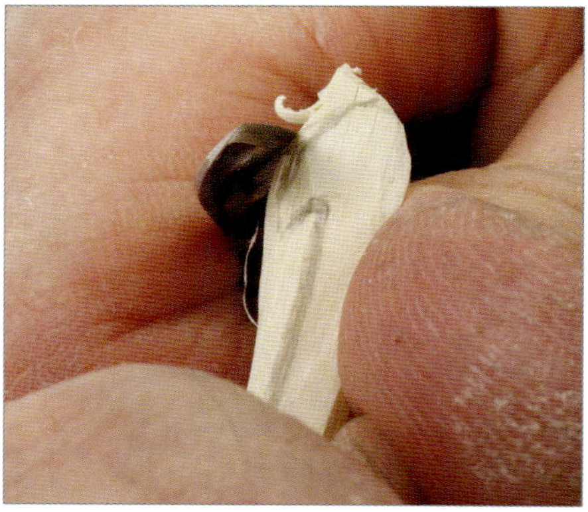

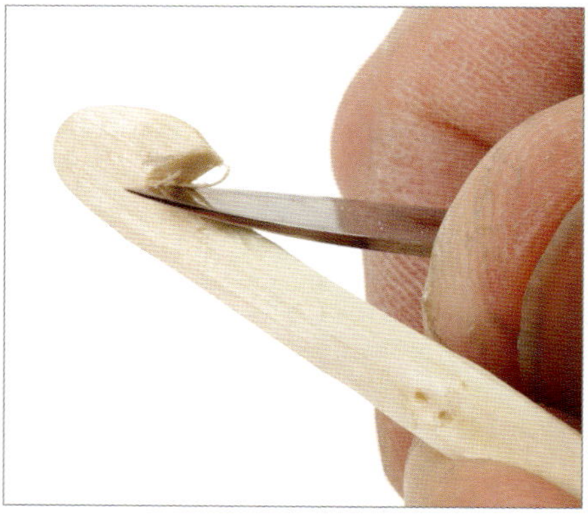

5 Schnitzen Sie äußerst vorsichtig den Umriss des Hakens nach. Arbeiten Sie sich besonders zum Innern des Hakens nur langsam vor, um ihn nicht versehentlich abzutrennen. Schneiden Sie das Innere des Hakens mit der Messerspitze keilförmig aus.

6 Glätten Sie die gesamte Häkelnadel mit Schleifpapier.

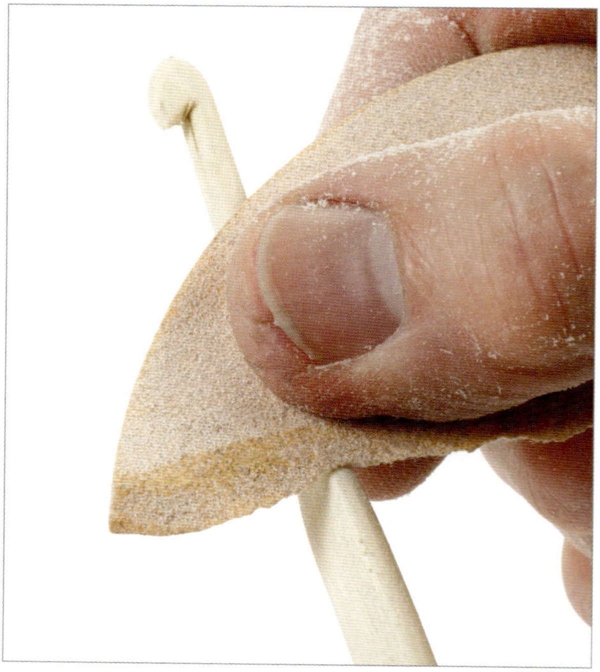

LÖFFEL

Es ist wahr – Not macht erfinderisch. Dieses Schnitzprojekt entstand, als ich meinen Stand auf einer Hobby- und Heimwerkermesse fertig aufgebaut hatte und zu Mittag essen wollte. Als ich meine Brotbüchse öffnete, die mir meine Frau Sheri treu sorgend und umsichtig wie sie war, eingepackt hatte, entdeckte ich leicht verdutzt einen Joghurt. Wie sollte ich den denn essen? An leckeres Essen hatte sie gedacht, an die notwendigen Gerätschaften aber nicht … Den Joghurt mit meinem sehr, sehr scharfen Taschenmesser zu löffeln, schien mir alles andere als verlockend. Stattdessen nahm ich das Messer und schnitzte einen recht passablen Löffel aus einem Ast, der um die 12–15 cm maß, aß mit großem Appetit den Joghurt und trage den Löffel noch heute mit mir herum, für den Fall, mal wieder in eine löffellose Situation zu geraten.

Löffel gibt es in allen möglichen Formen und Größen. Natürlich hängt die Größe auch davon ab, welches Holzstück Ihnen dafür zur Verfügung steht. Ein kleines Löffelchen für Senf oder ein überdimensionaler Rührlöffel für den Gulaschtopf im Zeltlager – alles ist möglich. Zur Demonstration schnitze ich hier eine teelöffelgroße Variante.

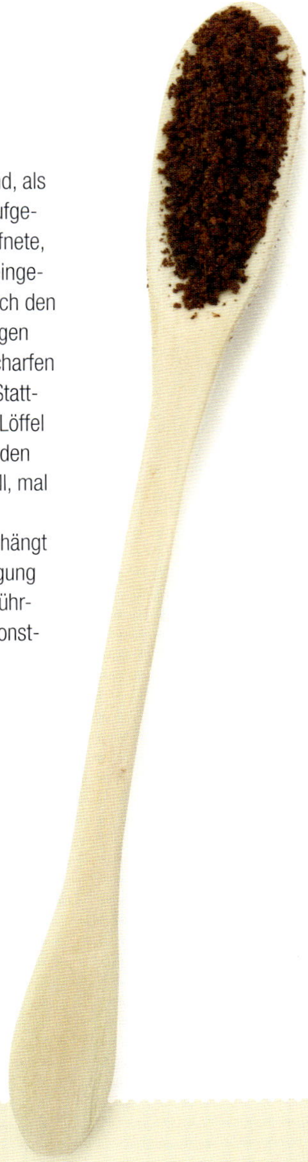

MATERIAL:

- Messer
- geradfaseriges Holz, etwas länger und breiter, als der Löffel später sein soll
- Bleistift
- Schleifpapier, 150er und 220er Körnung
- schnelldrehendes Multifunktionswerkzeug (falls gewünscht)
- lebensmitteltauglicher Klarlack (falls gewünscht)

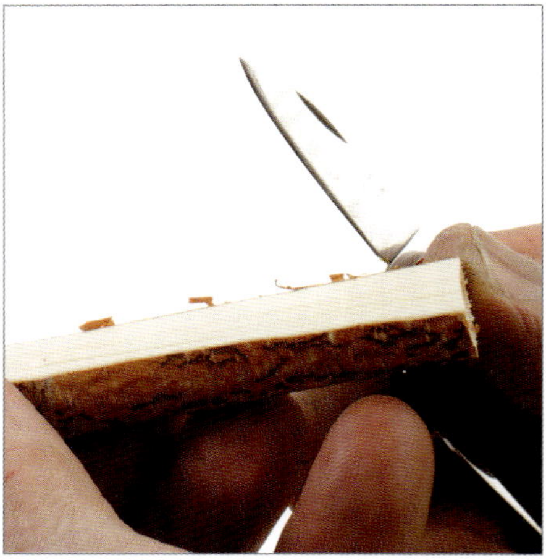

1 Flachen Sie den Ast auf einer Seite über die gesamte Länge mit lang ausgreifenden, kräftigen Schnitten ab. Das wird die Oberseite des Löffels.

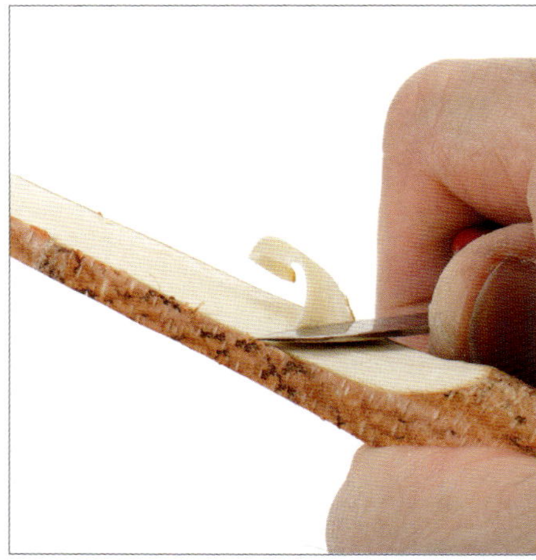

2 Dünnen Sie den Ast auf der Rückseite über etwa zwei Drittel seiner Länge mit leicht konkaven Schnitten aus. Das Drittel am Ende bleibt dick, hieraus wird später der Schöpfteil bzw. die Löffelschale.

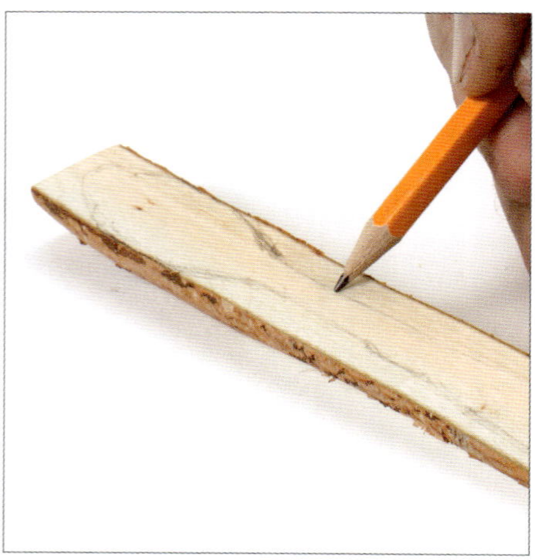

3 Zeichnen Sie auf der flachen Seite den Umriss des geplanten Löffels an.

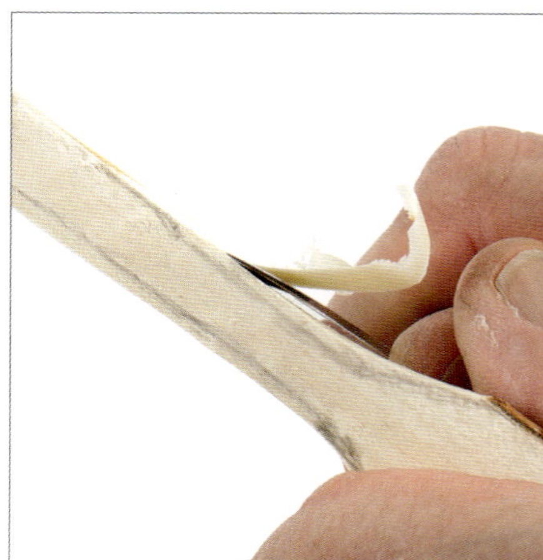

4 Arbeiten Sie die Form des Griffs heraus. Schneiden Sie immer von der Löffelschale zur Mitte hin. Andersherum würden Sie das Holz eventuell versehentlich an Stellen einschneiden, wo Sie es gar nicht wollen.

Das Victorinox@work umfasst einen USB-Stick, Schere, Kugelschreiber, Nagelfeile mit Schraubendreher, Brieföffner (Klinge), Schlüsselring und Pinzette.

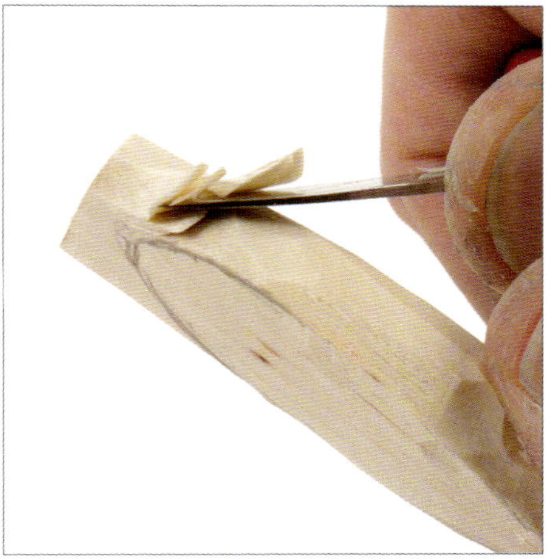

5 Entfernen Sie die Rinde vom Schöpfteil. Formen Sie die Löffelschale aus, indem Sie an der angezeichneten Umrisslinie entlangschnitzen.

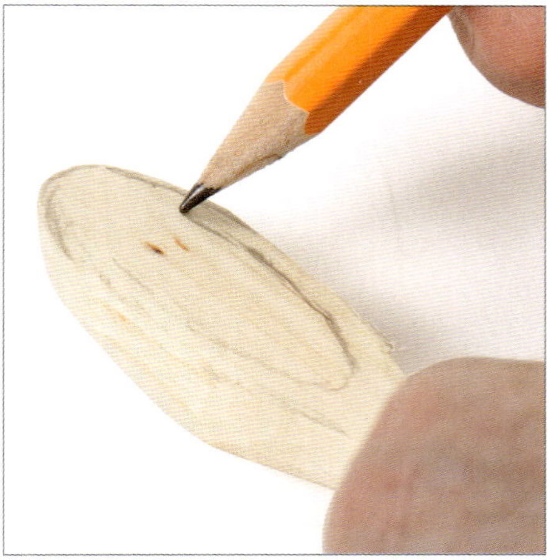

6 Zeichnen Sie den Umriss der Innenseite der Löffelschale an.

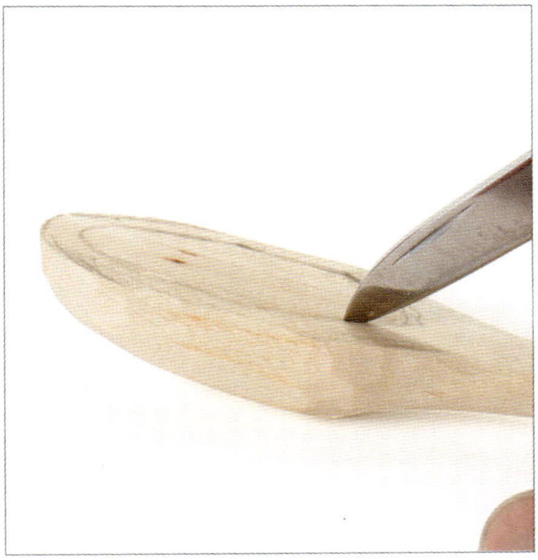

7 Schneiden Sie mit der Spitze der kleinen Taschenmesserklinge äußerst vorsichtig entlang dieser Linie, die Messerspitze zeigt dabei leicht nach innen. Achten Sie darauf, mit der Klinge nicht abzurutschen und versehentlich nach außen zu schneiden – das würde den Rand der Schale beschädigen.

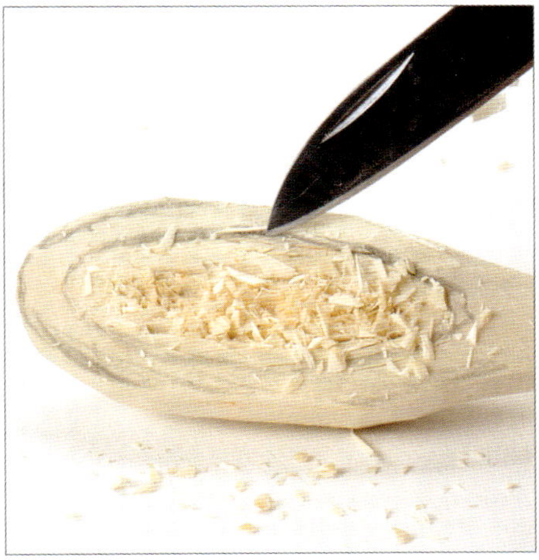

8 Höhlen Sie die Schale mit vielen V-förmigen Schnitten nach und nach so weit wie möglich aus. Dadurch wird die Innenseite der Schale natürlich zunächst recht rau. (Sollten Sie ein schnelldrehendes Multifunktionswerkzeug zur Hand haben, lässt sich der ganze Aushöhlungsprozess erheblich beschleunigen.)

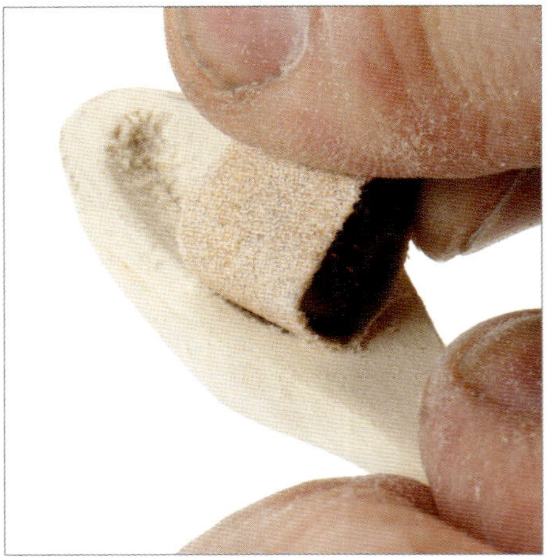

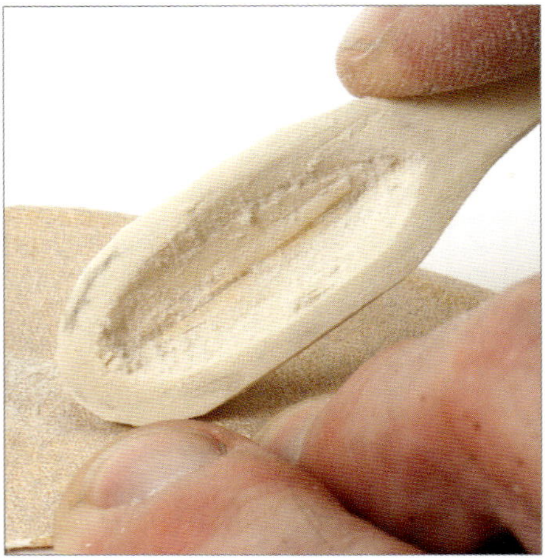

9 Basteln Sie sich ein Schleifwerkzeug für das Innere der Schale, indem Sie das Ende eines Zweiges so abrunden, dass es gut in die Vertiefung passt. Wickeln Sie ein Stück Schleifpapier um dieses abgerundete Astende und glätten Sie damit das Innere der Schale. Glätten Sie anschließend den gesamten Löffel mit feinem Schleifpapier.

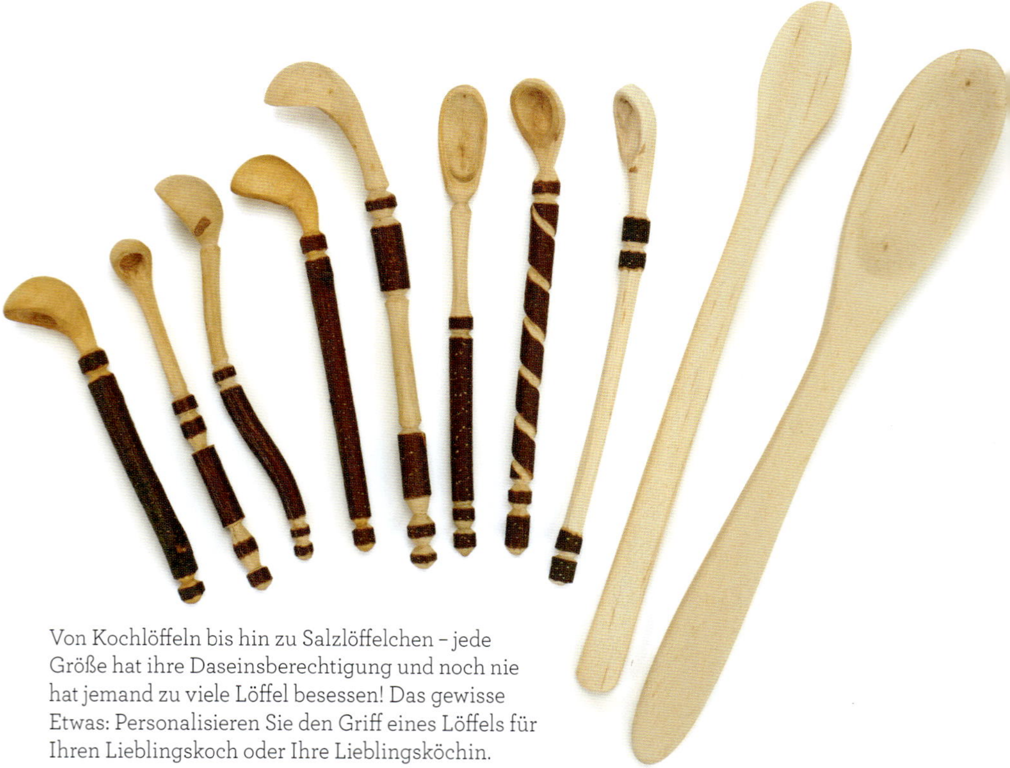

Von Kochlöffeln bis hin zu Salzlöffelchen – jede Größe hat ihre Daseinsberechtigung und noch nie hat jemand zu viele Löffel besessen! Das gewisse Etwas: Personalisieren Sie den Griff eines Löffels für Ihren Lieblingskoch oder Ihre Lieblingsköchin.

DIÄTLÖFFELCHEN

Diese winzigen Probierlöffelchen lösen immer wieder Heiterkeit aus. Ich schnitze sie aus 6 bis 12 mm starken Holzstäben und schreibe mit dem Holzbrenner Wörter wie „Diätlöffel“ oder „Strengdiätlöffel“ auf den Griff. Selbst Abnehmwillige, die sehr eisern an ihrer Diät festhalten, können es sich mit so einem winzigen Löffelchen ab und zu leisten, ein wenig zu schlemmen – oder zumindest mal zu kosten!

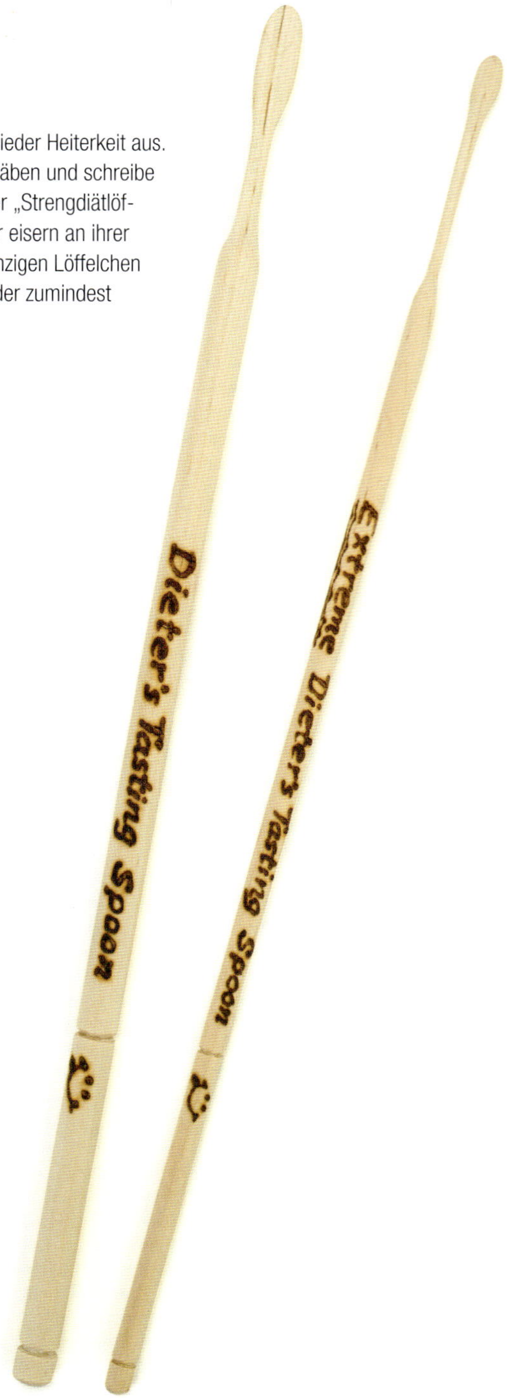

KAPITEL DREI

SPIELZEUG

Ob man nun neun ist oder neunzig oder irgendwo dazwischen – ein Spielzeug zu basteln macht immer Spaß. Entweder für eine ganz besondere Person … oder für sich selbst! Ich bin mehrfacher Opa, manchmal mache ich Spielzeug für meine Enkel und um ehrlich zu sein, manchmal auch für mich. Auch die riesige, 1,5 m hohe Steinschleuder, die ich mir gebastelt und auf den Dachgepäckträger meines Autos montiert habe, ist wohl ein überdimensionales Spielzeug. Na klar, habe ich Spaß damit – und natürlich verwende ich sie mit Bedacht.

Im Folgenden finden Sie ein paar Anregungen. Das Hui-Hui-Hölzchen (auch Hui-Maschine, Hui-Rad, Zauberpropeller u. a. genannt) und das kleine Segelboot erfordern kleine Löcher, die zu bohren sind. Dazu kann man natürlich einen Bohrer verwenden, sofern man einen hat. Aber draußen in der freien Natur, im Wald, ist das meist nicht der Fall – es sei denn, man hat ein Schweizer Taschenmesser dabei – viele Modelle sind mit einer Ahle ausgestattet, mit der Sie mit etwas Geduld und Sorgfalt ebenfalls ein Loch bohren können. Ein sauberes Loch lässt sich leichter in trockenes Holz bohren, deshalb sollte man Grünholz über Nacht trocknen lassen und sich erst dann an die Löcher wagen.

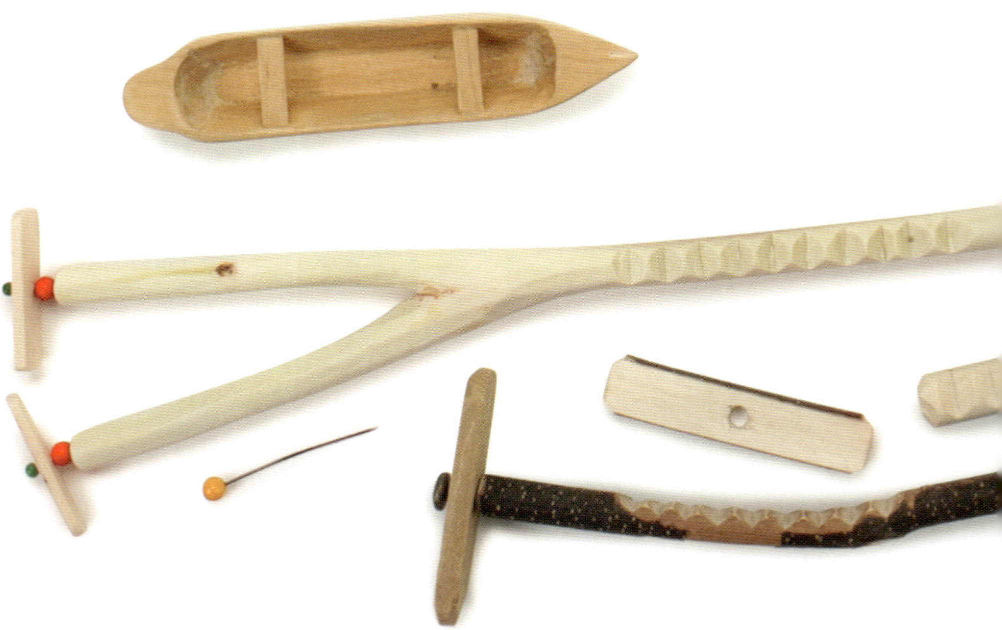

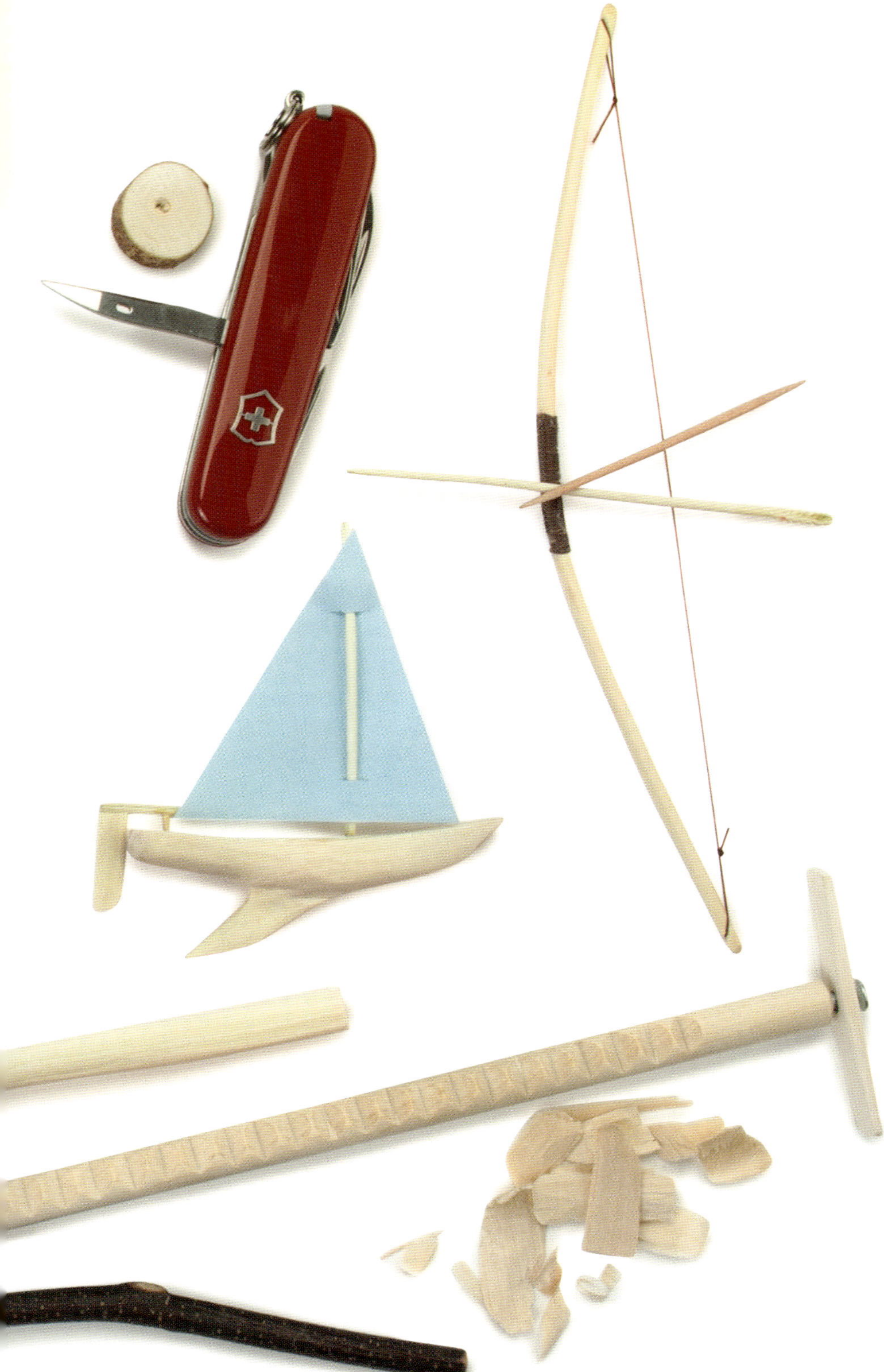

HUI-HUI-HÖLZCHEN

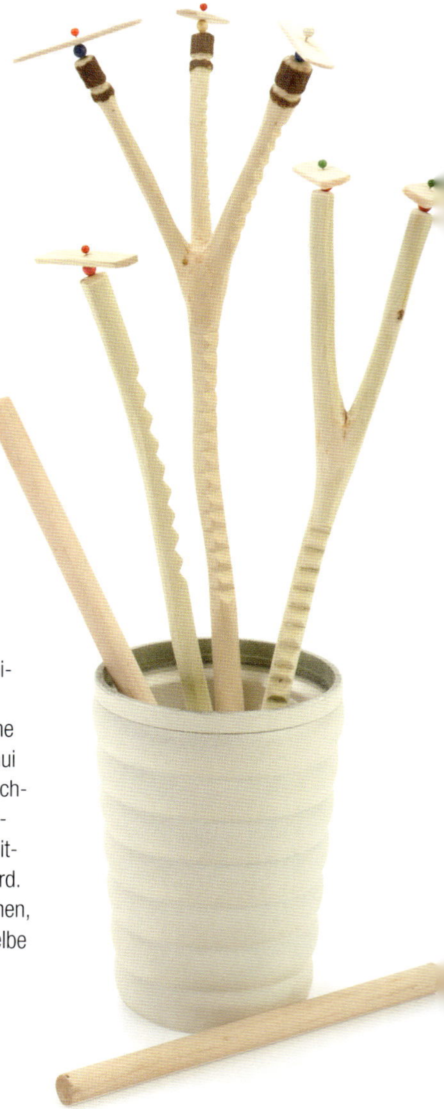

Dieses ausgesprochen lustige Spielzeug hat in Teilen des Appalachengebirges eine lange Tradition. Ich denke mir gerne Geschichten zu diesem kleinen Apparat aus und was das einheimische Bergvolk damit anstellt. Hier haben diese nichts zu suchen und ich hebe sie mir lieber für meine Schnitz-Vorführungen auf, bei denen ich gerne ein Garn spinne. (Meine Frau schimpft immer mit mir, weil ich den Leuten so haarsträubende Geschichten auftische!) Kurz gesagt passiert Folgendes: Wenn man mit einem Stöckchen an dem gekerbten Stock entlangfährt und Daumen und Zeigefinger dabei in einer bestimmten Positionen gegen den gekerbten Stock hält, dreht sich der Propeller in eine Richtung und ändert auf ein Zauberwort hin (z. B. Hui-hui – das gibt dem Spielzeug seinen Namen) prompt die Richtung. Ein noch ausgefeilteres und anspuchsvolleres Hui-Hui-Hölzchen lässt sich aus einem gegabelten Ast schnitzen, wobei jeder Zweig mit einem Propeller bestückt wird. Dabei muss man die Winkel, in denen die Propeller stehen, etwas anpassen, damit sie sich alle gleichzeitig in dieselbe Richtung drehen.

MATERIAL:

- Messer
- ein gerader Ast oder Holzstab, ca. 1–1,5 cm im Durchmesser und ca. 20–25 cm lang
- ein gerader Ast oder Holzstab, ca. 1,2–2 cm im Durchmesser und ca. 7,5 cm lang
- kleiner Nagel, Schraube oder Stecknadel mit rundem Kopf (ein Stück pro Seitenast)
- eine Bastelperle pro Seitenast; bei Verwendung von Stecknadeln ca. 3 mm im Durchmesser (diese dient als Unterlegscheibe zwischen Propeller und Holzstab)

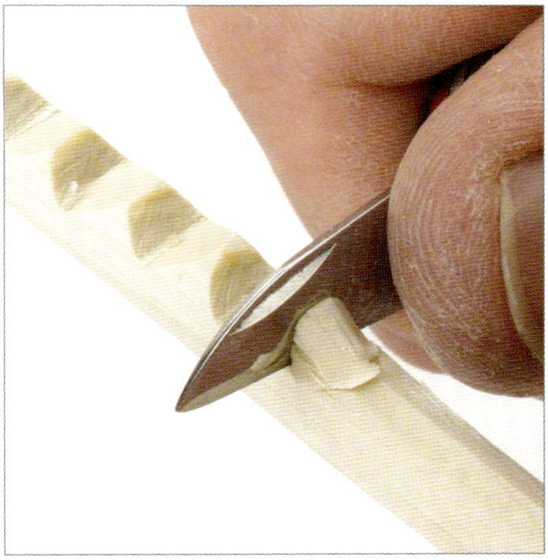

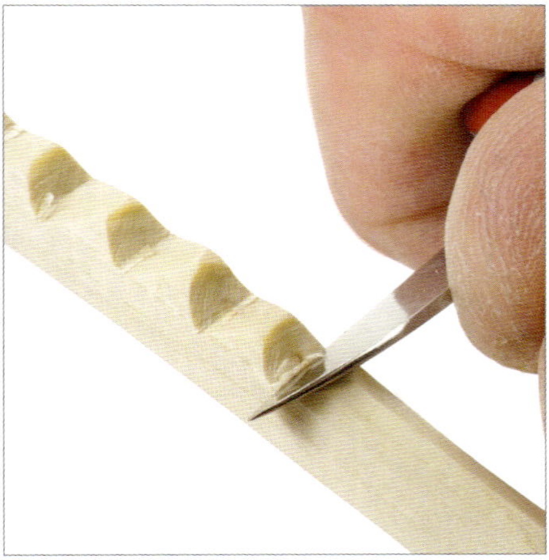

1 Entfernen Sie die Rinde vom ersten (langen) Ast (sitzt sie sehr fest, kann sie auch dranbleiben). Ein Ende des Stabs bzw. Asts wird zunächst im 90-Grad-Winkel glatt abgeschnitten, hier sitzt später der Propeller. Dann halten Sie das Messer im Winkel von 45 Grad und schneiden eine ganze Reihe von V-förmigen Kerben in den Stab. Die Kerben sollten gleichmäßig hintereinander angeordnet sein und sich mindestens auf der Hälfte der Stablänge befinden.

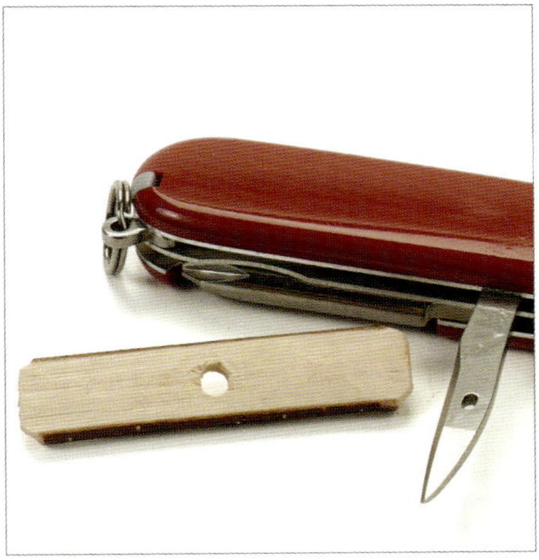

2 Schneiden Sie als Propeller eine längliche dünne Scheibe (5 mm dick) längs aus der Mitte des kürzeren Stabs heraus. Die Enden runden Sie ab und bohren ein kleines Loch in die Propellermitte.

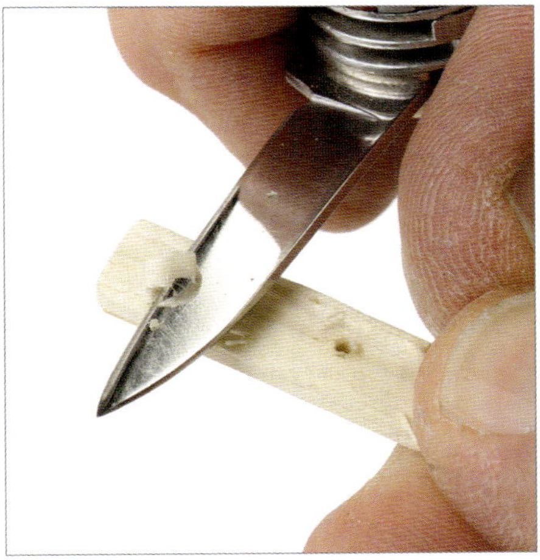

3 Stecken Sie den Propeller auf eine Stecknadel um zu sehen, ob er rund läuft. Ein schlecht ausbalancierter Propeller wird immer wieder auf der schwereren Seite hängenbleiben. Schaben oder schleifen sie deshalb vorsichtig etwas Material ab, bis er austariert ist. Bei einem gegabelten Ast fertigen Sie einen Propeller pro Zweig an.

1998 stellte Play-Doh ein im Design an ein Schweizer Taschenmesser angelehntes Plastikmesser zur Bearbeitung von Knetmasse her.

4 Fädeln Sie eine Bastelperle unter dem Propeller auf die Stecknadel und stecken Sie das Ganze in das Ende des zurechtgeschnitzten Holzstabs (wenn nötig, bohren Sie ein Loch). Eventuell müssen Sie die Stecknadel etwas biegen, damit sich der Propeller frei drehen kann.

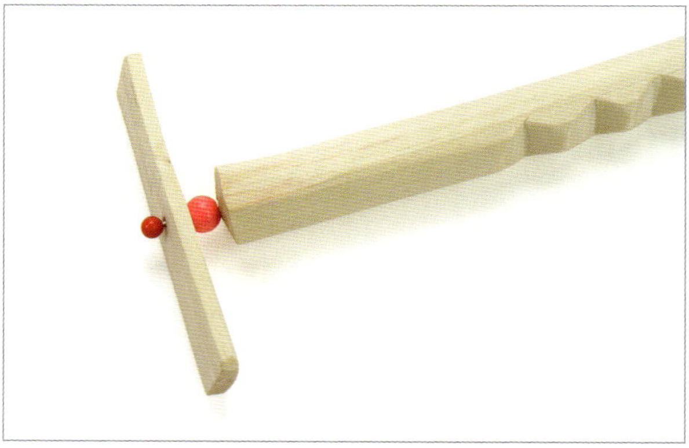

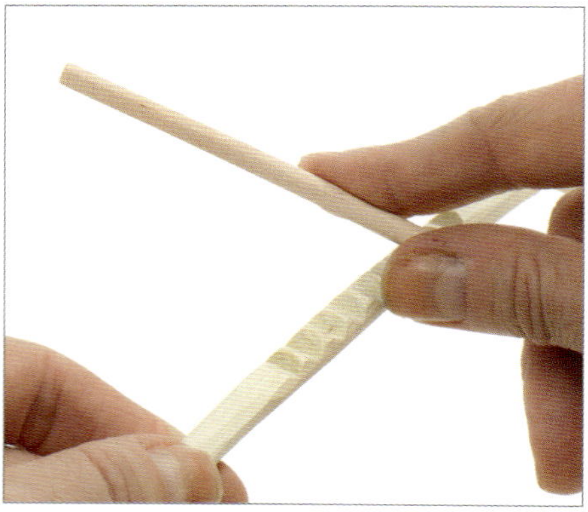

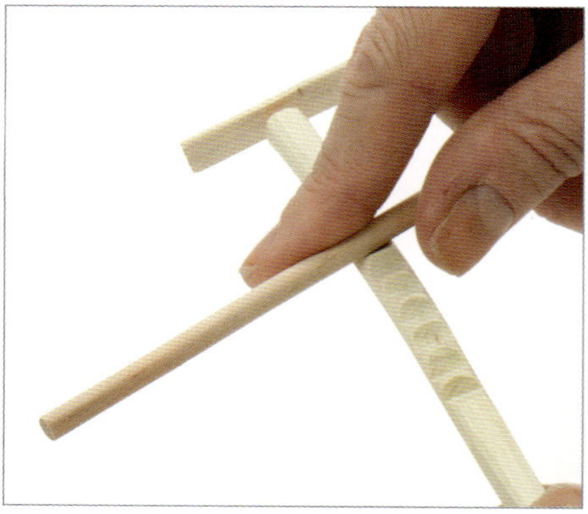

5 Nehmen Sie einen weiteren dünnen Holzstab und fahren Sie damit über die Kerben. Üben Sie, die Finger so zu halten, dass sich der Propeller dabei zu drehen beginnt. Finden Sie heraus, wie man den Propeller dazu bringt, seine Drehrichtung zu ändern?

FÜR ALLE, DIE ES GANZ GENAU WISSEN WOLLEN: SO FUNKTIONIERT'S

Halten Sie den Reibestab in Ihrer rechten Hand so, dass der Zeigefinger zur einen Seite etwas darüber hinausragt und der Daumen zur anderen, also nach unten. Zwischen Zeigefinger und Daumen sollte ungefähr ein Finger breit Platz sein. Nun ratschen Sie mit dem Reibestab so an den Kerben entlang, dass der Daumen dabei den gekerbten Stab berührt. Der Propeller beginnt sich zu drehen. Verschieben Sie, ohne dass man es sieht, den Reibestab leicht, sodass nun nicht mehr der Daumen, sondern der Zeigefinger zusammen mit dem Reibestab an den Kerben entlangratscht. Der Propeller dreht sich plötzlich andersherum! Üben Sie ein bisschen, bis sie den Wechsel flüssig hinbekommen, ohne dass das Publikum etwas merkt. Würzen Sie Ihre Vorstellung beim koordinierten Richtungswechsel mit Zauberkommandos, z. B. mit „Hui!“ und für die andere Richtung mit „Hui-hui!“ (was natürlich in Wirklichkeit gar nichts bewirkt, aber eine gute Geschichte ermöglicht ...).

PFEIL UND BOGEN

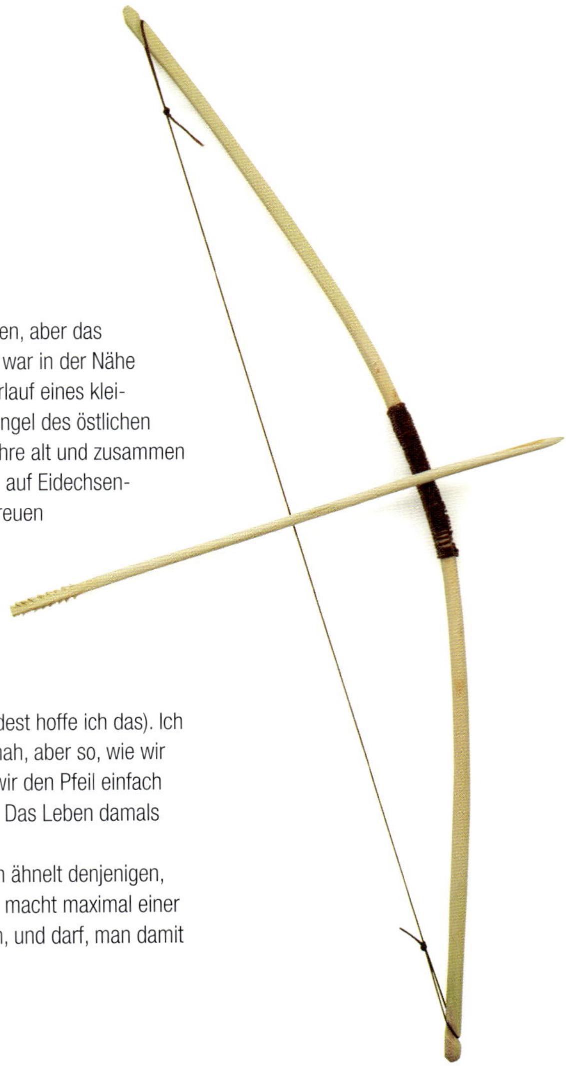

Ich erinnere mich nicht an alle Einzelheiten, aber das Wichtigste ist mir noch gegenwärtig: Ich war in der Nähe eines Dorfes der Einheimischen am Oberlauf eines kleinen Zuflusses des Ucayali, tief im Dschungel des östlichen Peru. Damals war ich acht oder neun Jahre alt und zusammen mit einem gleichaltrigen Shipibo-Jungen auf Eidechsenjagd. An Waffen besaßen wir unsere getreuen Pfeile und Bögen. Nicht weit vom Fuß meines Freundes entfernt lag eine Eidechse. Irgendwie habe ich nicht sonderlich gut gezielt und meinen Pfeil in seinem rechten Fuß versenkt … wahrscheinlich irgendwo in der Nähe der Zehen (zumindest hoffe ich das). Ich weiß nicht mehr genau, was dann geschah, aber so, wie wir Kinder damals waren, glaube ich, dass wir den Pfeil einfach herausgezogen und weitergejagt haben. Das Leben damals war definitiv ein anderes!

Der hier beschriebene Miniaturbogen ähnelt denjenigen, die wir damals benutzten, nur die Größe macht maximal einer Spielzeugfigur alle Ehre, Eidechsen kann, und darf, man damit nicht jagen!

MATERIAL

- Messer
- für den Bogen: ein gerader Ast, 0,5 cm im Durchmesser, ca. 15–20 cm lang, mit so wenigen Zweigen wie möglich und sehr wenig Mark (Birke wäre ideal), kein Rundholz bzw. Holzstab aus dem Baumarkt, der wäre zu steif
- für den Pfeil: ein dünner, gerader Zweig, ca. 7,5–10 cm lang, mit so wenigen Zweigen wie möglich
- kräftiger dünner Bindfaden oder starker Nähzwirn (Sternzwirn o. ä.)
- Sekundenkleber (flüssiger Cyanacrylat-Klebstoff)
- Holzleim (wahlweise)

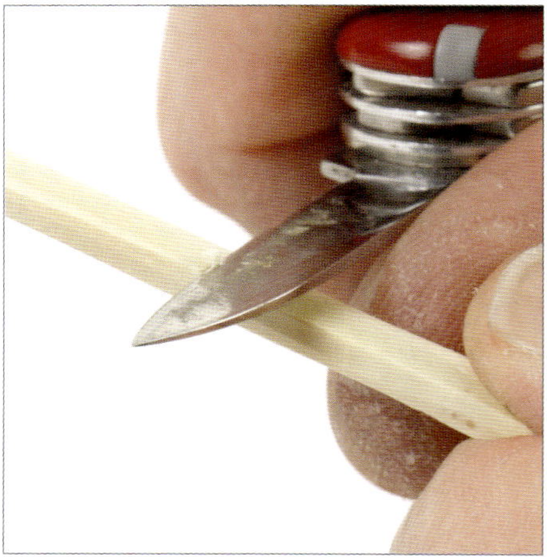

1 Entrinden Sie den Ast, aus dem der Bogen entstehen soll und schnitzen Sie ihn gleichmäßig dünn. Flachen Sie zwei Seiten leicht ab, sodass er viereckig wird, gut federt und sich biegen lässt. Mit Schleifpapier glätten.

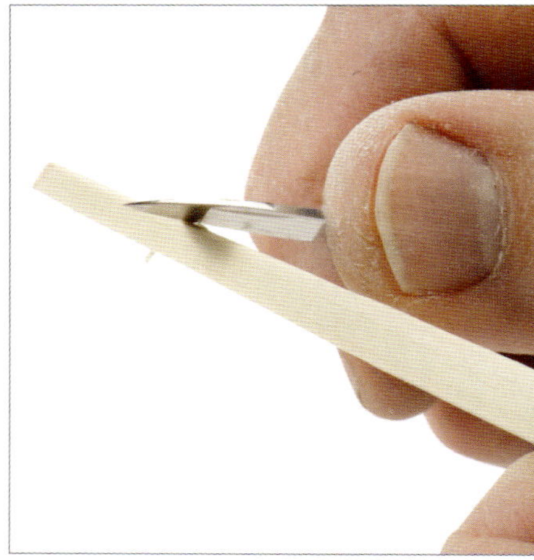

2 Schneiden Sie die Enden an den flachen Seiten konisch zu, sodass der Holzstab oben und unten (wo wir später die Sehne spannen) dünner ist als im mittleren Bereich. Tragen Sie zur Verstärkung der Enden etwas flüssigen Sekundenkleber auf und lassen Sie ihn trocknen.

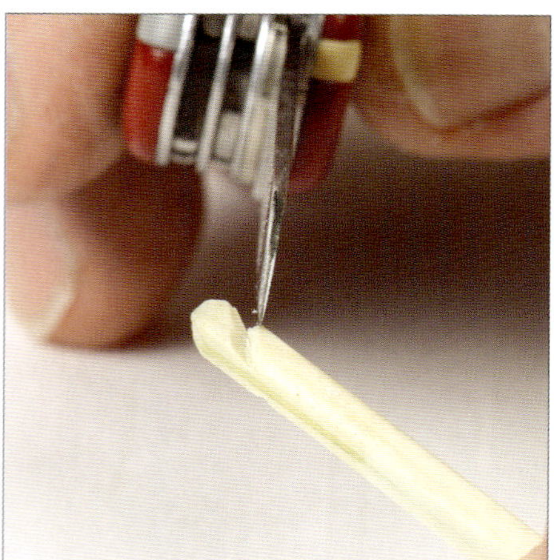

3 Schnitzen Sie vorsichtig jeweils eine kleine Kerbe für die „Sehne“ in beide Enden.

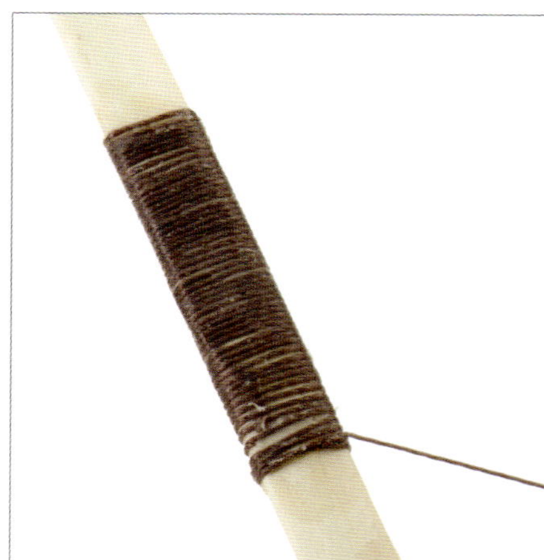

4 (Wahlweise) Für den Bogengriff verteilen Sie etwas Holzleim in der Mitte des Bogens und wickeln dünnen Bindfaden darum.

Auch im Sammlungsbestand des Museum of Modern Art (MOMA) in New York befindet sich ein Schweizer Taschenmesser.

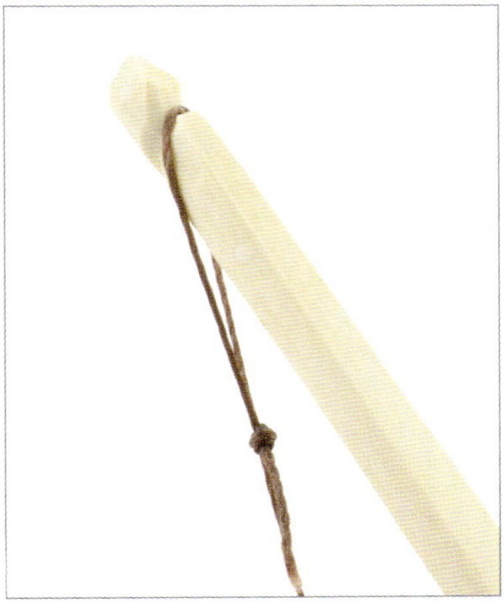

5 Um den Bogen zu spannen, befestigen Sie einen kräftigen, dünnen Bindfaden an der Kerbe am Ende des Bogens, biegen diesen vorsichtig und knoten den Faden am anderen Ende fest.

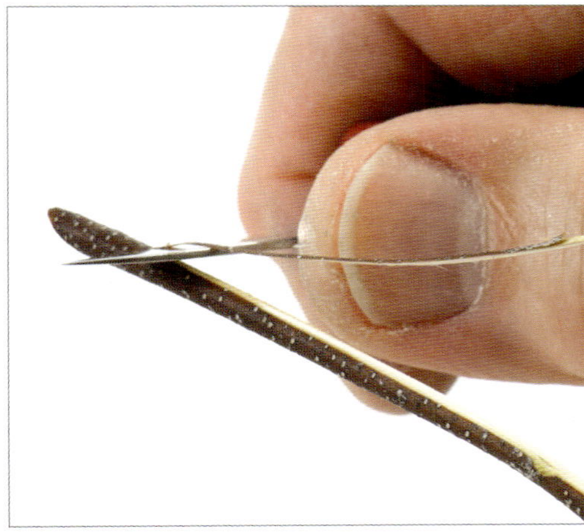

6 Entrinden Sie den Zweig, der zum Pfeil werden soll und schnitzen Sie ihn gleichmäßig rundum dünn zu. Mit Schleifpapier glätten.

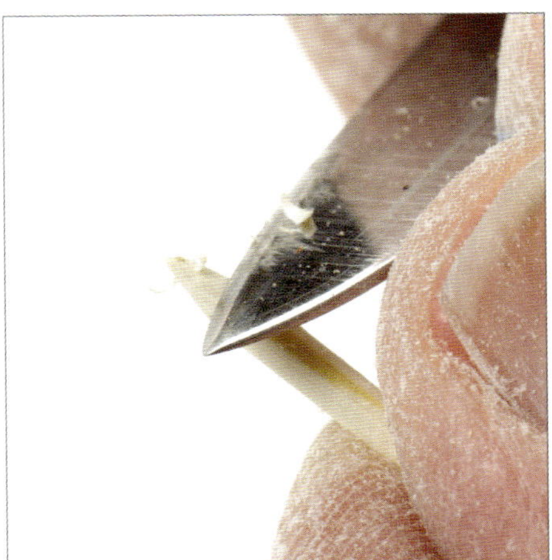

7 Spitzen Sie ein Ende an. Eine zusätzliche Kerbe rund um die Spitze lässt diese ein wenig wie eine Pfeilspitze aussehen, man kann aber auch extra eine winzige Pfeilspitze schnitzen und diese am Pfeil anbringen – ich spitze hier meinen Pfeil aber einfach nur an.

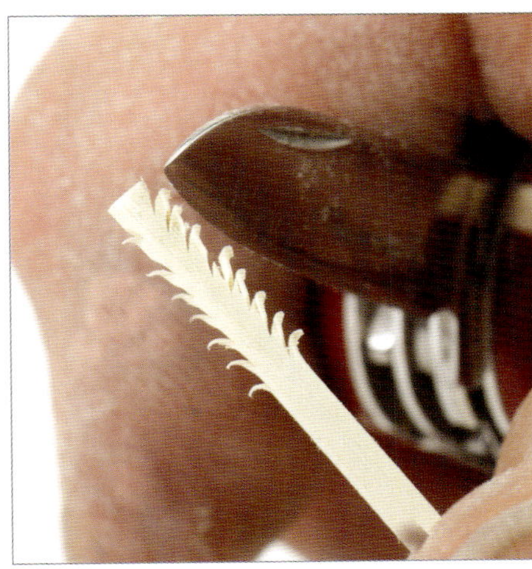

8 Mit der Spitze meines Messers befiedere ich meinen Pfeil mit winzigen Kräuselspänen (zum Schnitzen von gekräuselten Spänen siehe S. 84). Sie können auch winzige Papierstreifen als Befiederung ankleben. Verstärken Sie die Befiederungsspäne oder -streifen mit flüssigem Sekundenkleber.

SEGELBOOT

Es gibt unendlich viele Arten von Segelbooten. Das hier wird Ihr ganz eigenes. Experimentieren Sie mit den Proportionen von Rumpf, Kiel, Ruder, Mast und Segeln herum, bis ein Boot herauskommt, das Ihnen gefällt. Die Chance, dass Sie, wenn Sie nur lange genug suchen, in den Häfen und auf den Gewässern dieser Welt eins finden, das Ihrem Bötchen ähnlich sieht, besteht durchaus!

Das Segelboot ist eines der schwierigeren Objekte in diesem Buch. Versuchen Sie sich vorher an ein paar anderen Schnitzereien, besonders am Löffel, bevor Sie sich an ein Segelboot heranwagen.

Ich habe mein Boot aus einem kleinen gegabelten Ast und ein paar Zweigen geschnitzt. Als Rohlinge könnten aber auch ein Holzklötzchen und ein paar sehr dünne Holzstäbe dienen, die man in Form schnitzt und dann das Boot daraus zusammenbaut.

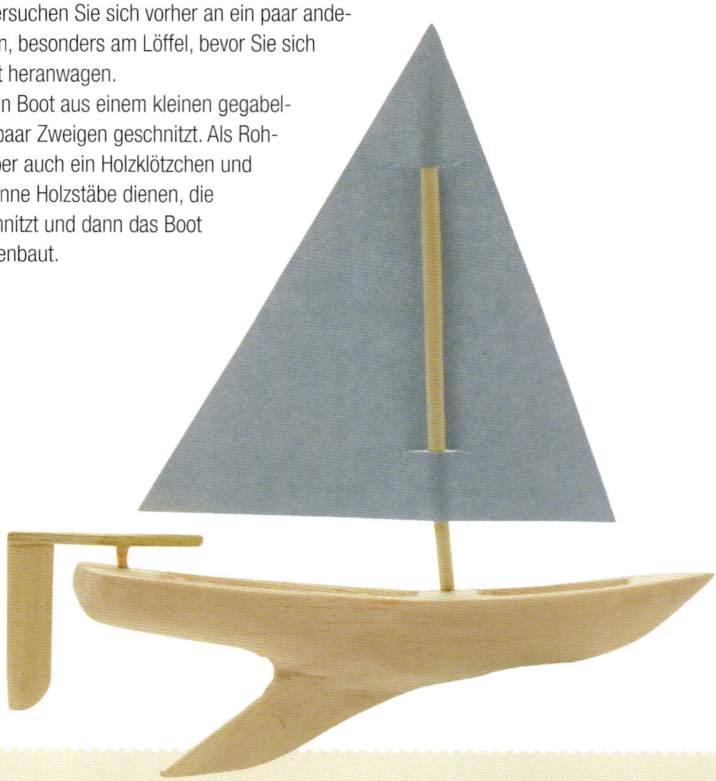

MATERIAL:

- Messer
- einen gegabelten Ast für das Boot, ca. 15–20 mm im Durchmesser, ca. 7,5– 10 cm lang
- einen dünnen Stab für die Ruderpinne, ca. 3 mm im Durchmesser und 2,5 cm lang
- einen dünnen Stab für den Mast, ca. 3 mm im Durchmesser und 6,5 cm lang
- einen dickeren Ast für das Ruder, ca. 12 mm im Durchmesser und 5 cm lang
- Bleistift
- schnelldrehendes Multifunktionswerkzeug (wahlweise)
- Bohrer oder Ahle des Taschenmessers
- Holzleim
- Papier, Stoff oder ein Blatt als Segel

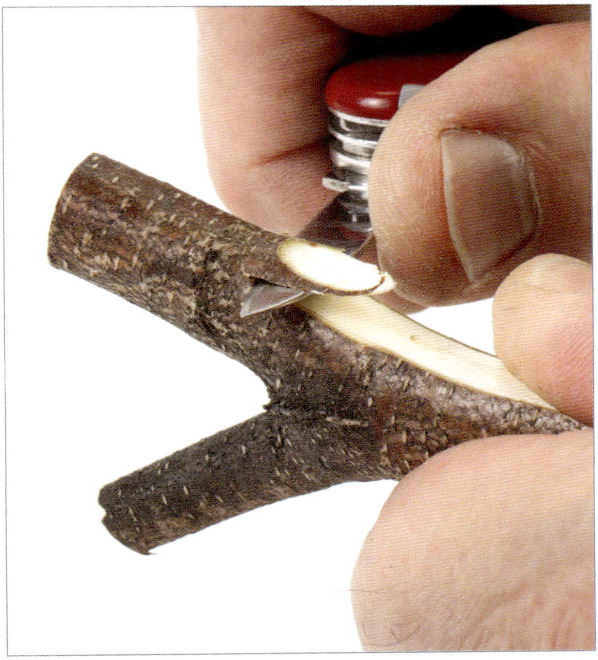

1 Flachen Sie die Oberseite des Astes, aus dem der Bootsrumpf entstehen soll, ab. Entrinden Sie dann den gesamten Ast.

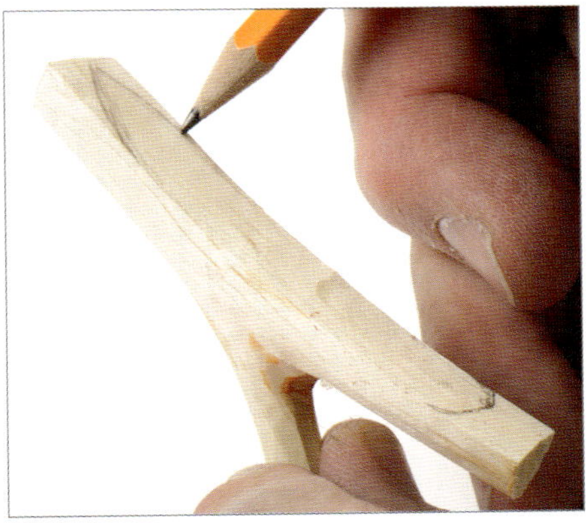

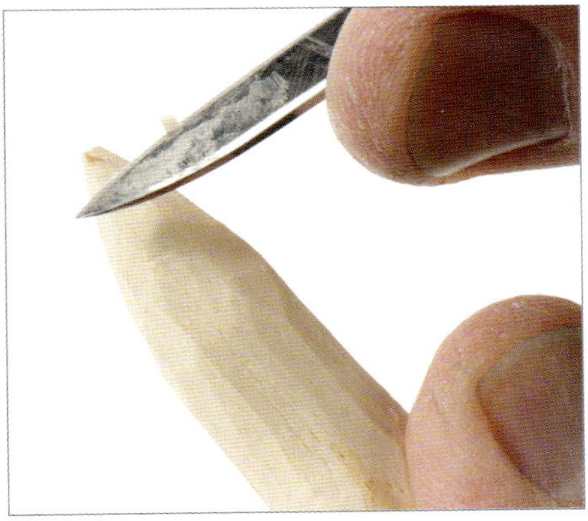

2 Halten Sie den Ast am Kiel fest (dem kleineren Seitenast), die Astgabel zeigt mit der offenen Seite zu Ihnen und damit das Bootsheck und der Kiel, denn der Kiel soll zum Heck des Bootes weisen. Zeichnen Sie den spitz zulaufenden Bug und das abgerundete Heck auf der abgeflachten Seite des Astes an.

3 Schnitzen Sie die Außenform des Bootes, indem Sie den Bleistiftlinien folgen. Runden Sie die Seiten und den Boden ab, aber lassen Sie die Oberseite (das Deck) flach wie sie ist.

Das Schweizer Taschenmesser wurde zum Synonym für etwas, das alles beinhaltet was man braucht. So werden im Internet auch Downloadpakete genannt, die für einen bestimmten Anwendungsbereich alle benötigten Programme beinhalten.

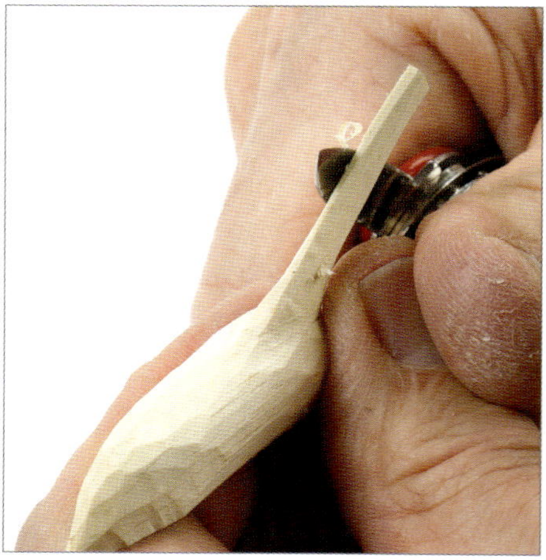

4 Schnitzen Sie den Kiel von beiden Seiten, ähnlich wie bei der Messerklinge (siehe S. 29), konisch zu. Runden Sie die Unterseite des Bootes zum oberen Teil des Kiels hin ab, geben Sie dabei acht, dass Sie nicht aus Versehen den Kiel abtrennen.

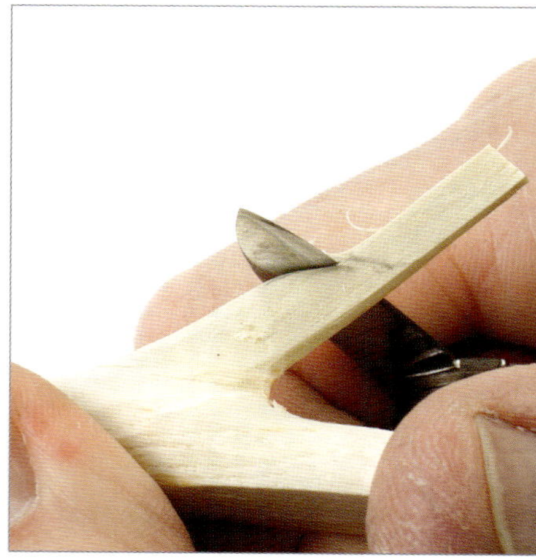

5 Entscheiden Sie, wie lang der Kiel sein soll und schneiden Sie ihn entsprechend zurecht. Runden Sie nun den Kiel unten ab, die Rundung soll sich an der vorderen, zum Bug des Bootes weisenden, Kante des Kiels befinden. Die Spitze weist demnach Richtung Heck.

6 Glätten Sie das Boot mit Schleifpapier. Dann zeichnen Sie den inneren Umriss des Rumpfes an. Ich unterteile meine Boote gern in zwei Abschnitte, dazwischen lasse ich ein hölzernes Schott stehen. Am Heck lasse ich mehr Holz stehen, um später Platz für die Ruderpinne zu haben.

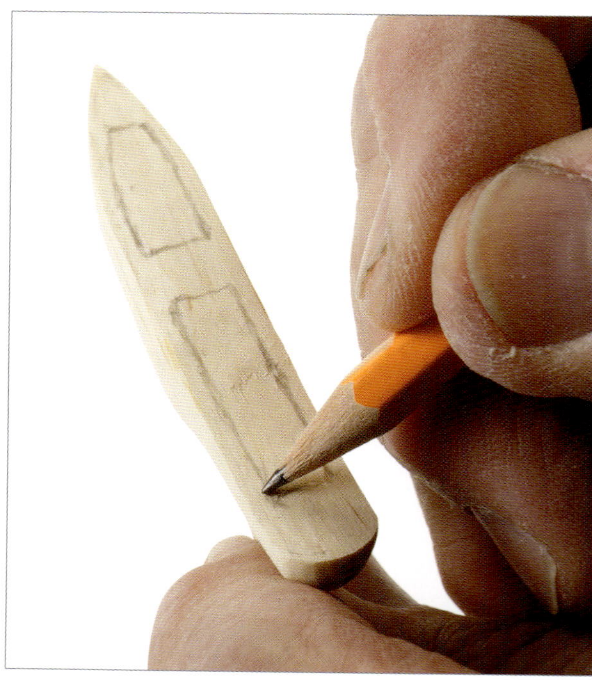

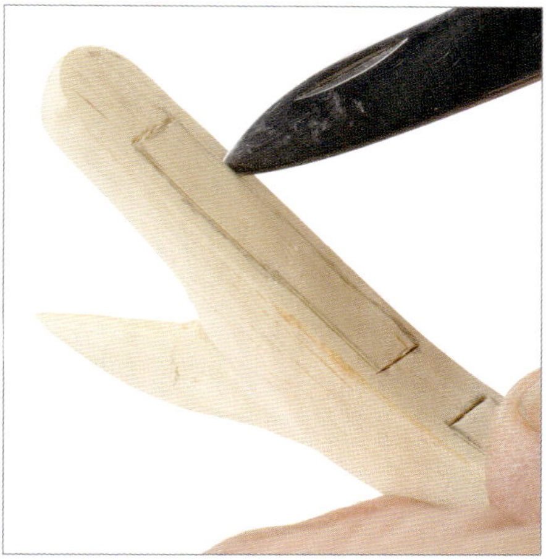

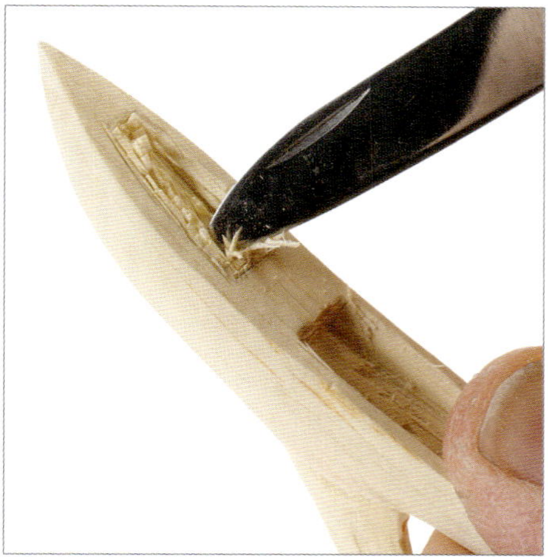

7 Schneiden Sie mit der Klingenspitze entlang der Bleistiftlinien, dann ein paar Schnitte kreuz und quer im Innern der beiden Abschnitte beidseits des Schotts. Zum Aushöhlen des Rumpfes schnitzen Sie mit langen, flachen Schnitten die dabei entstandenen Holzspäne heraus. Diese Vorgehensweise ähnelt dem Aushöhlen einer Löffelschale, doch hier sollen die Innenseiten und der Boden des Bootsinneren gerade werden, nicht gewölbt wie beim Löffel. Dieser Prozess lässt sich mit einem schnelldrehenden Multifunktionswerkzeug oder einem kleinen Hohlbeitel beschleunigen. Glätten Sie dann den ausgehöhlten Rumpf mit Schleifpapier, welches zuvor um einen kleinen Ast gewickelt wird.

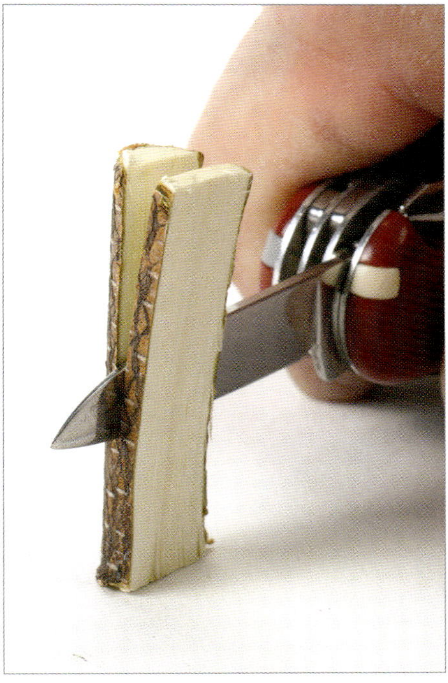

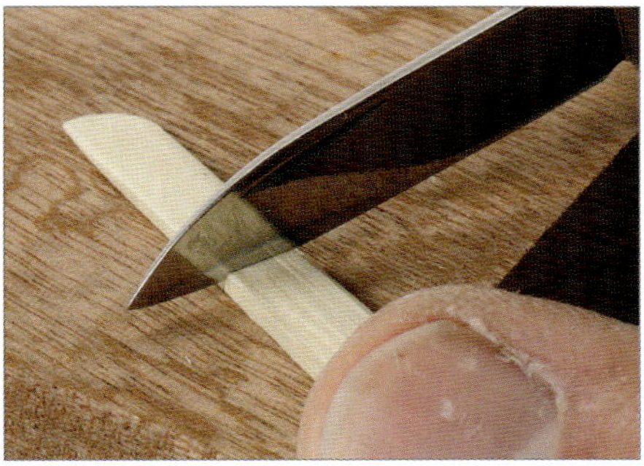

8 Für das Ruder halbieren Sie den kurzen, dicken Ast. Schneiden Sie dabei seitlich des Marks, also ganz leicht außerhalb der Mitte. Von der marklosen Hälfte schneiden Sie eine dünne (knapp 2 mm) Scheibe ab. Entrinden Sie die Seiten und runden Sie eins der schmalen Enden ab. Tragen Sie vorsichtig, mit Schleifpapier, an den breiten, flachen Seiten so viel ab, bis sich das Ruder am abgerundeten Ende auf 1 mm verjüngt. Kürzen Sie das Ruder auf die gewünschte Länge, meins ist hier knapp 2 cm lang.

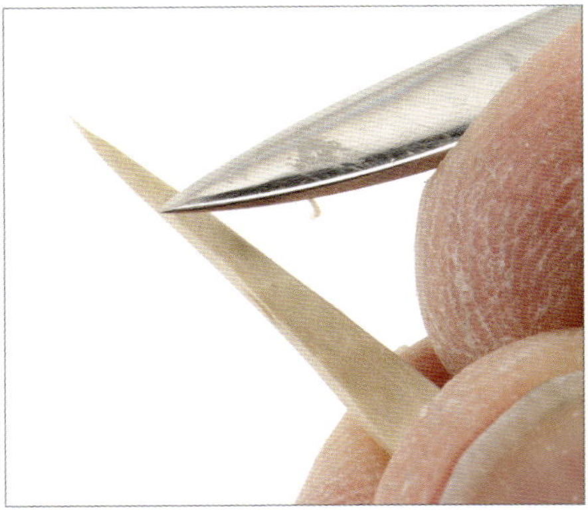

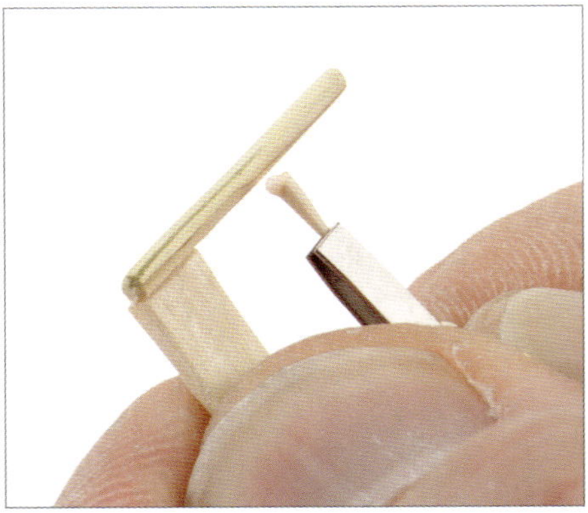

9 Für die Ruderpinne entfernen Sie die Rinde von einem 2,5 cm langen Zweig und schnitzen ihn rund zu (dies wird unsere Verbindung zum Ruder). Das Ende eines weiteren Zweigs spitzen Sie lang und schmal zu einem Splitter zu, sodass er in das in Schritt 11 zu bohrende Loch im Heck des Bootes passt. Schneiden Sie den Splitter ab, aber verlieren Sie ihn nicht!

10 Kleben Sie das Ruderblatt an ein Ende der Ruderpinne (ich verwende hierfür Holzleim). Halten Sie Ruder samt Pinne an und markieren Sie die Stelle, wo der Splitter als Halterung an der Pinne befestigt werden soll. Kleben Sie den Splitter an die Ruderpinne (ich greife ihn hierbei mit der Pinzette des Schweizermessers). Lassen Sie den Leim trocknen.

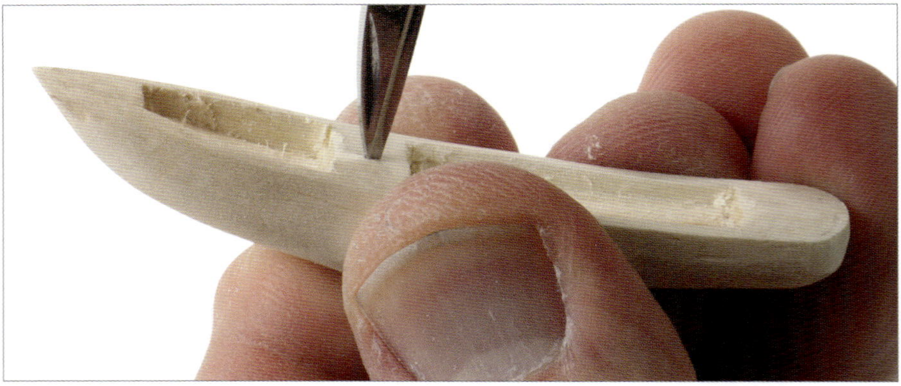

11 Bohren Sie mit der Ahle des Taschenmessers kleine Löcher für Mast und Ruderpinnenhalterung von oben in den Bootsrumpf. Entrinden Sie den Ast, aus dem der Mast entstehen soll und schnitzen Sie ihn so zu, dass er in das entsprechende Loch passt. Setzen Sie vorsichtig die Ruderpinne ein. Schneiden Sie ein Stück Papier oder Stoff – oder ein Blatt – als Segel zu. Und nun: Allzeit gute Fahrt, und immer eine Handbreit Wasser unterm Kiel!

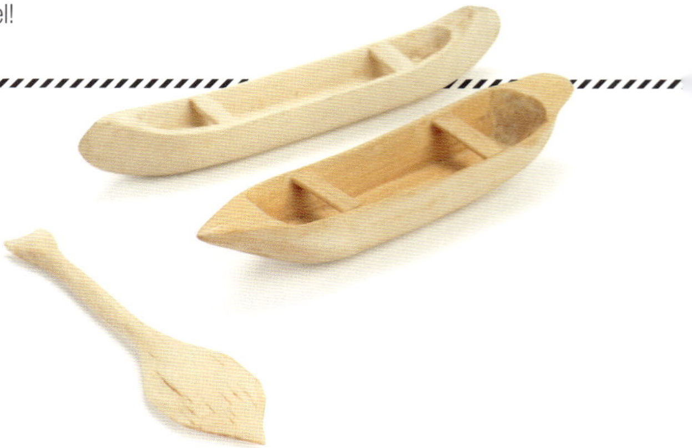

Ein Kanu wird ganz ähnlich wie ein Segelboot geschnitzt. Skizzieren Sie die Form, runden Sie den Boden ab und höhlen Sie den Bootskörper aus. Einen Kiel hat ein Kanu natürlich nicht.

RUDERBOOT

Ein Ruderboot besitzt einen flachen Boden und ein gerades Heck, deshalb bietet sich als Rohling ein Stück Schnittholz an. Spalten Sie das Klötzchen mit dem Messer und sägen Sie es auf die gewünschte Größe zu, mein Ruderboot ist etwa 9,5 cm lang. Zeichnen Sie den spitz zulaufenden Bug vor und formen Sie das Ruderboot analog zum Segelboot aus. Ich habe noch ein paar Sitzbänke hinzugefügt, die Brettchen dafür habe ich längs aus der Mitte von Ästen herausgeschnitten (siehe Schritt 8 des Segelboots). Analog zur Gabel (siehe S. 36) habe ich Riemen geschnitzt.

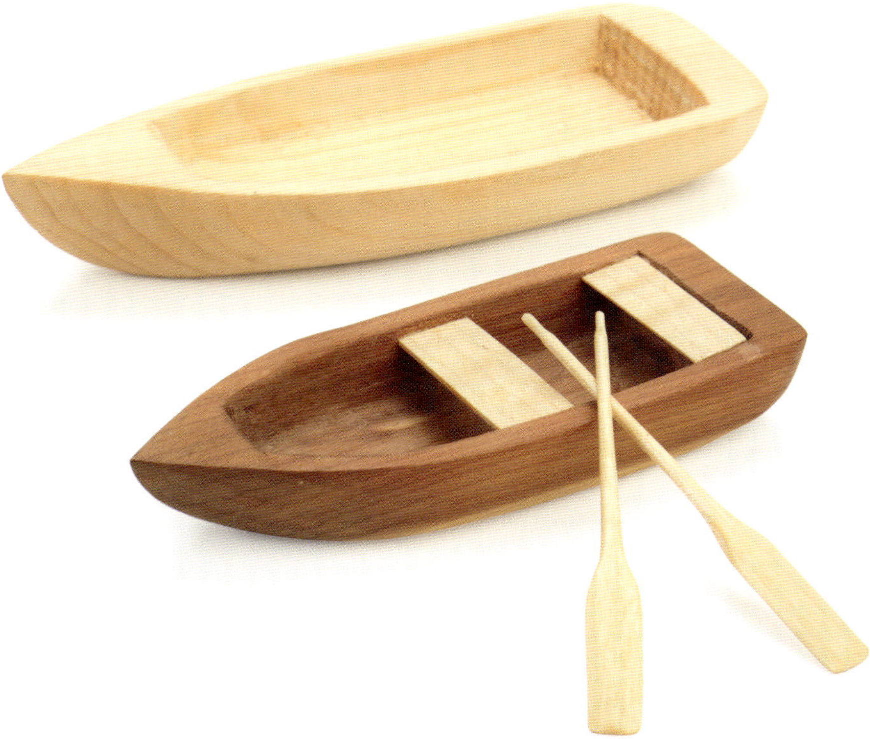

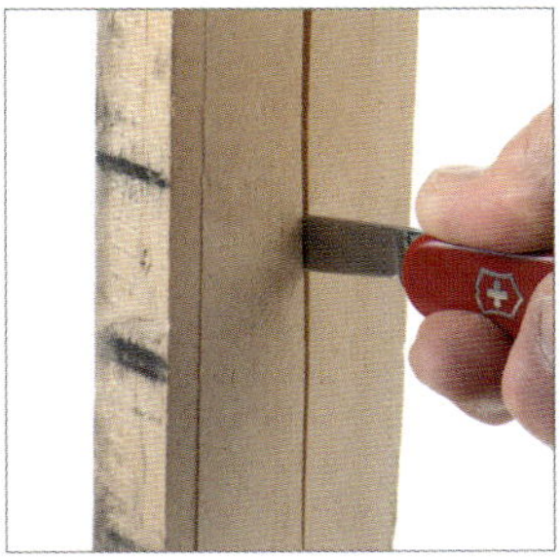

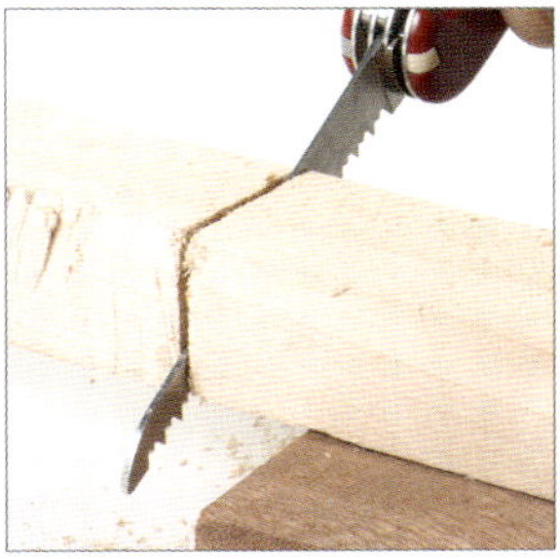

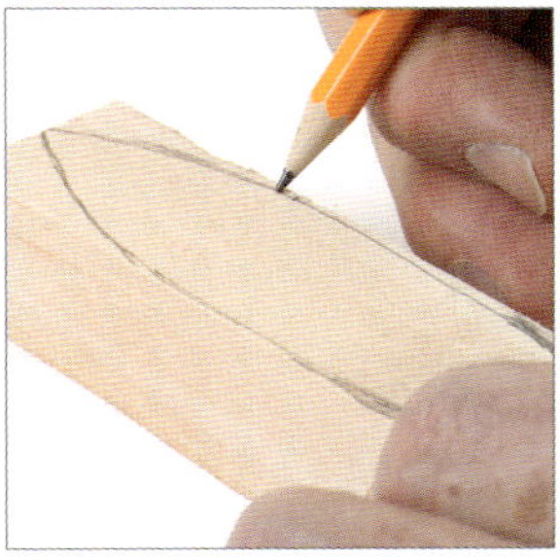

KAPITEL VIER

TIERE AUS ÄSTEN UND ZWEIGEN

Aus einem gegabelten Ast lassen sich alle möglichen Tiere schnitzen, die sich anschließend als Spazierstockknauf, Weinflaschenverschluss oder gar als Kugelschreiber verwenden lassen. Der Möglichkeiten gibt es viele: Pferd, Esel, Hund, Ente und Ziege. Für andere Tiere braucht man keine Astgabel, da genügt ein gerader Ast: Eule, Alligator. Bei den meisten der oben genannten Tiere stellt man die Astgabel auf den Kopf und formt aus einem Seitenast der Y-Form einen langen (zugegebenermaßen ziemlich gestreckten) Hals, aus dem dicken mittleren Hauptast werden, nachdem er eingekürzt wurde, die Ohren und aus dem anderen Seitenast wird die Schnauze bzw. das Maul. Sollen diese Tiere auch Stöckchenkörper bekommen, kann man einfach kleinere Zweige und Ästchen zusammensetzen und so Rumpf, vier Beine und einen Schwanz entstehen lassen.

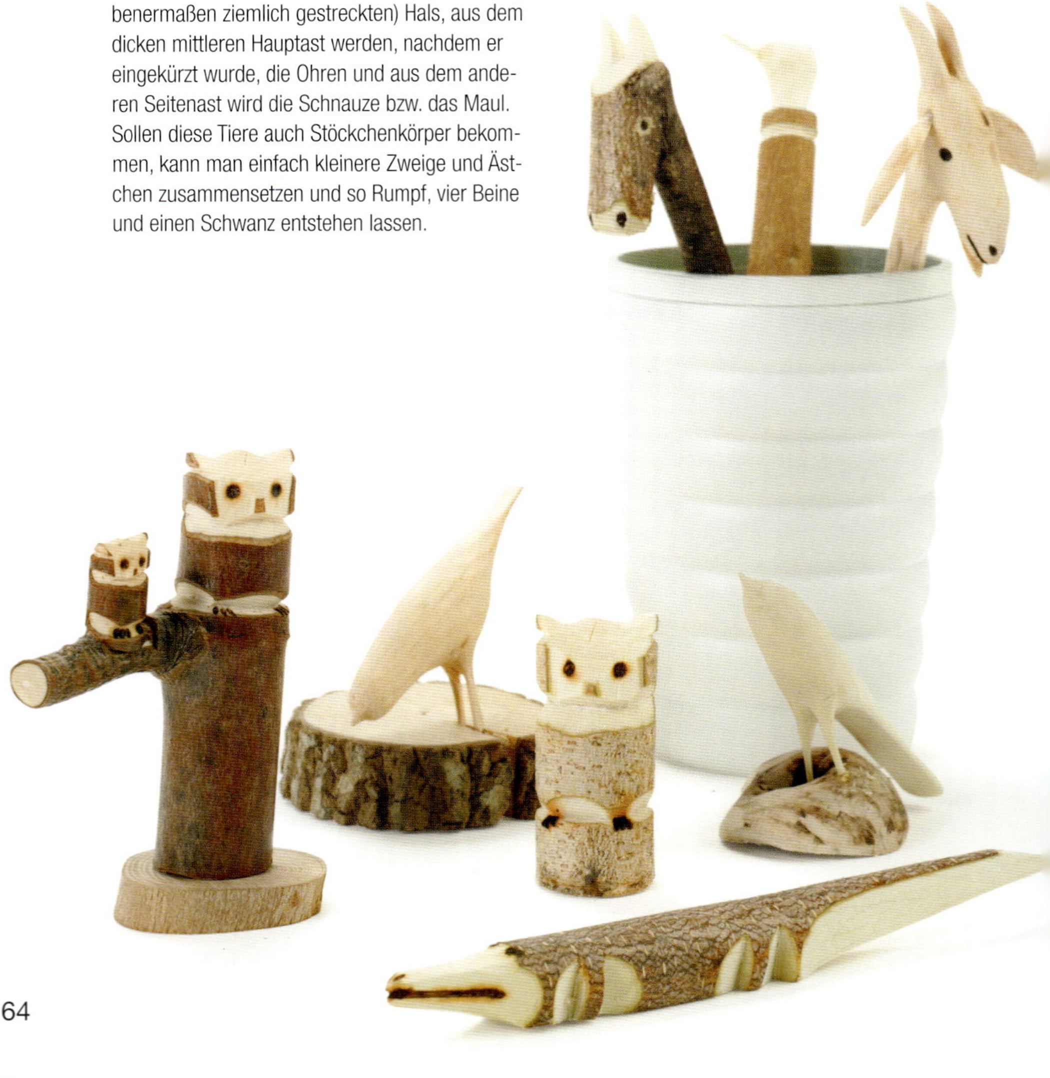

Die ideale Astgabel

Aufgrund der Astgabelform verlaufen die Holzfasern vom Zentrum des Ypsilons in drei Richtungen. Daraus resultiert eine gewisse Stärke der Struktur, das fertige Objekt wird also recht belastbar sein und doch flexibel – so ein Tier bricht ungeachtet seiner zarten Erscheinung nicht so leicht entzwei. Aufgrund dieser natürlichen Struktur kann man mit einer Astgabel Dinge anstellen, die sich selbst aus dem besten Schnittholzstück niemals schaffen ließen, weil dessen Fasern nur in einer einzigen Richtung verlaufen.

Die meisten Astgabelfiguren lassen sich leichter bearbeiten, wenn man Astgabeln verwendet, die innerhalb der gepunkteten Linien (siehe Abbildung unten) keine Knoten aufweisen. Mit der Zeit werden Sie aber feststellen, dass Knoten und zusätzliche Astansätze auch innerhalb dieses Bereichs das Schnitzen nicht zu stark behindern, sie machen die Schnitzerei lediglich ein bisschen anspruchsvoller, aber nicht unmöglich.

Bei einem Schnittholzstück verlaufen die Fasern in einer Richtung.

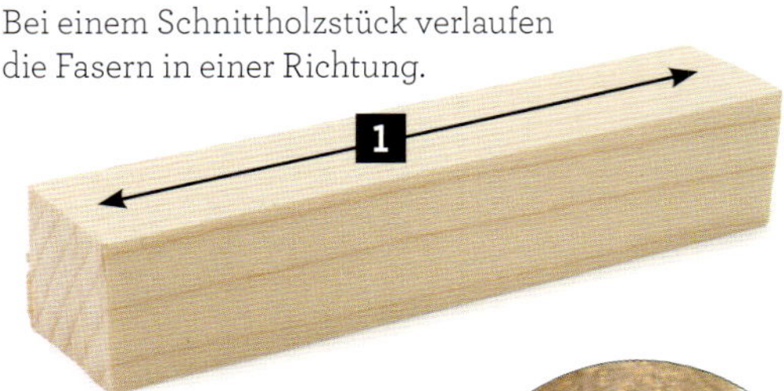

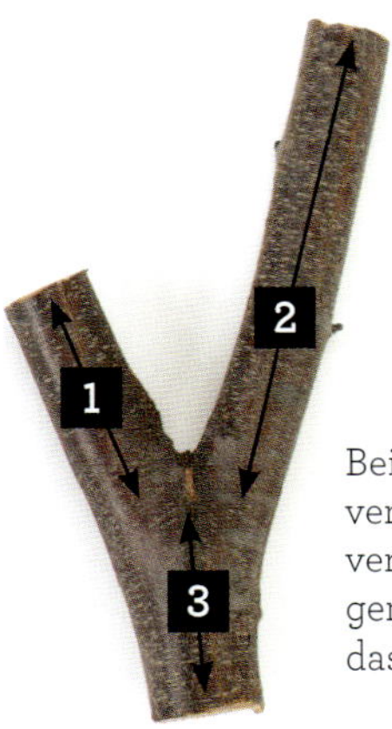

Bei einem gegabelten Ast verlaufen die Fasern in drei verschiedenen Richtungen – fürs Ästeschnitzen ist das ideal.

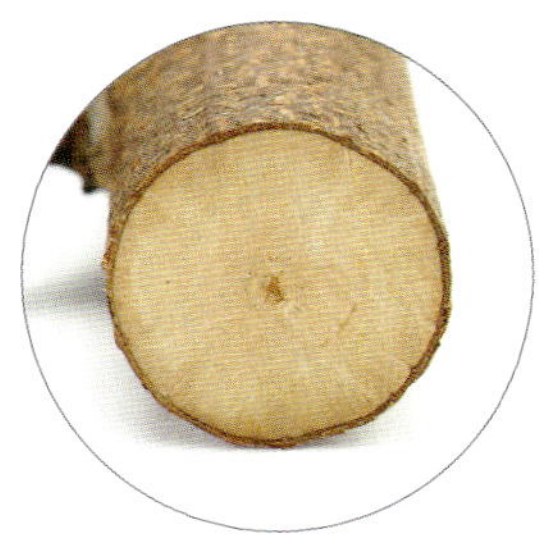

Das Mark im Innern des Asts sollte idealerweise sehr klein sein. Bei einem 12 mm starken Ast sollte es maximal 2 mm im Durchmesser betragen.

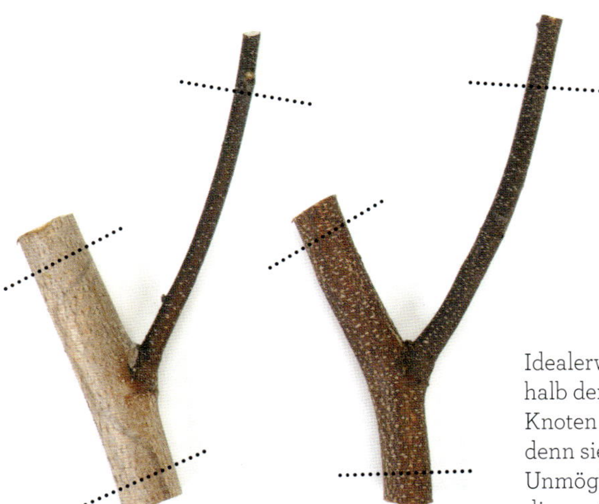

Idealerweise sollte der Ast innerhalb der gepunkteten Linie keine Knoten oder Astansätze aufweisen, denn sie erschweren das Schnitzen. Unmöglich wird es dadurch allerdings nicht.

EULE

Mit dem Schnitzen von Eulen habe ich 2009 angefangen. Damals schenkte mir D. K. Klug aus Mobile, Alabama, eine seiner aus Holzklötzchen geschnitzten Eulen. Nachdem ich den Bogen heraus hatte, wie sich eine ähnliche Eule auch aus einem runden Ast schnitzen lässt, probierte ich weiter herum und verfeinerte die Form. Mehrere Jahre und nicht wenige Eulen später, finde ich nun, dass ich meine Technik durchaus verbessern konnte und meine neuesten Eulen doch erheblich besser geraten als meine ersten Versuche. Besonders gerne schnitze ich die Eulen und die Baumstümpfe, auf denen sie sitzen, aus demselben Ast. Den Leuten gefällt besonders die Eulenmama, deren kleines Eulenkind neben ihr auf einem benachbarten Zweig sitzt. (Dazu einfach eine kleine Eule schnitzen, eine kleine flache Stelle neben der Mutter abtragen und das Eulenkind aufkleben.)

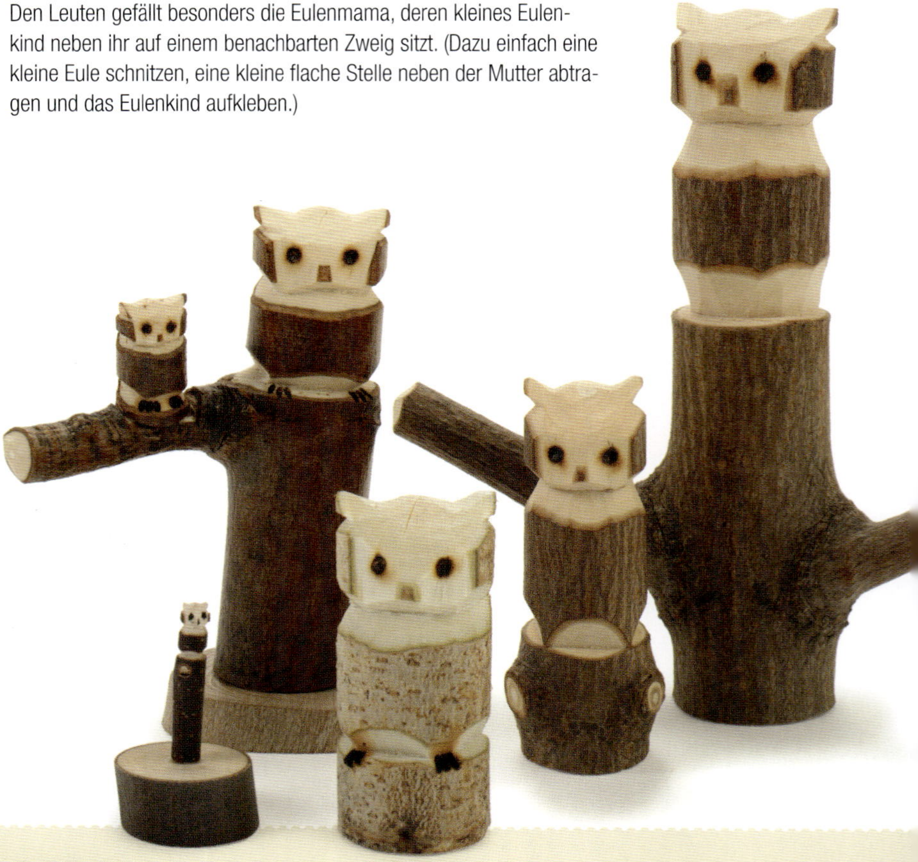

MATERIAL:

- Messer
- ein gerader Ast: dieser hier hat einen Durchmesser von 2,5 cm und ist ca. 5 cm lang. Für eine einfache Eule sollte der Ast idealerweise ca. doppelt so lang wie dick sein. Ein Ast mit einem kleineren Durchmesser ergibt natürlich eine kleinere Eule.
- Holzbrenngerät oder Stift (wahlweise)

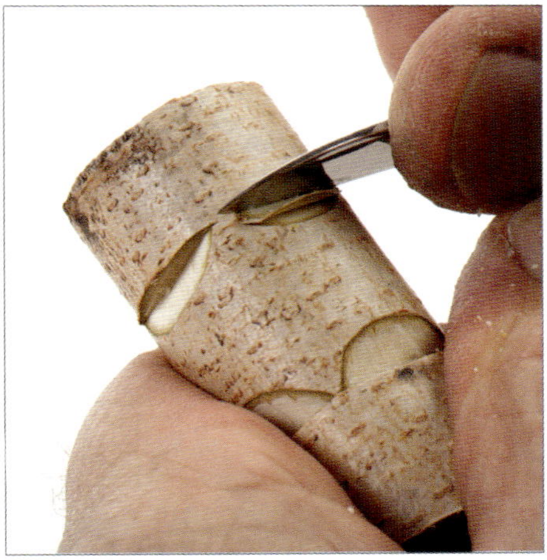

1 Teilen Sie den Ast in Gedanken grob in drei Teile. Nach einem knappen Drittel schneiden Sie drei V-förmige Kerben ein, eine in der Mitte und jeweils eine seitlich. Wiederholen Sie dasselbe am anderen Ende des Astes. Machen Sie, wenn Sie die Messerklinge ins Holz drücken, auch eine leichte seitliche Schneidbewegung, dadurch dringt die Klinge leichter ins Holz ein und der Schnitt gelingt mühelos.

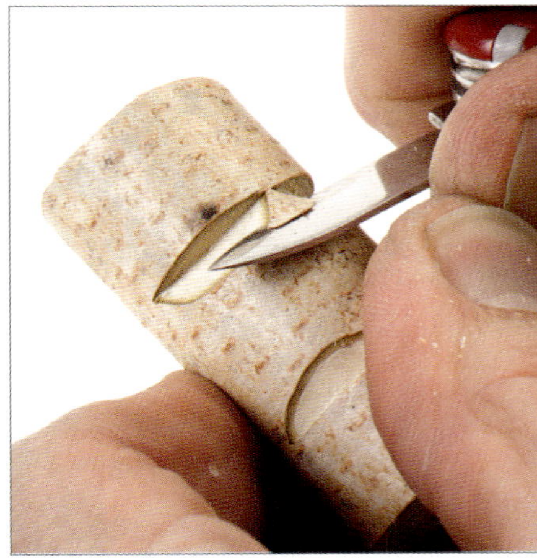

2 Schneiden Sie am oberen Ende des Astes die beiden verbliebenen Dreiecke zwischen den Kerben heraus, sodass sich nun eine gleichmäßige Rille zu drei Vierteln um den Ast, also den oberen Teil der Eule, zieht.

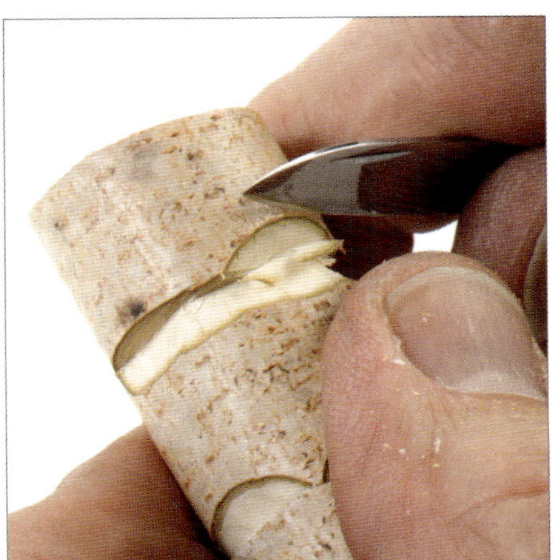

3 Vorn in der Mitte arbeiten Sie die Kerbe ein wenig nach, sodass sie an dieser Stelle nach oben hin breiter wird als der Rest der Rille.

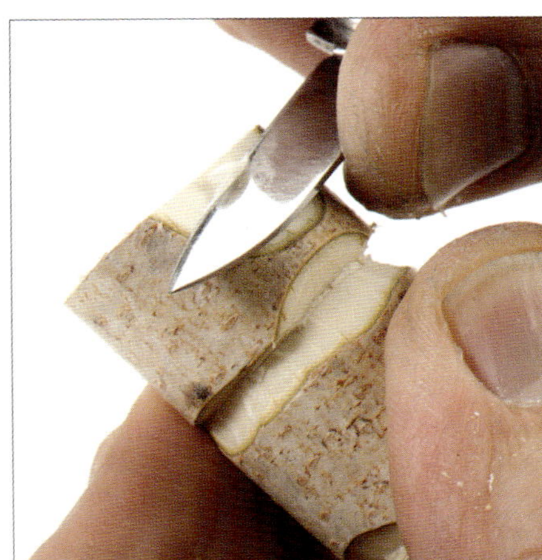

4 Lassen Sie oberhalb der soeben verbreiterten Kerbe ein schmales Stück Rinde stehen und schrägen Sie darüber den Ast zum Ende hin ab. Das wird die Stirn der Eule. Aus dem schmalen stehengebliebenen Stück Rinde wird später der Schnabel.

1997 wurde mit Hilfe eines Schweizer Taschenmessers während eines Konzertes ein Klavier repariert.

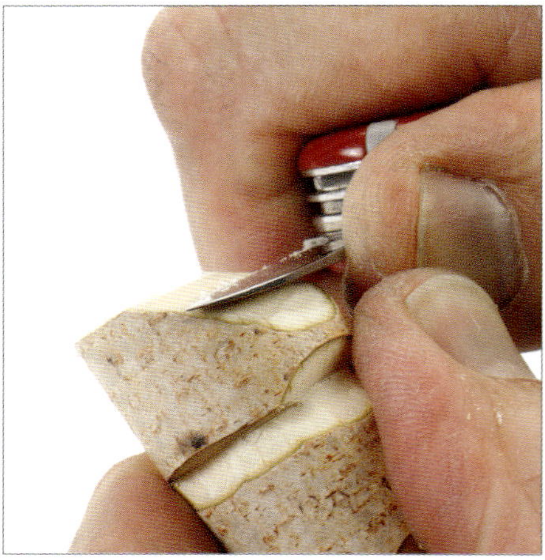

5 Machen Sie an der Stirn der Eule weiter, aber schrägen Sie nun den oberen Teil noch ein wenig weiter nach hinten ab. Die gesamte Stirn der Eule soll sich bis zur Mitte des Astes ziehen.

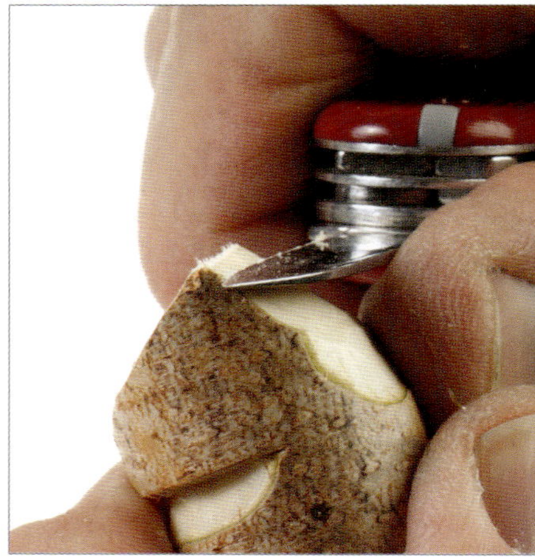

6 Drehen Sie die Eule und schrägen Sie den Hinterkopf ab. Beginnen Sie auf derselben Höhe wie vorn an der Stirn. Schneiden Sie zunächst fast gerade nach oben, erst später neigt sich die Schräge etwas weiter zur Mitte hin. Aus der Kante, die oben auf dem Kopf entsteht, werden später die Ohrbüschel.

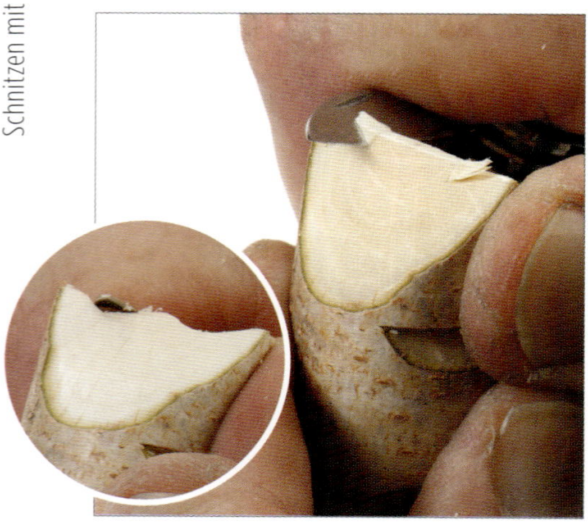

7 Schneiden Sie diese Kante von einer Ecke leicht schräg nach innen ein, aber nur ungefähr ein Viertel der Kantenlänge. Wiederholen Sie dasselbe von der anderen Ecke der Kante aus. Dann schneiden Sie von der Mitte zu den Rändern hin und formen so die beiden kleinen Kurven am oberen Ende des Eulenkopfes aus.

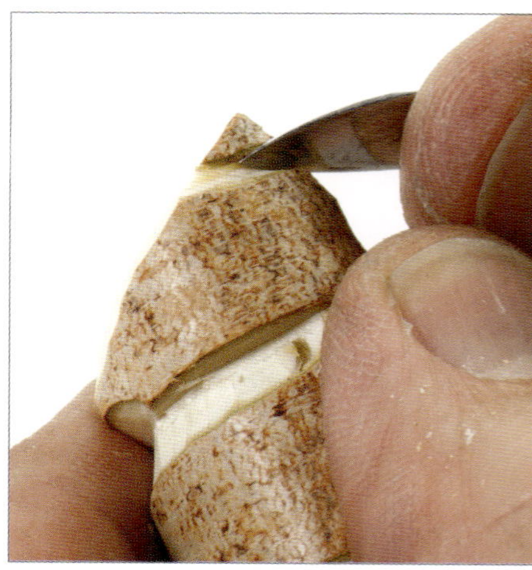

8 Auf beiden Seiten des Kopfes schneiden Sie ca. 3 mm unterhalb des jeweiligen Ohrbüschels eine seitliche V-förmige Kerbe ein. Diese beiden Kerben trennen optisch die Ohrbüschel und definieren die seitliche Kopfform.

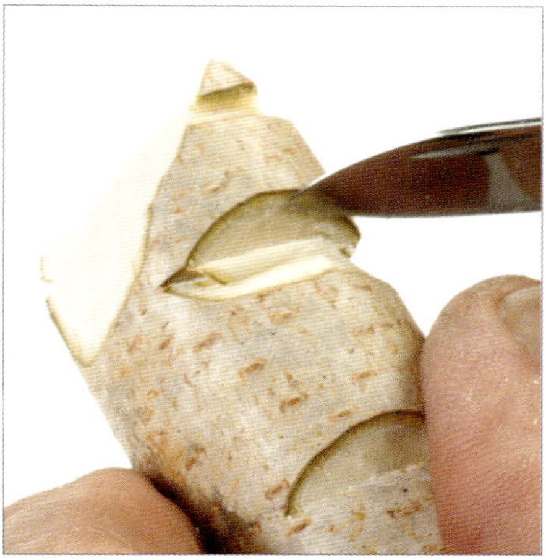

9 Vertiefen Sie die Kerben an den Seiten des Kopfes, die Sie zu Anfang gemacht haben. So erkennt man die Kopfform besser.

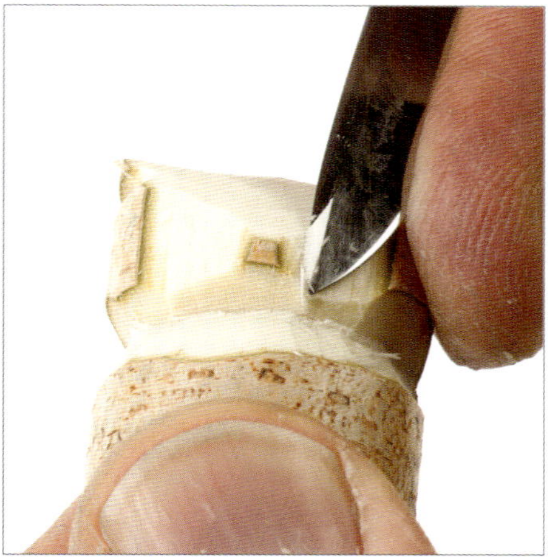

10 Arbeiten Sie das Gesicht der Eule heraus, beginnen Sie leicht außerhalb der Mitte am Schnabel und schneiden Sie schräg nach außen, aber nicht zu weit! Schneiden Sie auch von außen zum Schnabel hin, um den Holzspan zu entfernen und die Seite des Gesichts weiter auszuformen. Achten Sie darauf, in der Mitte ein kleines Stück Rinde als Schnabel stehenzulassen.

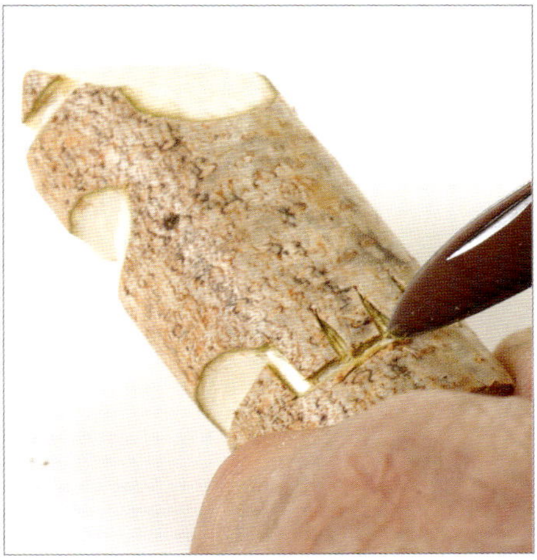

11 Am Rücken der Eule schneiden Sie ca. 6 mm unterhalb der Kerbe, die den Hals markiert, eine kleine waagerechte Kerbe, um die Unterkante des Schwanzes zu definieren. Schneiden Sie auf beiden Seiten senkrechte Kerben ein, sodass der Schwanz an den Seiten auf die vordere Kerbe trifft. Schneiden Sie mit der Spitze des Messers drei V-förmigen Kerben hinten am Schwanz ein, um Federn anzudeuten.

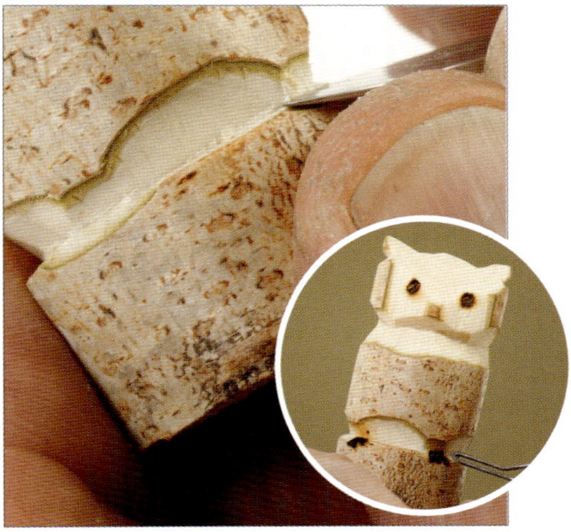

12 Die kleinen stehengebliebenen V-Formen, im unteren Drittel der Vorderseite, dienen als Füße. Sie können deren Spitzen aber auch abschneiden und mit der Schreibspitze eines Holzbrenners oder mit einem Kugelschreiber (hier keinen Filzstift verwenden, der würde verlaufen) je drei Krallen andeuten. Auch die Augen sind noch mit einem Holzbrenner oder einem Stift zu markieren.

ALLIGATOR

Als Kind bin ich in Peru mit meinen Freunden immer in der Nähe des Ufers im Ucayali-Fluss geschwommen, einem der Hauptzuflüsse des Amazonas. Ab und zu bemerkten wir, dass wir nicht alleine waren – eine raue Schnauze und zwei aus dem Wasser lugende Augen glitten langsam aber beängstigend nah an uns vorbei. Wie von der Tarantel gestochen sprangen wir aus dem Wasser ans rettende Ufer. Aber sobald der Besucher unserer Badebucht aus den Augen war, war er auch aus dem Sinn und wir sprangen wieder ins Wasser. Nicht sonderlich klug, das gebe ich zu. Aber wir hatten Glück und leben noch alle (soweit ich weiß …).

Vor Kurzem erst schnitzte ich auf jemandes Anregung hin, und unter leichter Anleitung (wer das war, weiß ich leider nicht mehr), ein paar Alligatoren. Das Design lässt sich sicherlich noch verfeinern, aber für den Anfang soll es uns erst einmal genügen.

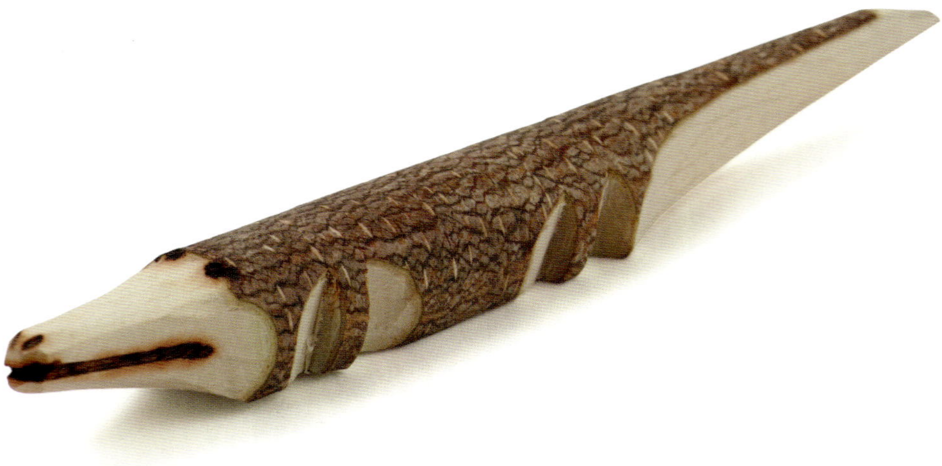

MATERIAL:

- Messer
- ein dicker gerader Ast, ca. 1,5–2 cm im Durchmesser und 14–15 cm lang
- Holzbrenngerät oder Stift
- Ich verwende an dieser Stelle keine Filzstifte, da diese meist aufgrund der Kapillarkräfte verlaufen.

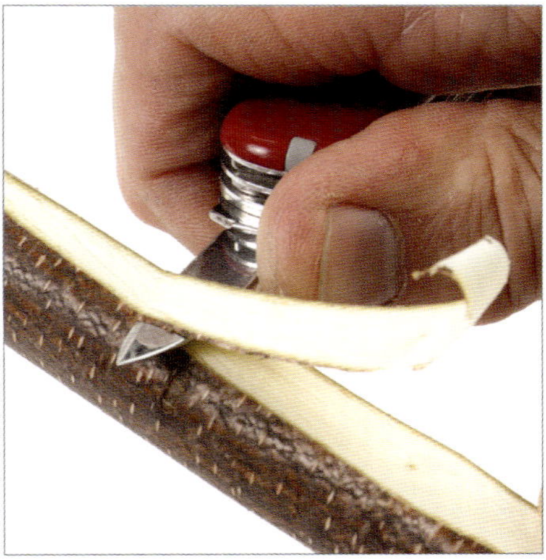

1 Flachen Sie den Ast an der Unterseite ab.

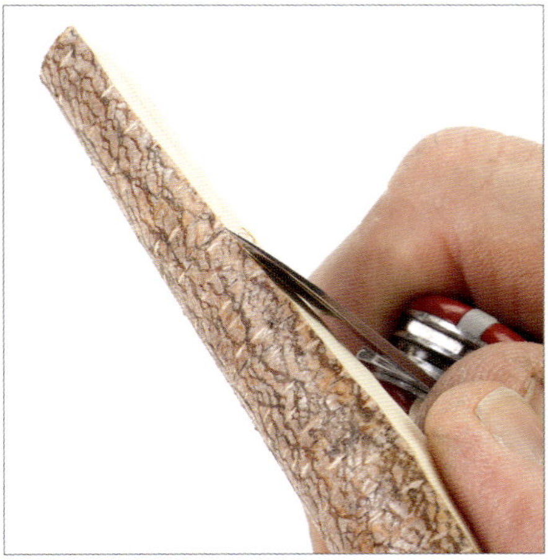

2 Wählen Sie ein Ende für den Schwanz aus, dieser nimmt ca. ⅔ der gesamten Astlänge ein. Schnitzen Sie die Schwanzseiten so lange konisch zu, bis an dieser Stelle das Mark entfernt ist (das heißt, Sie haben hier mehr als die Hälfte des Astes weggeschnitzt).

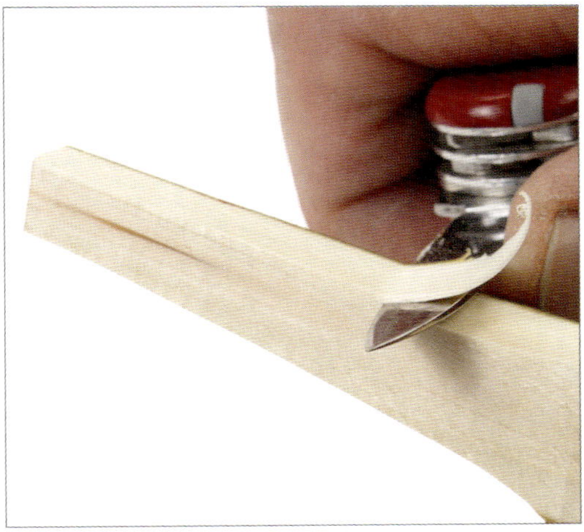

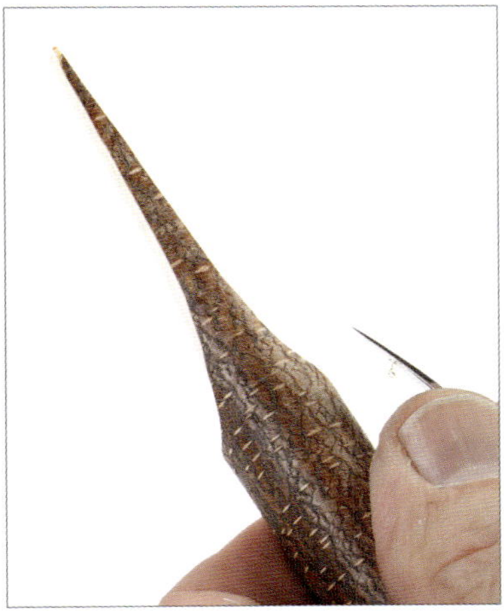

3 Der Schwanz soll nicht nur flach, sondern auch schmal werden. Schneiden Sie dazu beiderseits so lange das Holz weg, bis das Ende spitz zuläuft. An der Oberseite des Schwanzes schnitzen Sie nichts weg, hier bleibt sogar die Rinde stehen. Schnitzen Sie die Unterseite des Schwanzendes weiter konisch zu, sodass es nicht mehr auf Ihrer Schnitzunterlage aufliegt.

Wussten Sie, dass dank der NASA ein Schweizer Taschenmesser von Victorinox die Erde auf einer Umlaufbahn umkreist hat und dass sich Victorinox-Messer bereits auf dem Gipfel des Mount Everest, auf Expedition zum Nordpol und im tiefsten Regenwald am Amazonas beweisen mussten?

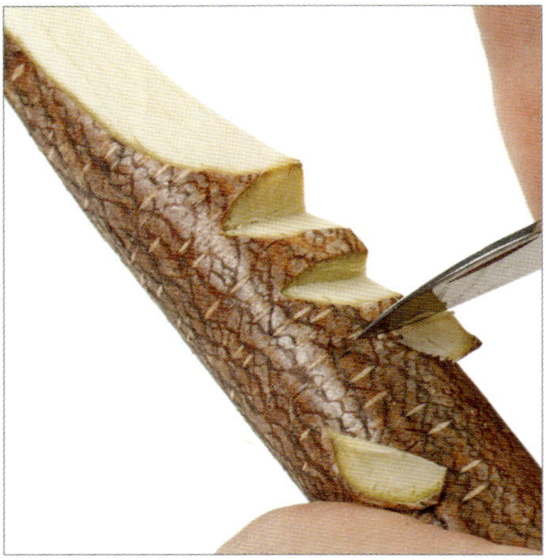

4 Die Hinterbeine deuten Sie kurz vor dem Schwanz mit je einer senkrechten V-förmigen Kerbe auf beiden Seiten des Astes an. Lassen Sie zwischen Schwanz und Kerbe ein Stück Rinde stehen. Lassen Sie ein weiteres Stück Rinde stehen (das soll das Bein andeuten) und schneiden Sie eine zweite senkrechte V-förmige Kerbe ein. Diese sollte zum Kopf hin etwas breiter (flacher) sein als zum Schwanz hin.

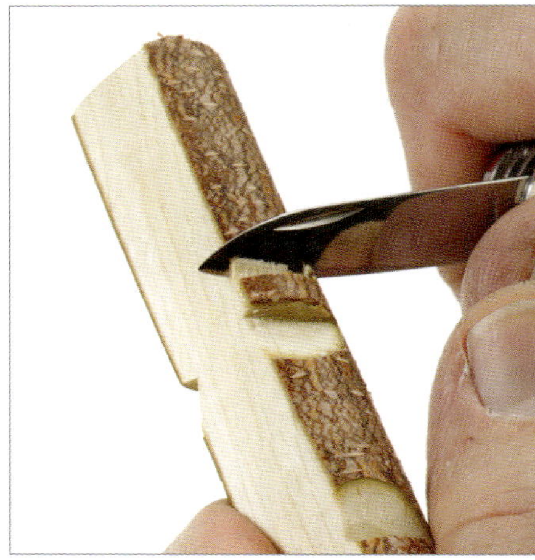

5 Ungefähr ein Drittel der Länge vom vorderen Ende des Asts entfernt wiederholen Sie die Kerben, um die Vorderbeine anzudeuten. Hier wiederum sollte der zum Schwanz zeigende Kerbenteil etwas breiter (flacher) sein, um die Form der Beine anzudeuten.

6 Lassen Sie vor den Vorderbeinen einen dünnen Streifen Rinde stehen und verjüngen Sie das vordere Ende des Astes beidseitig zu einer Schnauze. Diese ist aber nicht spitz wie der Schwanz, sondern etwas abgerundet. Schnitzen Sie auch hier die Unterseite konisch zu, damit die Schnauze nicht auf der Unterlage aufliegt.

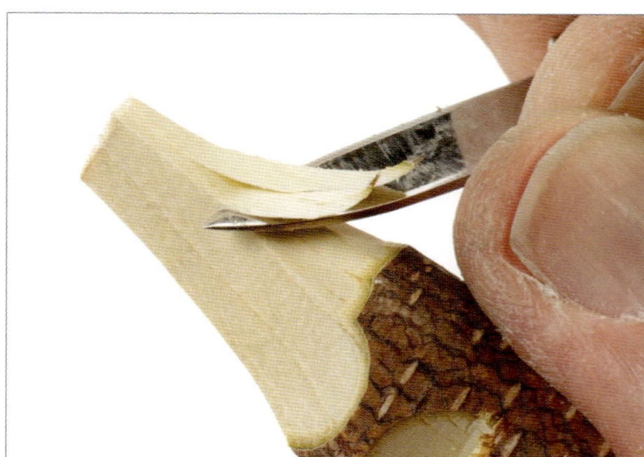

Victorinox hat speziell für die Pfadfinderorganisation *Boy Scouts of America* Schweizer Taschenmesser hergestellt, samt eigenem Logo auf dem Griff.

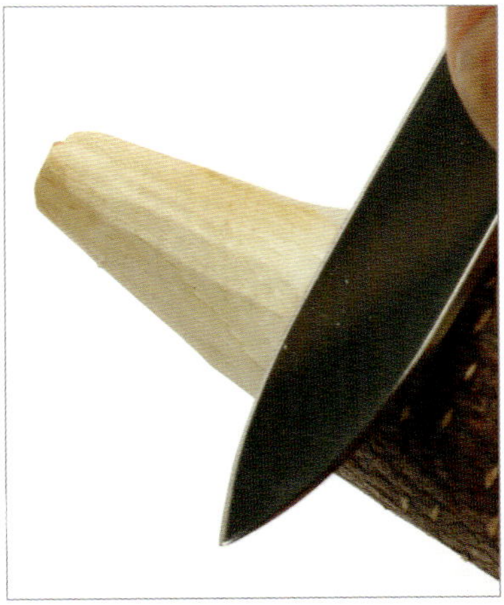

7 Runden Sie den vorderen Teil der Schnauze zum Ende hin leicht ab.

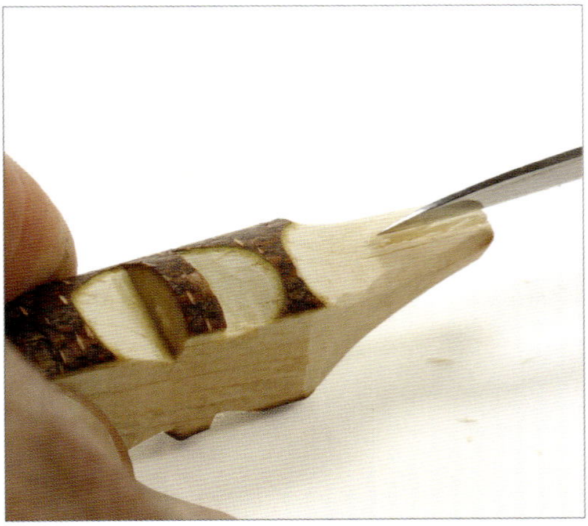

8 Schneiden Sie mit der Messerspitze eine dünne, gebogene Linie auf beiden Seiten der Schnauze ein, um das Maul anzudeuten. Diese Linie sollte näher an der Unterseite der Schnauze verlaufen, denn der Oberkiefer ist dicker als der Unterkiefer. Wer sehr vorsichtig und geduldig ist, kann mit winzigen Zickzack-Linien die Zähne andeuten.

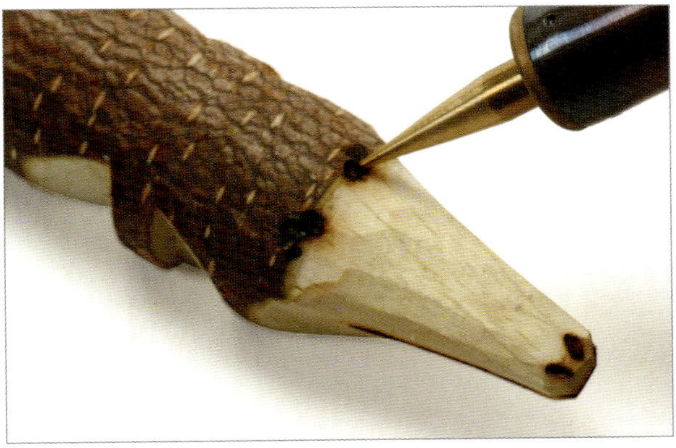

9 Fügen Sie mit einem Kugelschreiber oder Holzbrenngerät die Augen oben auf dem Kopf des Alligators und Nasenlöcher am vorderen Ende der Schnauze hinzu. Auch die Linien, die das Maul andeuten, kann man dunkel nachziehen.

ALLIGATOR ODER KROKODIL?

Laut dem Zoo von San Diego leben Alligatoren in Süßwasser, während Krokodile auch in Salzwasser leben können. Die Schnauze des Alligators ist rundlich wie ein U, die des Krokodils eher zugespitzt wie ein V. Außerdem sind bei einem Alligator bei geschlossener Schnauze nur die oberen Zähne zu sehen. Sollten Sie beide Zahnreihen erkennen können, die oberen und die unteren, dann ist es ein Krokodil.

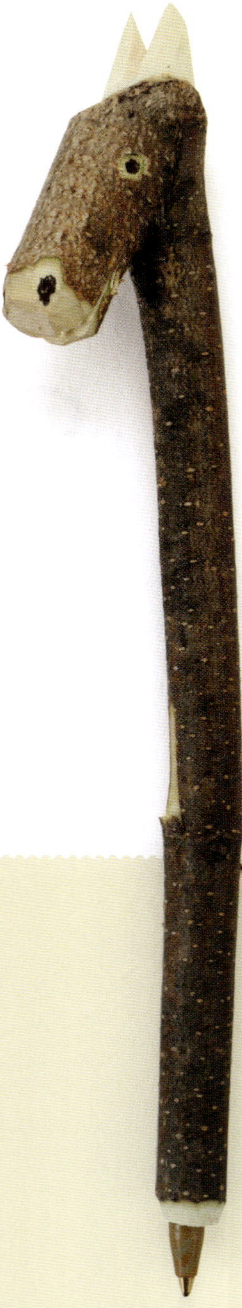

EIN PFERD ALS KUGELSCHREIBER

Dieser Pferdekopf ist nur einer der Tierköpfe, die sich aus einem gegabelten Ast schnitzen lassen, aber es ist eine meiner Lieblingskreationen. Man braucht nur den Kopf und einen sehr, sehr langgezogenen Hals zu schnitzen. Dann ein Loch weit in den Hals hineingebohrt und eine Kugelschreibermine hineingesteckt und fertig ist ein witziges Schreibgerät.

MATERIAL:

- Messer
- ein dicker gegabelter Ast, ca. 1,5–2 cm im Durchmesser, ca. 15 cm lang. Beide Teiläste sollten etwa gleich dick sein
- Bleistift
- Stift, Farbe oder Holzbrenngerät
- Kugelschreibermine oder billiger Kugelschreiber (den man leicht zerlegen kann)
- Handsäge oder Säge am Taschenmesser
- Bohrmaschine und verschiedene Holzbohrer

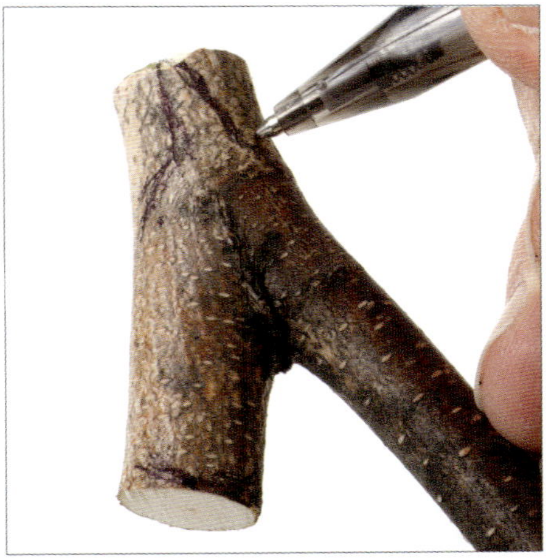

1 Stellen Sie die Astgabel auf den Kopf. Der längere Seitenast wird zum Hals des Pferdes. Zeichnen Sie die Ohren und das rundliche Maul an.

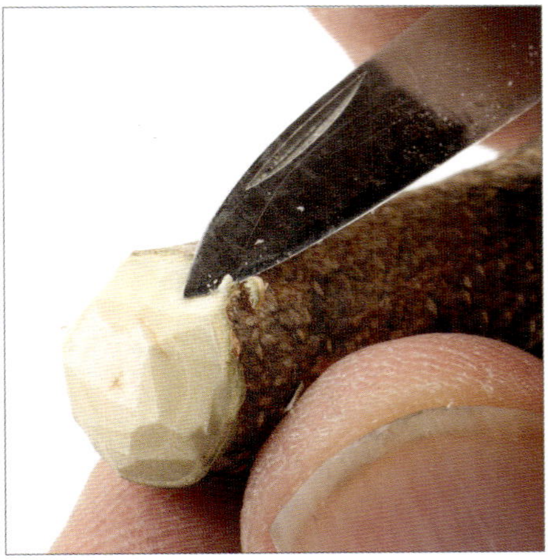

2 Runden Sie das Maul mit dem Taschenmesser ab. Dann schnitzen Sie eine winzige Kerbe in die Rinde, um die Nüstern anzudeuten.

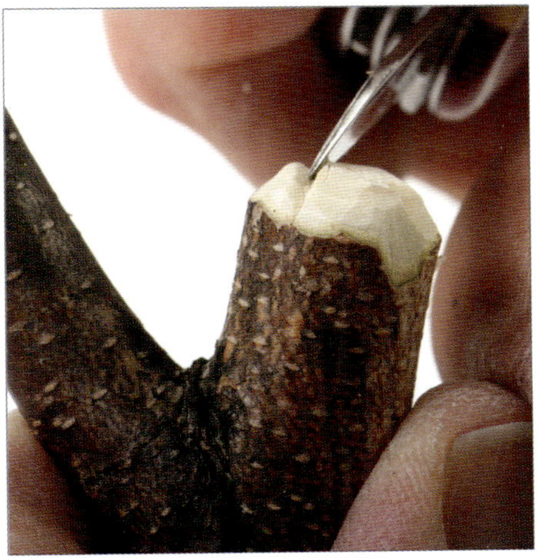

3 Mit der Messerspitze schneiden Sie eine schmale V-förmige Kerbe quer über die Vorderseite der Rundung, um das Maul anzudeuten. Ein Pferdemaul ist niemals vertikal zentriert, sondern der Oberkiefer ist dicker als der Unterkiefer, also schneiden Sie im Bereich des unteren Drittels. Sie können das Maul auch mit Farbe, Stift oder Holzbrenner gestalten.

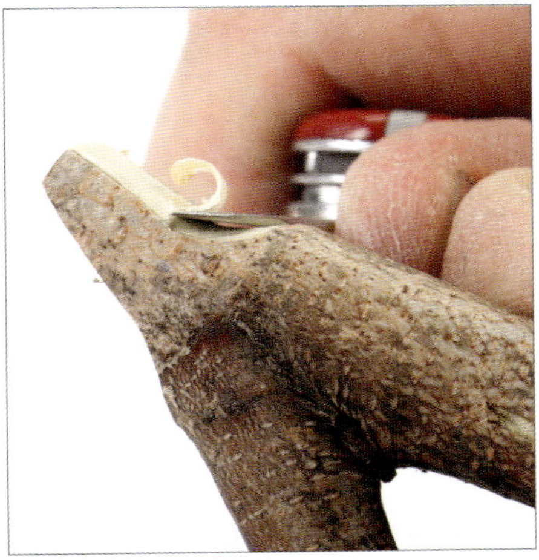

4 Formen Sie nun das seitliche Profil der Ohren aus. Schnitzen Sie dazu das obere Ende von vorn und von hinten konisch zu.

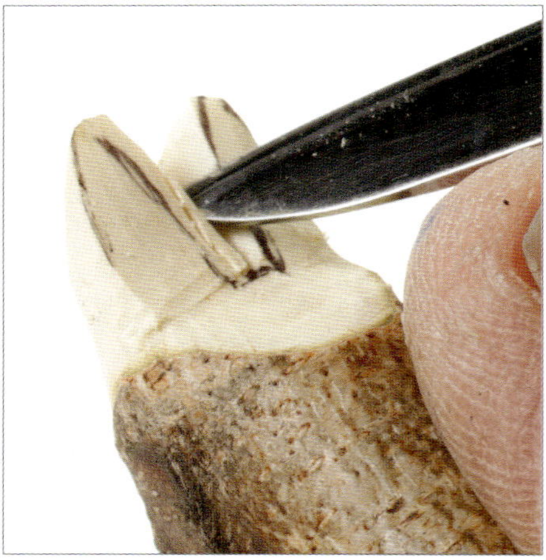

5 Zeichnen Sie die Form der Ohren, von vorne gesehen, an und schnitzen Sie entlang der Linien. Beginnen Sie am Kopf und arbeiten Sie sich zu den Ohrenspitzen, ganz ähnlich wie bei den Zinken der Gabel (siehe S. 37).

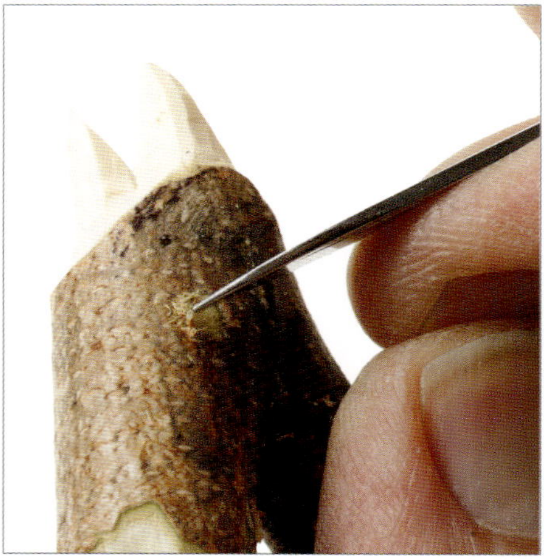

6 Markieren Sie die Stellen der Augen und schneiden Sie dann äußerst vorsichtig einen kleinen Kreis pro Auge aus der Rinde. Malen Sie die Augen und die Nüstern mit einem Stift, Farbe oder einem Holzbrenner nach.

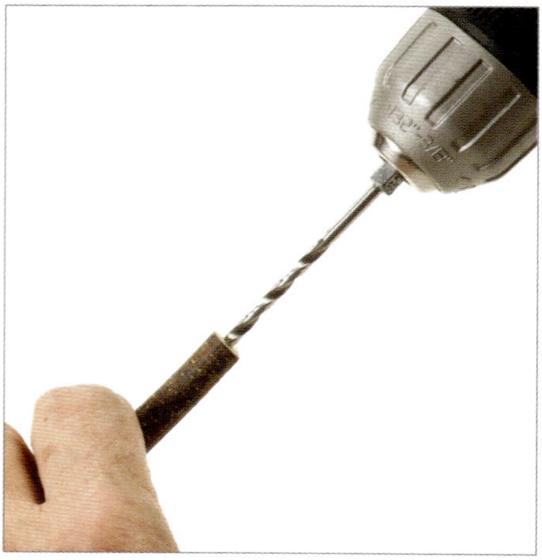

7 Sägen Sie das untere Ende des langen Seitenasts, sprich des Halses, gerade ab. Bohren Sie mit einem, im Durchmesser zu Ihrer Kugelschreibermine passenden, Bohrer vorsichtig ein Loch mittig der Länge nach in den Ast. Wenn Sie Grünholz verwenden, lassen Sie es erst ein paar Tage trocknen, denn trockenes Holz lässt sich leichter bohren.

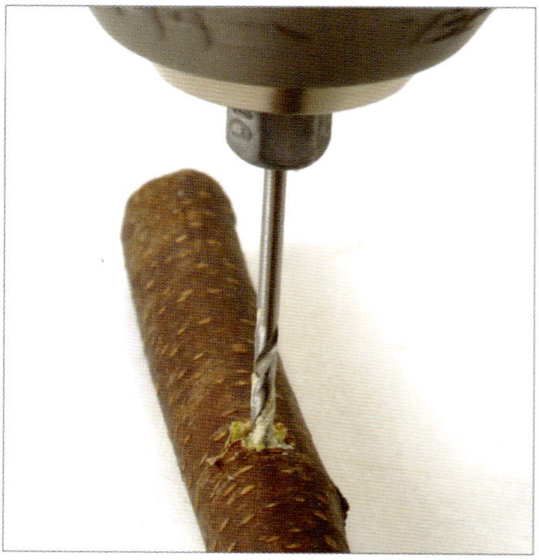

8 Bohren Sie mit einem kleinen Bohrer ein winziges Loch seitlich in den Ast, um eine Verbindung mit dem langen Hauptloch herzustellen (ohne dieses kleine Luftloch würde die Mine nicht schreiben). Schätzen Sie mit Hilfe des zuerst verwendeten, dickeren Bohrers die Länge des gebohrten Loches ab und schneiden Sie die Mine entsprechend zu. Schieben Sie die Mine in das Loch und schnitzen Sie dann vorsichtig das untere Ende so zu, dass ein gefälliger Übergang vom Holz zur Kugelschreibermine entsteht.

ZIEGE

Meine erste Ziege war ein Hahn, bei dem einiges schiefgelaufen war. Entrinden Sie den Ast vollständig. Schnitzen Sie gebogene Hörner und ein schmales Maul. Formen Sie die Unterseite des Mauls so aus, dass ein kleiner Ziegenbart stehenbleibt. Schnitzen Sie aus einem anderen Stückchen Holz mandelförmige Ohren und kleben Sie diese an.

RÜCKENKRATZER

Wählen Sie einen besonders langen gegabelten Ast. Das, was beim Pferd der Hals war, wird hier zum Griff. Kratzen Sie sich den Rücken mit der spitzen Schnauze oder dem Schnabel des Tieres.

HUND

Aus dem einen Seitenast der Y-Form werden die Ohren, aus dem anderen, etwas längeren, die Schnauze. Lösen Sie die Rinde an der Schauze ein Stück und arbeiten Sie Schnauze und Nase heraus, indem Sie die Seiten konisch zuschnitzen.

ESEL

Der Esel ähnelt sehr dem Pferd, aber er hat längere Ohren. Wenn Sie die Astgabel zuschneiden, lassen Sie am Hauptast ein längeres Stück stehen, um daraus schön lange Ohren schnitzen zu können.

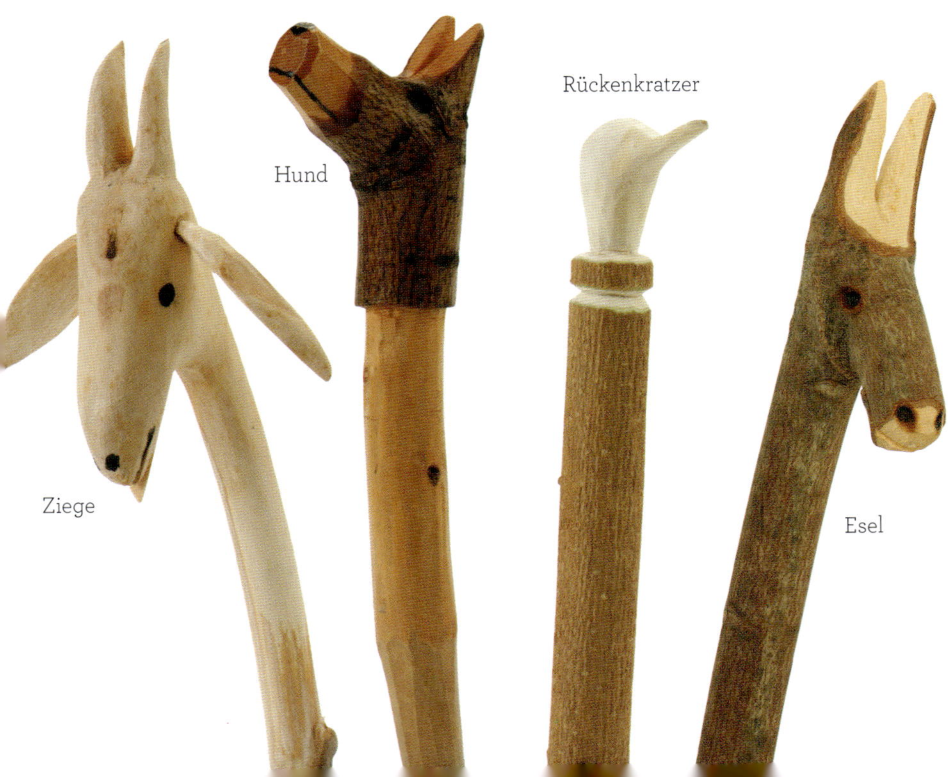

VOGEL

Vor einigen Jahren nahm ich eins meiner Nachbarskinder mit zu einem Baseballspiel der Baltimore Orioles ins wunderschöne Camden-Yards-Stadion in Baltimore. Wie immer hatte ich „ganz zufällig" ein paar kleine Äste dabei. Als wir so auf der Zuschauertribüne saßen und das Spiel seinen Lauf nahm, begann ich, einen kleinen Baltimoretrupial zu schnitzen – der Singvogel aus der Familie der Stärlinge ist das Wappentier der nach ihm benannten Mannschaft. Erst nahm ich die große stilisierte Abbildung des Vogels auf der Anzeigetafel als Modell, dann borgte ich mir das Baseballcap meines kleinen Nachbarn. Der kleine Baltimoretrupial ist mir wirklich gut gelungen! Ich glaube, die Fans direkt hinter uns haben am Vogelschnitzen genauso ihre Freude gehabt wie am Baseballspiel.

Es gibt unzählige Singvogelarten, aber welchen ich hier zu Demonstrationszwecken geschnitzt habe, weiß ich beim besten Willen nicht. Das ist aber nicht schlimm, wir wollen ihn den „Allerweltssingvogel" nennen. Wer von den Lesern mit all den Unterscheidungsmerkmalen und feinen Nuancen im Erscheinungsbild der zahllosen Vogelarten vertraut ist, kann gerne entsprechende Anpassungen vornehmen, beim Schnitzen selbst, aber auch beim Bemalen.

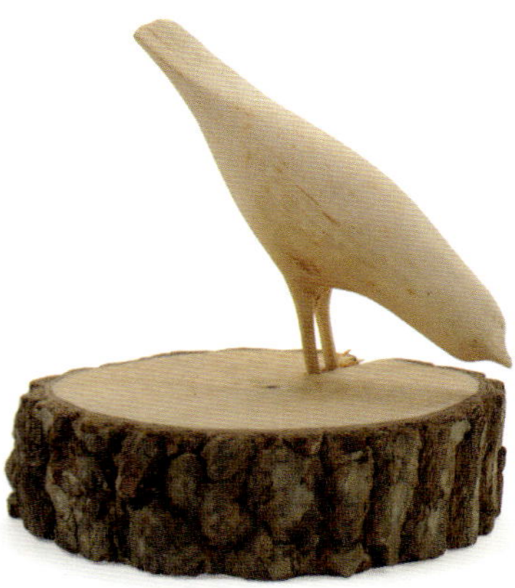

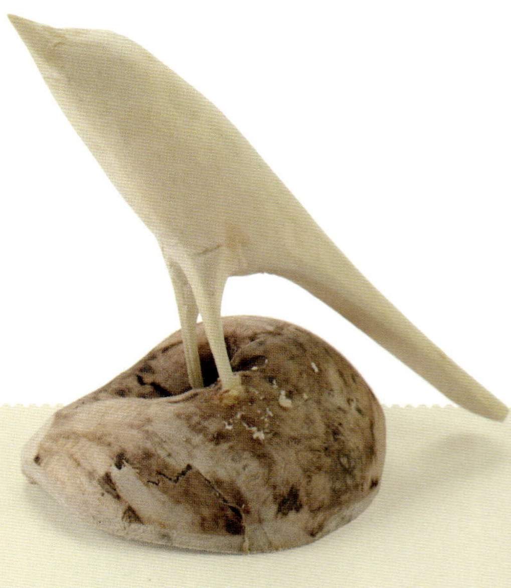

MATERIAL:

- Messer
- ein gegabelter Ast, meiner ist ca. 1,5–2 cm im Durchmesser und ca. 10–20 cm lang
- Bleistift
- Schleifpapier
- Klarlack

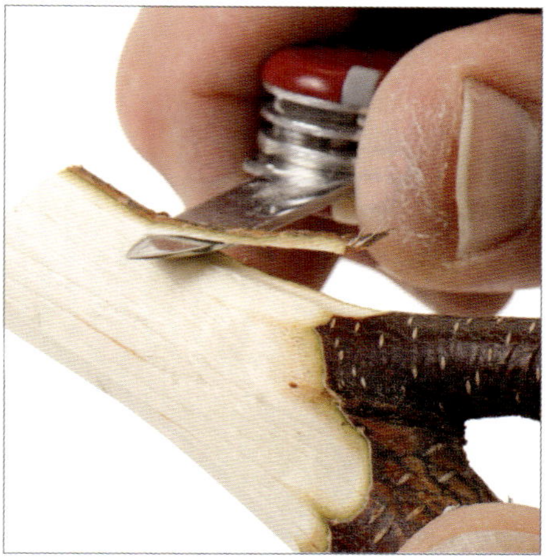

1 Entrinden Sie den gesamten Ast.

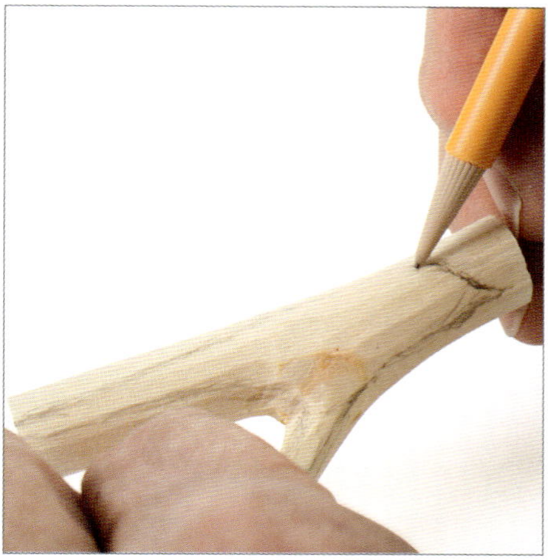

2 Skizzieren Sie den Vogel auf dem Ast. Positionieren Sie den Kopf so, dass der Schnabel parallel zu den Holzfasern verläuft.

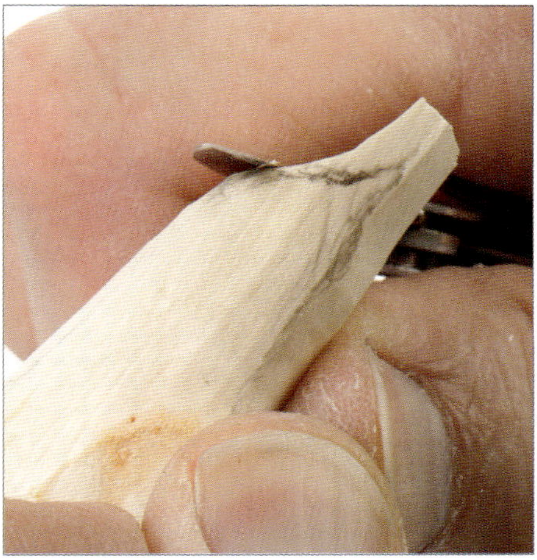

3 Beginnen Sie mit dem Ausformen des Kopfes, konisch zulaufend rundherum. Orientieren Sie sich an den Bleistiftlinien. Die Mitte des Schnabels sollte nahe der Mitte des Astes sein. Es gibt alle möglichen Vögel, variieren Sie, probieren Sie herum, finden Sie heraus, welche Form und Proportionen von Kopf und Schnabel Ihnen am besten gefallen.

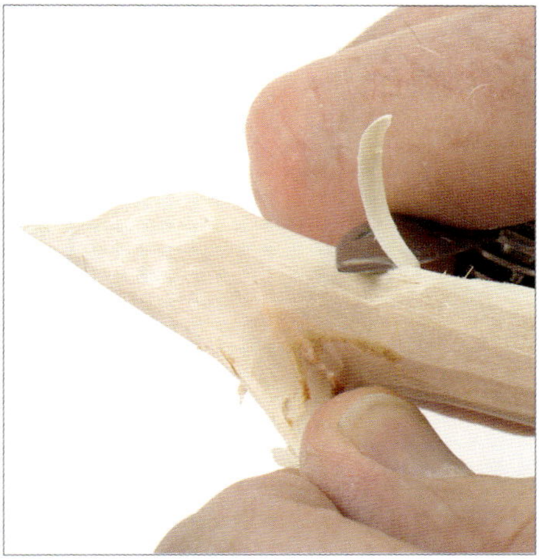

4 Runden Sie die Brust bis zu den Beinen ab und schnitzen Sie die Vorderseite der Beine verjüngend zu. Beginnen Sie dann mit dem Ausformen des Rückens, beginnend hinter dem Kopf.

2005 wusste sich ein Zugschaffner nicht anders zu helfen, als ein kaputtes Bremsenteil mit Hilfe eines Schweizer Taschenmessers zu reparieren – es funktionierte und der liegengebliebene Zug konnte weiterfahren.

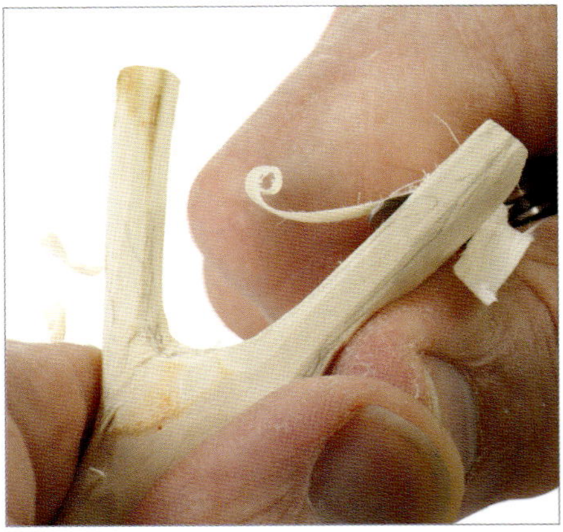

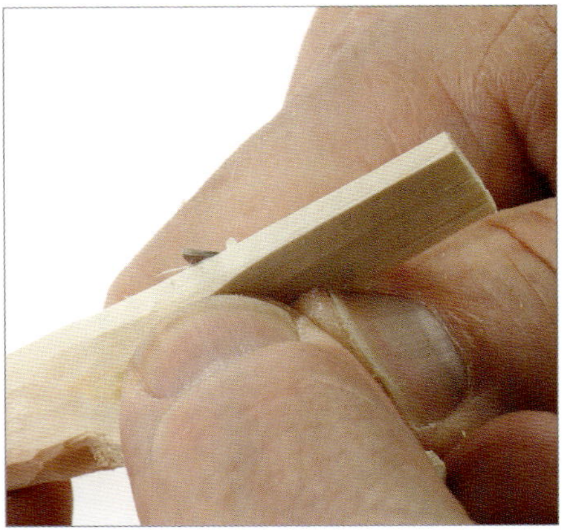

5 Flachen Sie den Schwanz oben und unten weiter ab. Wo Schwanz und Körper ineinander übergehen, runden Sie den Körper leicht ab.

6 Die Rückseite der Beine schnitzen Sie konisch zu, die Vorderseite flachen Sie ab. Die Seiten flachen Sie nur leicht ab und runden die Stelle etwas, wo Beine und Körper aufeinandertreffen.

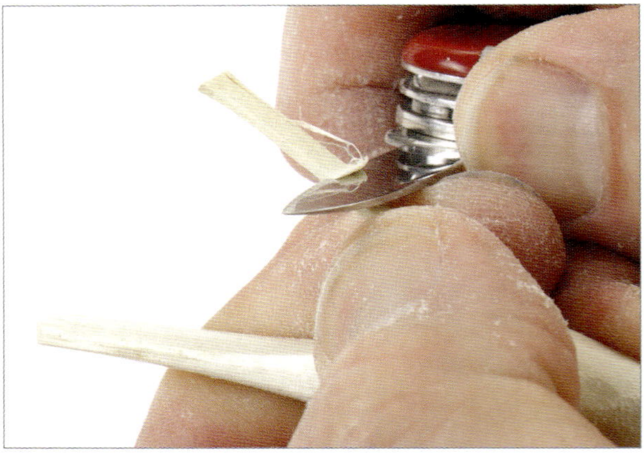

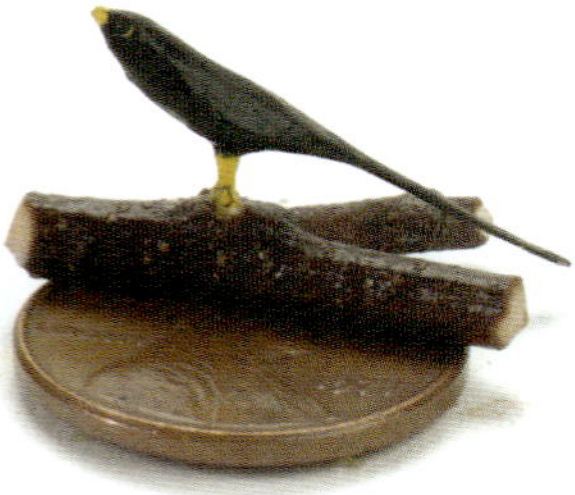

WINZIGER VOGEL

Wenn Sie erst mal ein paar Vögel geschnitzt haben, wäre es doch eine schöne Herausforderung, herauszufinden, wie weit Sie gehen können. Wie klein können Sie einen Vogel schnitzen. Mein Ministärling sitzt auf einem Centstück!

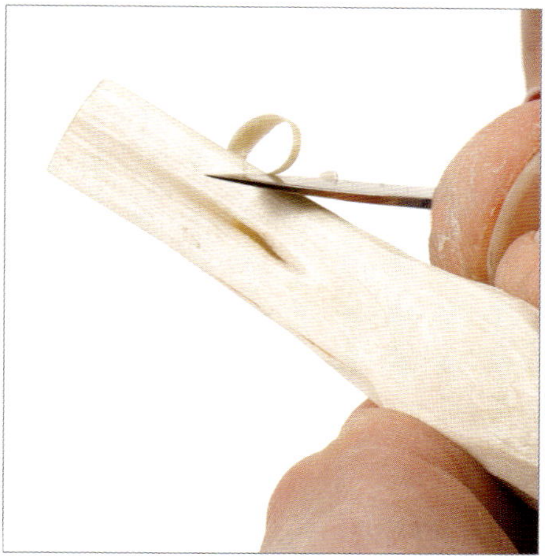

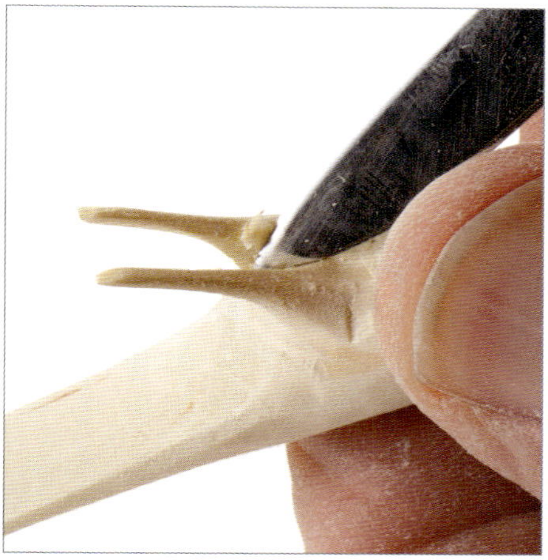

7 Schnitzen Sie die Seiten des Schwanzes leicht konisch zu und runden Sie die Seiten ab, sodass sie schön in den Körper übergehen. Wie lang soll der Schwanz sein? Schneiden Sie ihn wie gewünscht ab und runden Sie das Ende leicht. Dann glätten Sie den gesamten Vogel mit Schleifpapier.

8 Wie lang sollen die Beine sein? Schneiden Sie dort ab, wo es ihnen gefällt. Um den U-förmigen Spalt zwischen beiden Beinen auszuformen, folgen Sie der Technik zum Schnitzen von Gabelzinken (siehe S. 37).

REFERENZFOTOS

Im heimischen Garten findet man Vögel aller Formen und Größen. Wenn Sie eine bestimmte Art gezielt schnitzen möchten, suchen Sie einfach ein paar Referenzfotos – in den eigenen Schnappschüssen, einer Bibliothek oder im Internet. Skizzieren Sie das Seitenprofil des Vogels auf dem Holz und schnitzen Sie los. Die eigene Version wird zwar meist kein exaktes Abbild, aber ein bisschen Farbe wirkt oft Wunder und schon sieht das Rotkehlchen wie ein Rotkehlchen aus und nicht mehr wie, sagen wir mal, eine Taube.

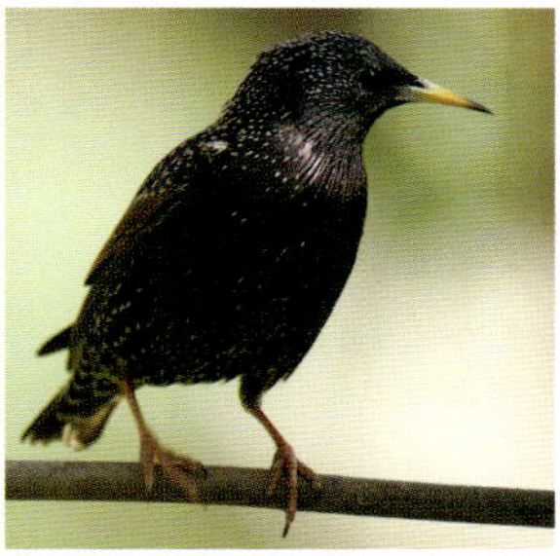

Star

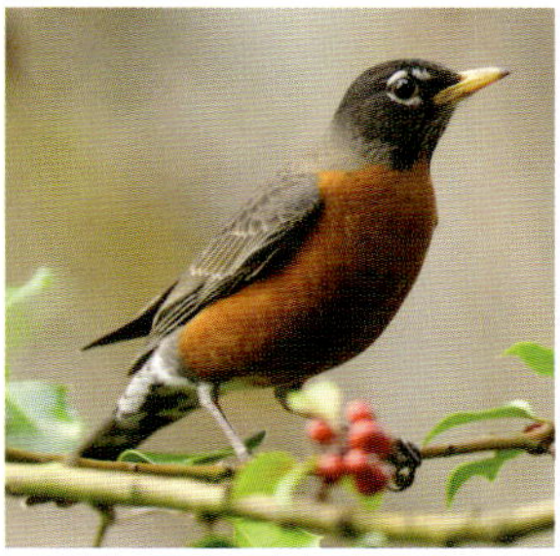

Wanderdrossel

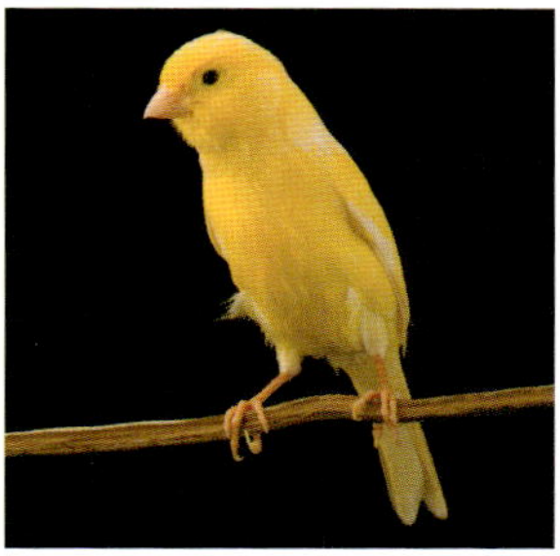

Kanarienvogel

KAPITEL FÜNF

KRÄUSELSPANSCHNITZEREIEN

Alle Objekte in diesem Kapitel verlangen nach einer Schnitztechnik, die ein Kräuseln der Holzspäne bewirkt und eine Art hölzerne Locke hervorbringt – manchmal sehr kleine, mitunter etwas größere und auch besonders lange. Damit sich die Späne wie gewünscht kräuseln, gibt es ungeachtet ihrer Länge mehrere Tricks. Zuerst muss die Messerklinge natürlich gut geschärft und angeschliffen sein. Dann empfiehlt es sich, die Form der Messerschneide entsprechend anzupassen. Auch ist der richtige Zeitpunkt und damit der Zustand des Holzes nicht zu unterschätzen und letztlich hilft Üben.

Die Anleitungen für diese Objekte mögen sich vielleicht etwas kompliziert anhören, aber ein Bild sagt bekanntlich mehr als tausend Worte und glücklicherweise sind den Texten ja viele Bilder beigegeben.

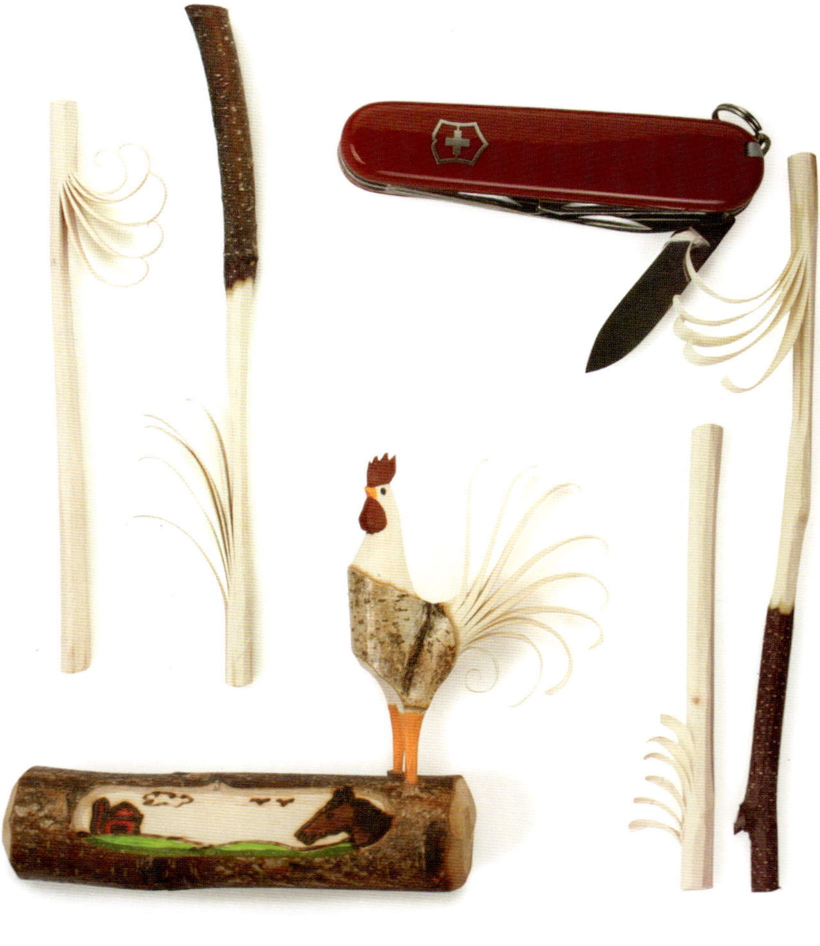

Die ideale Form der Messerschneide

Die Schneide ist die sich verjüngende Kante der geschärften Klinge. Viele Klingen haben eine keilförmige Schneide, die nicht sonderlich gut schneidet und keine Kräusellocken hervorbringt. Schnitzmesser mit einer feststehenden Klinge haben oft eine sehr schmale, dünne Schneide, die zwar gut ins Holz einschneidet, aber den Holzspan nicht dazu bringt, sich zu kräuseln. Nach meiner Erfahrung besitzt die ideale Schneide, ganz allgemein zum Schnitzen, vor allem aber für Spanlocken, eine Form, die an eine Art Schulter denken lässt. Dabei ist die Keilform der Schneide leicht abgerundet (siehe Abbildung unten). Die Rundung ist gerade stark genug, dass der Span sich von alleine zu einer Locke aufrollt. Achten Sie beim Schärfen Ihres Messers darauf, die Ecken am Übergang von der Klinge zur keilförmigen Schneide ein wenig abzurunden und die Schneide ein wenig mehr hochzuziehen, sodass sie sich allmählich verjüngt und nicht so abrupt wie bei den meisten Taschenmessern. Wenn Sie Ihr Messer viel benutzen und dementsprechend öfter nachschärfen und anschleifen müssen, ergibt sich die ideale Schneide meist ohnehin von selbst.

Schneidenquerschnitte

Schauen Sie sich verschiedene Messer genauer an, blicken Sie dabei von der Spitze der Klinge entlang der Schneide in Richtung Griff.

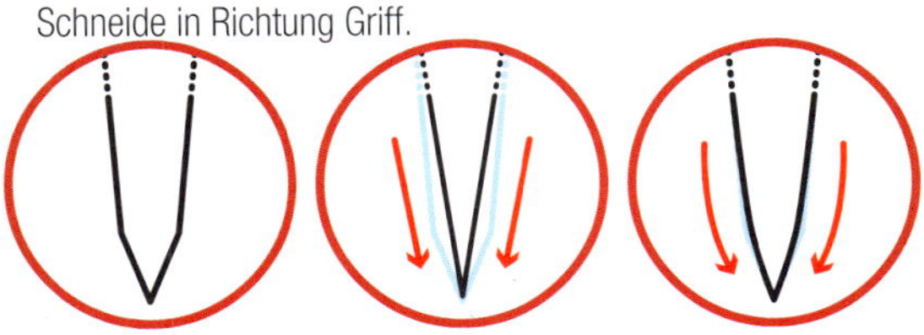

Schneide eines fabrikneuen Taschenmessers

Schneide der meisten Schnitzmesser mit feststehender Klinge

Abgerundete „Schulter" einer für Kräuselspäne geeigneten Schneide

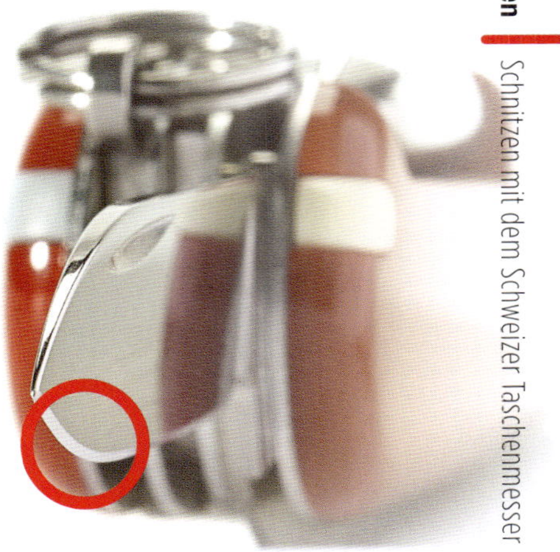

Die Schneide eines fabrikneuen Taschenmesser von der Spitze zum Griff hin betrachtet

Feuchtes oder trockenes Holz?

Wie sehr sich die Späne kräuseln hängt davon ab, wie feucht bzw. grün das Holz ist. Um Blumen, Spanbäume und Hahnenschwänze zu schnitzen gilt: je trockener das Holz, desto stärker die Kräuselwirkung. Bei richtig feuchtem oder nassem Holz ist es nahezu aussichtslos, eine schön natürlich gekräuselte Locke hinzubekommen, egal wie scharf die Klinge ist. Aber auch nur leicht gewellte Späne haben ihre Berechtigung: als Schwanz eines Roadrunners beispielsweise, jenes u. a. aus Trickfilmen bekannten Vogels aus den Wüsten des amerikanischen Südwestens. Üben Sie erst einmal an verschiedenen Aststücken und machen Sie sich mit den Unterschieden vertraut.

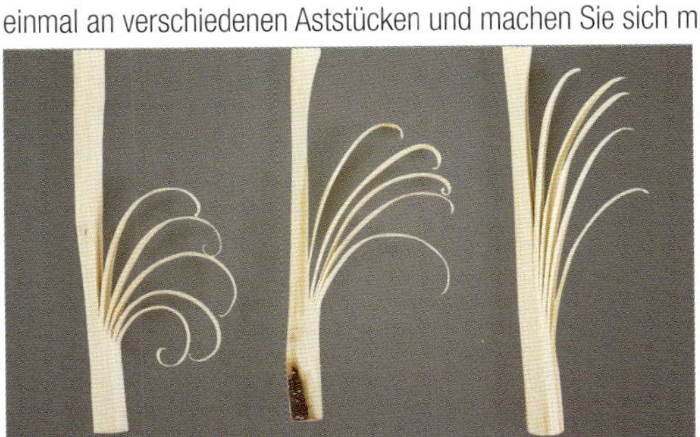

Von rechts nach links werden die Äste immer trockener. Beim feuchtesten Ast kringeln sich die Späne fast nicht. Ganz links am trockenen Ast haben sich schöne Locken gebildet.

Kräuselspäne schnitzen

Wenn man erst einmal den Bogen heraushat, ist es nicht schwer, gekräuselte Späne bzw. hölzerne Locken zu schnitzen. Üben Sie zunächst an verschiedenen kleinen Ästen, ehe Sie sich ein ganzes Objekt vornehmen. Sie können mit der kleinen oder der großen Klinge Ihres Schweizermessers Kräuselspäne schnitzen – am besten mit der, die Ihnen am vertrautesten ist. Hier ein paar Tipps für gutes Gelingen:

- Setzen Sie die Spitze der Klinge mit einem sehr flachen Winkel an den Ast an. Schließlich wollen sie nicht tief ins Holz schneiden, sondern die Schneide soll den Holzspan eher leicht anheben und wie von selbst mitnehmen, wenn Sie sie vorwärtsschieben.
- Halten Sie das Messer mit festem Griff und schieben Sie die Klinge in einer kurzen Schnittbewegung leicht nach vorn und unten. Schneiden Sie immer nur 2–3 mm auf einmal. Die Klinge nicht geradewegs über die Länge des gesamten Spans durchziehen, Sie schälen ja keine Möhre!
- Ziehen Sie das Messer ohne Schneidbewegung zurück – Sie wollen nicht sägen. Heben Sie die Klinge auch nicht an, denn dann würden Sie einen neuen Schnitt beginnen.
- Schieben Sie die Klinge erneut ein winziges Stück kontrolliert nach vorne, drücken Sie dabei wieder ganz leicht auch nach unten. Die Spitze des Messers sollte in dieser einen Bewegung nach rechts und links und nach unten gleiten.
- Ziehen Sie die Klinge zurück und wiederholen Sie den Vorwärtsschnitt. Mitunter braucht es sieben oder acht winzige Schnitte, damit eine einzige Locke entsteht.

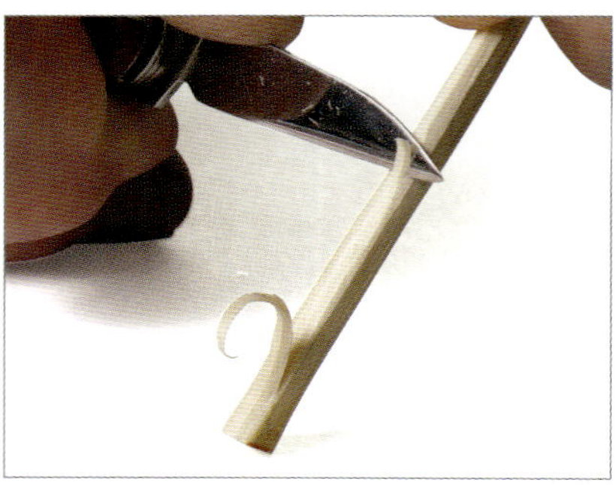
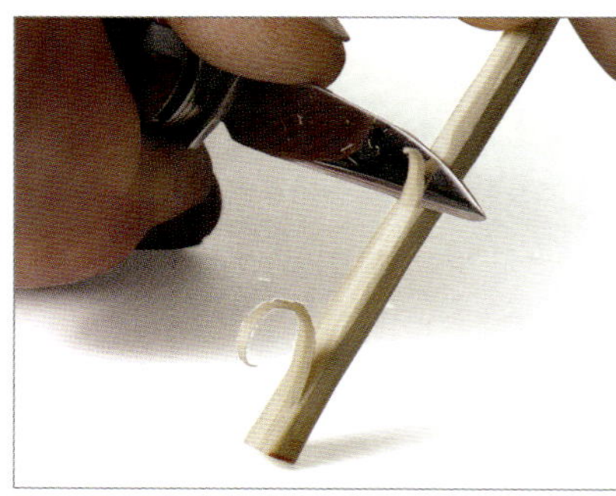
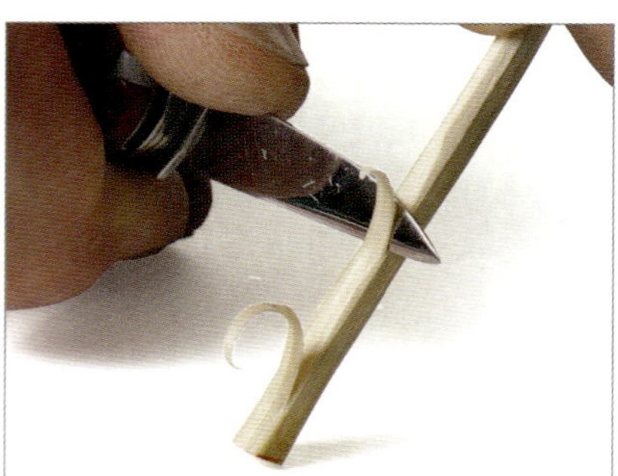
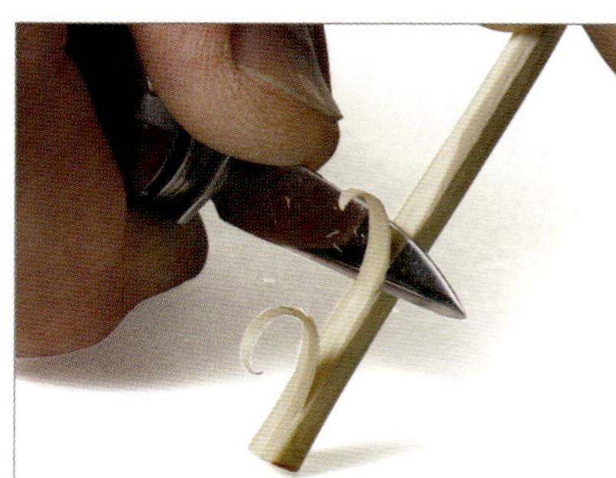

Achtung: Alle Anleitungen sind für Rechtshänder. Linkshänder brauchen sie aber nur umzukehren.

Tricks für noch mehr Kräuselspäne

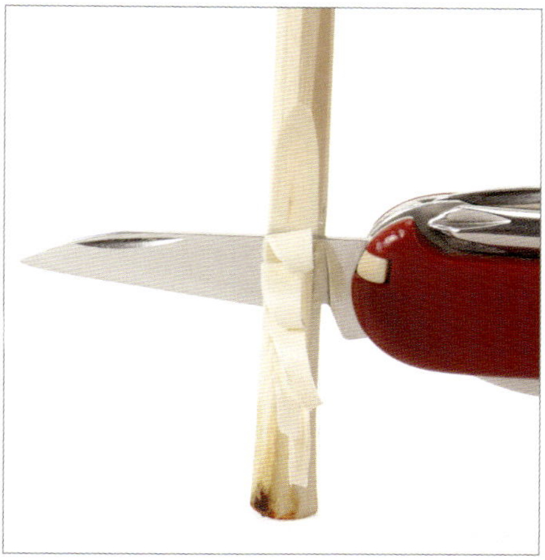

Um eine gerade Locke zu schnitzen, wie man sie für einen Hahnenschwanz benötigt, halten Sie das Messer im rechten Winkel quer zum Ast und schneiden nach unten. Der Span kräuselt sich parallel zum Ast nach unten.

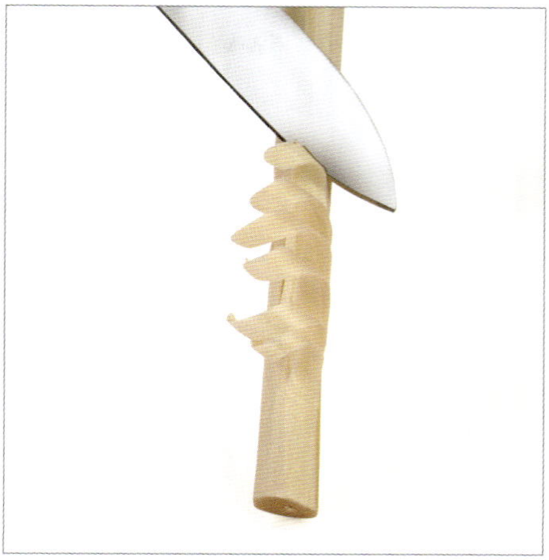

Um Späne zu schnitzen, die sich nach rechts kräuseln, halten Sie das Messer beim Schneiden nach unten, so dass die Messerspitze tiefer liegt als der Griff.

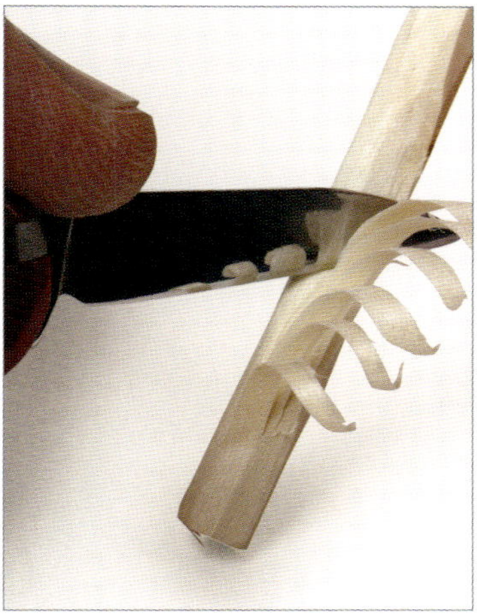

Um Späne zu schnitzen, die sich nach links kräuseln, heben Sie die Messerspitze leicht an bzw. kippen Sie die Klinge leicht nach oben, sodass der Griff tiefer liegt als die Klinge.

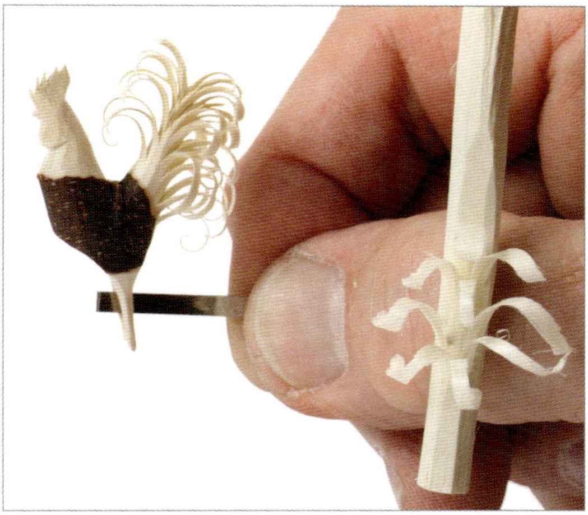

Kombinieren Sie diese Schnitttechniken, um eine regelrechte Explosion von Kräuselspänen zu erzeugen.

In Portland, Oregon, bediente sich ein Mann der Pinzette seines Victorinox-Taschenmessers, um aus einem brennenden Fahrstuhl zu entkommen.

BLUME

Einige der von mir am schnellsten fertiggestellten Objekte sind kleine Blumen mit Blüten, Stängel und Blättern. Im Laufe der Jahre habe ich tausende winziger Blümchen verschenkt. Ich schnitze sie aus Resten, die übrigbleiben, wenn ich die Schwänze all meiner Gockel, Fasane und Roadrunner mache. Oder ich nehme einen einfachen Zweig oder im Extremfall einen Zahnstocher. Eine Blume zu schnitzen dauert bei mir nur gut eine Minute, aber die Person, der ich sie überreiche, freut sich für gewöhnlich mehr darüber, als es die kleine Mühe, die es mir macht, verdient.

Da sich Feuchtigkeit sehr auf die Form der Blütenblätter auswirkt, müssen Sie beim Bemalen der Blume sehr vorsichtig sein. Ölfarben eignen sich gut, wasserbasierte flüssige Acrylfarben dagegen bewirken, dass sich die Locken wieder entkräuseln. Wer dennoch Acrylfarben verwenden möchte, streicht die Blütenblätter vorher vorsichtig mit Sekundenkleber (flüssigem Cyanacrylat-Klebstoff) ein, lässt ihn trocknen und malt dann mit der Farbe darüber.

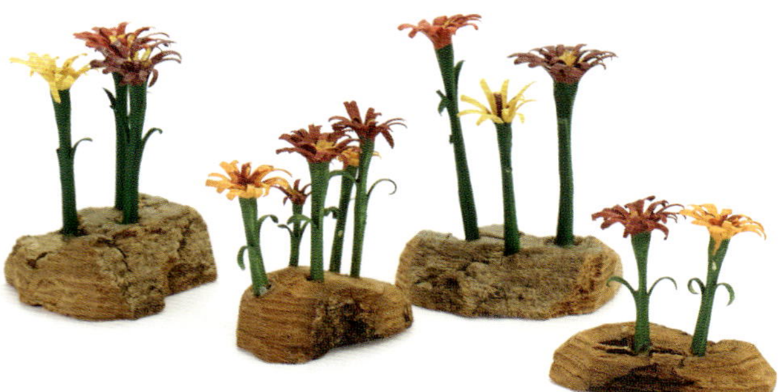

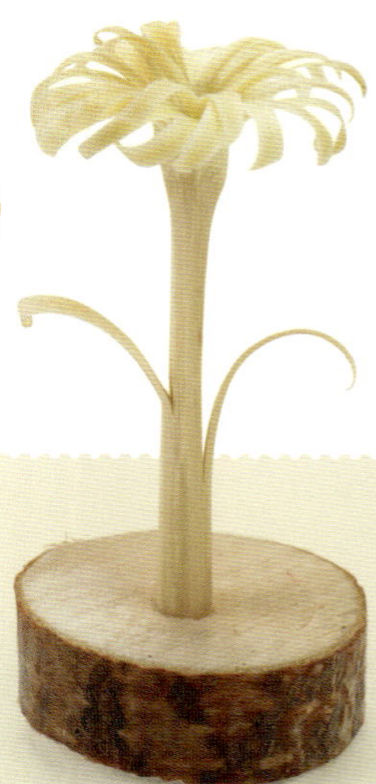

MATERIAL:

- Messer
- ein geradfaseriger, halbtrockener Zweig, ca. 2–6 mm im Durchmesser
- Ölfarben oder Acrylfarben und Sekundenkleber (flüssiger Cyanacrylat-Klebstoff)
- Klarlack, z. B. ein Polyurethan-Lack auf Lösungsmittelbasis

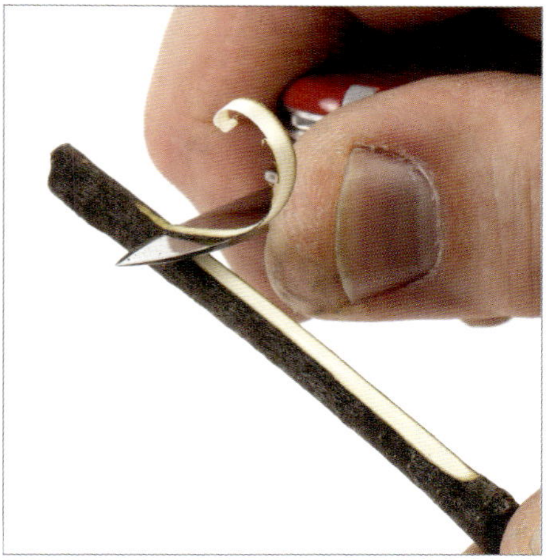

1 Entrinden Sie den Zweig mit langen, geraden Schnitten.

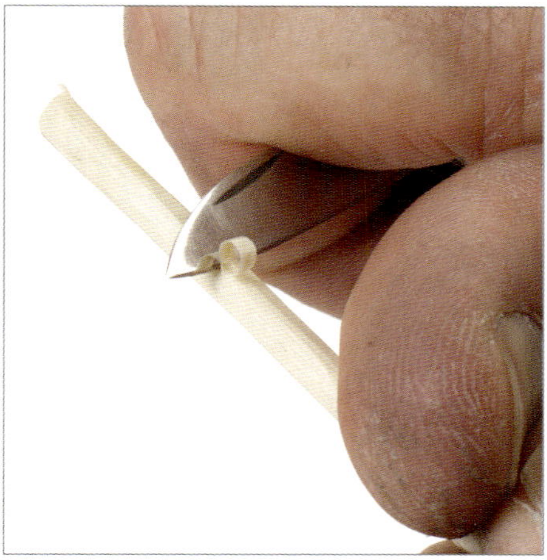

2 Beginnen Sie ein Stück von einem Ende des Zweiges entfernt mit der Spitze des kleinen Messers abwärts zu schnitzen, um das erste Blütenblatt zu formen.

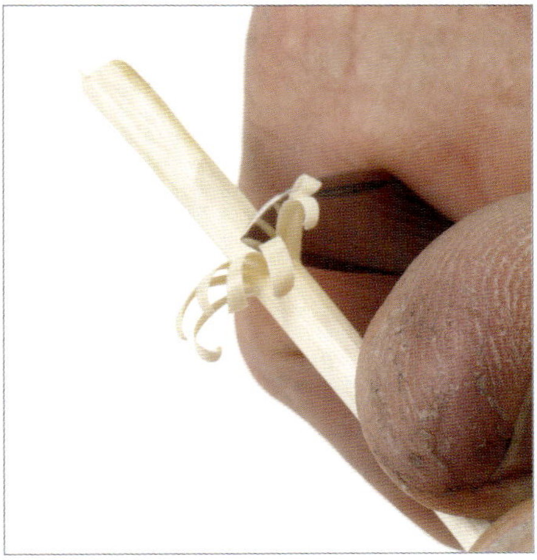

3 Drehen Sie den Zweig ein winziges Stück weiter und schnitzen Sie gleich daneben das nächste Blütenblatt. Schnitzen Sie rund um den Zweig weitere Blütenblätter. Beginnen Sie immer auf der gleichen Höhe, damit alle Späne gleich lang werden.

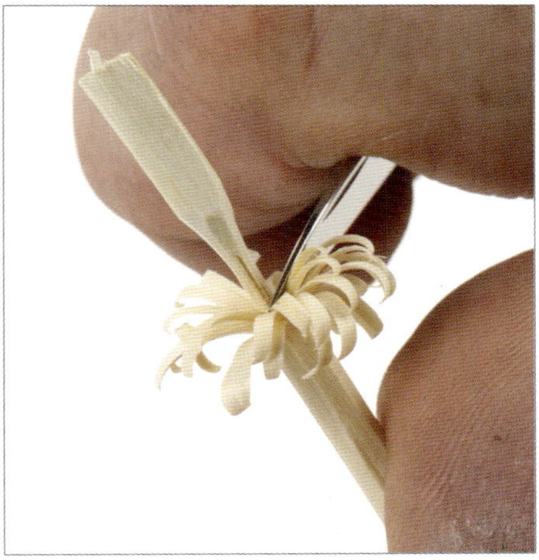

4 Schnitzen Sie eine weitere Lage, oder mehrere weitere Lagen, Blütenblätter. Ordnen Sie die jeweils nächste Lage immer versetzt an, setzen Sie also ein Blütenblatt auf die Lücke zwischen zwei darunterliegenden Blütenblättern.

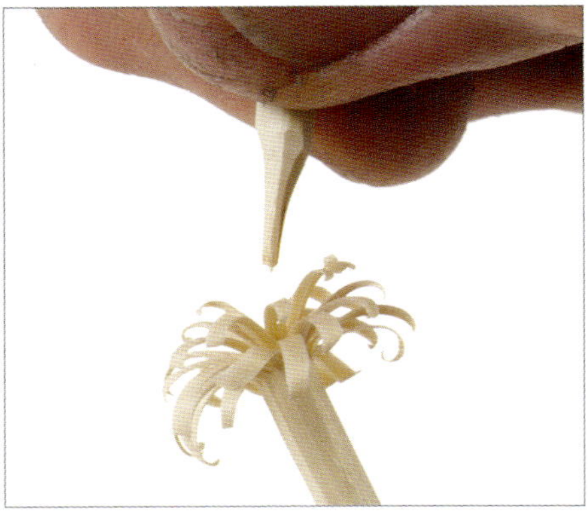

5 Brechen Sie den mittig stehengebliebenen dünnen Holzstab vorsichtig heraus.

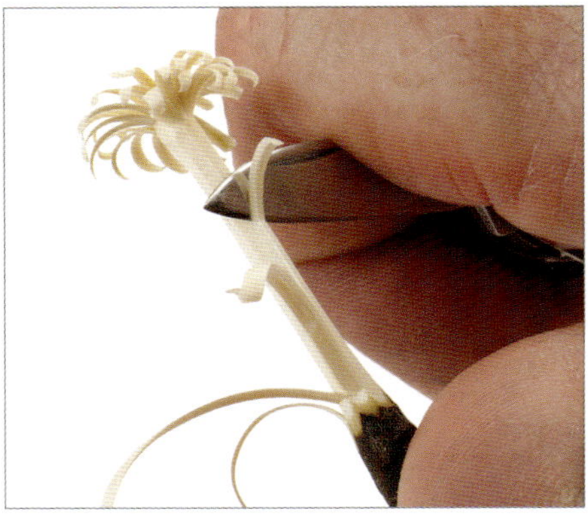

6 Schnitzen Sie den Stängel nach unten hin konisch zu, um die Proportionen im Verhältnis zur Größe der Blüte zu verbessern. (Wenn Sie den Stiel dick belassen, ist es eben keine Blume, sondern eine kleine Palme!)

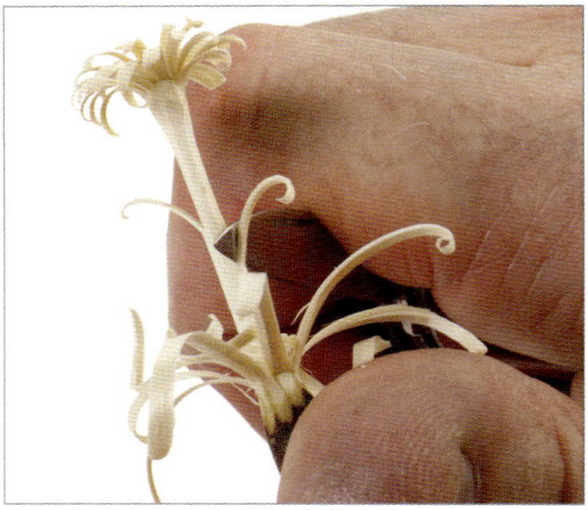

7 Schnitzen Sie weiter unten noch ein paar kleine Kräusellocken als Blätter.

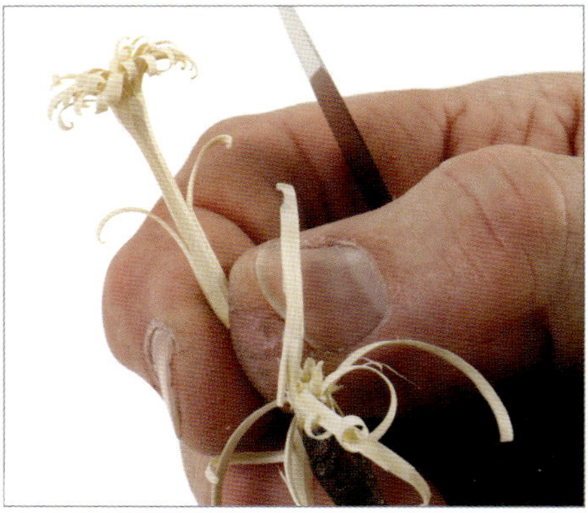

8 „Pflücken" Sie die Blume am unteren Ende des Stängels ab. Die Blütenblätter sind recht robust, scheuen Sie sich also nicht, sie zurechtzuzupfen und in Position zu bringen. Wenn Sie die Blume farbig gestalten möchten, überziehen Sie sie erst mit Cyanacrylat-Sekundenkleber. Wenn nicht, bohren Sie einfach ein kleines Loch in ein Stück Rinde o. ä. und „pflanzen" sie das Blümchen dort hinein.

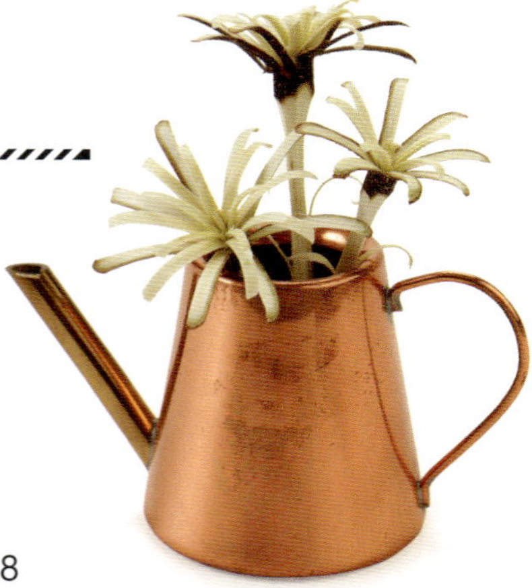

TIPP

Mancher Schnitzer belässt die Rinde am Zweig, das verleiht den äußeren Blütenblättern einen völlig anderen Charakter. Dazu sollte die Rinde allerdings gut festsitzen, damit sie nicht abfällt, wenn die Blume austrocknet.

BAUM

Die kleinen Bäume, die ich mache, erinnern ein wenig an die allseits bekannten und berühmten Spanbäume aus dem Erzgebirge, die ebenfalls komplett aus einem einzigen Stück Holz geschnitzt werden. Allerdings befinden sich bei den erzgebirgischen Spanbäumen die Ringe aus Spänen, die die Tannenzweige darstellen, auf jeweils derselben Höhe. Bei mir hingegen verläuft der Ansatz der Zweige in einer Spirale. Auch sind meine hier abgebildeten Bäumchen recht klein, bei den erzgebirgischen Holzschnitzern bekommt man freilich auch recht beeindruckend große, „ausgewachsene" Spanbäume.

Der im Folgenden dargestellte Baum ist zwar nur um die 5 cm groß, der dafür verwendete Ast ist jedoch erheblich länger gewesen. Das macht sich beim Schnitzen gut, weil man dann etwas zum Festhalten hat. Verwenden Sie einen geraden Ast oder Zweig ohne Knoten in dem Bereich, der zum Bäumchen werden soll (an dem Stück, das zum Festhalten dient, stören Knoten hingegen überhaupt nicht).

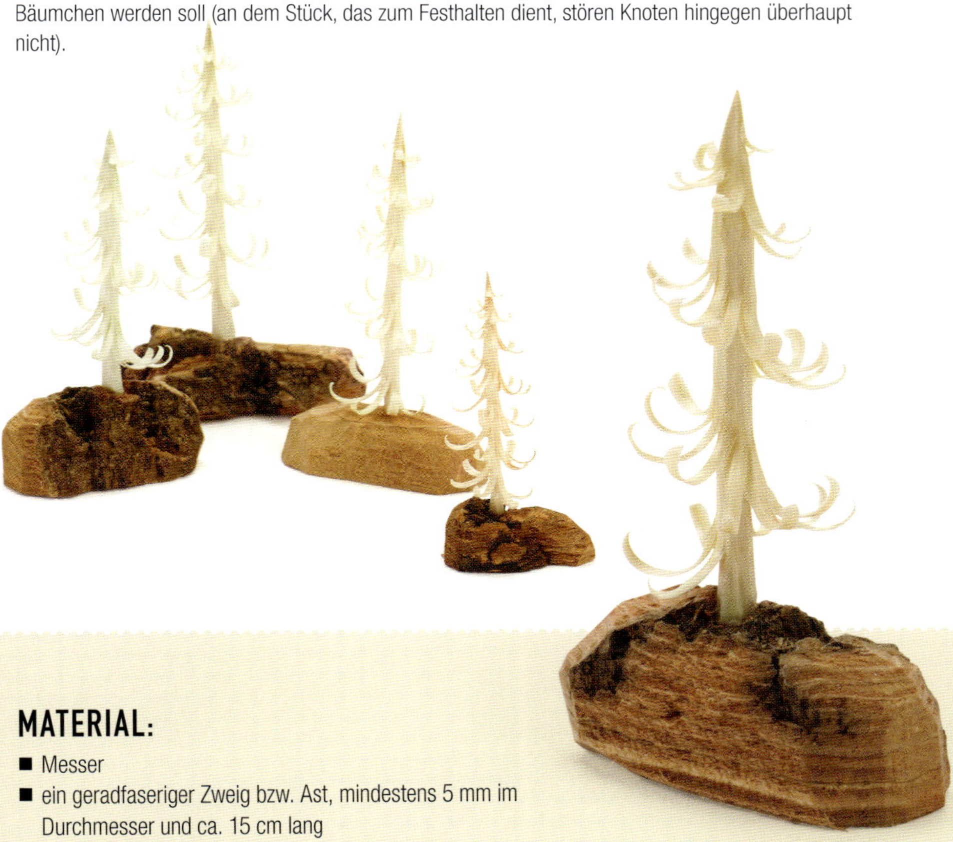

MATERIAL:

- Messer
- ein geradfaseriger Zweig bzw. Ast, mindestens 5 mm im Durchmesser und ca. 15 cm lang
- Sekundenkleber (flüssiger Cyanacrylat-Klebstoff)
- Polyurethan- oder anderer Klarlack (wenn gewünscht)

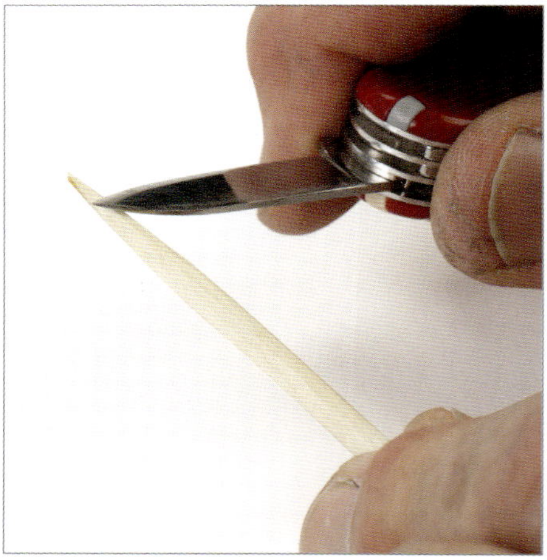

1 Entfernen Sie mit langen, geraden Schnitten die Rinde. Spitzen Sie dann ein Ende des Asts als Baumspitze zu – ungefähr so, als ob Sie auf altmodische Weise einen Bleistift anspitzen würden.

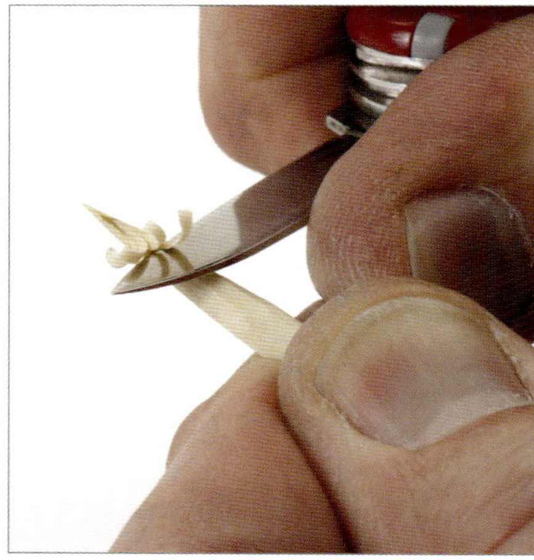

2 Stützen Sie den Daumen der Hand, die das Messer hält, auf den Fingern der Hand ab, die den Ast festhalten und schnitzen Sie mit sehr kleinen, kontrollierten Schnitten in Richtung Baumspitze, um die Späne, sprich Zweige, auszubilden.

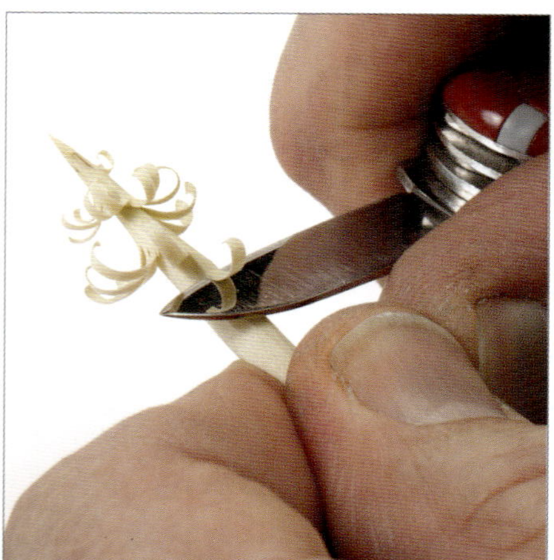

3 Drehen Sie den Ast für jeden neuen Zweig, also bei jedem neuen Kräuselspan, ein wenig weiter. Jeden neuen Span schnitzen Sie ein winziges Stückchen länger als den Vorherigen, so entsteht automatisch die Spirale, in der sich die Zweige den Baumstamm hinunterwinden und gleichzeitig auch die Kegelform des Tannenbaums.

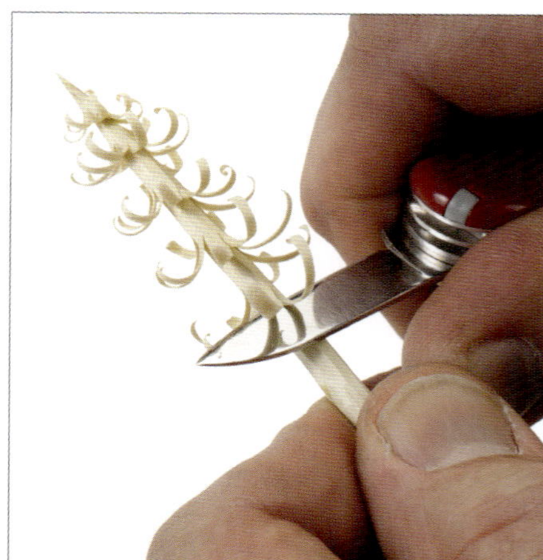

4 Stützen Sie auch weiterhin den Daumen der Messerhand auf der das Holz haltenden Hand ab. Das gibt Ihnen eine bessere Kontrolle über die Schnitte. Freihändig würde man bei solch einem Projekt leicht die Kontrolle verlieren und möglicherweise Kräuselspäne versehentlich ganz abtrennen.

Im kroatischen Vis hat ein Arzt seine Victorinox-Armbanduhr im Meer verloren. Zwei Monate später fand sie ein Taucher – sie ging noch immer. Aufgrund einer Gravur auf der Rückseite konnte er den Besitzer ausfindig machen und sie zurückgeben.

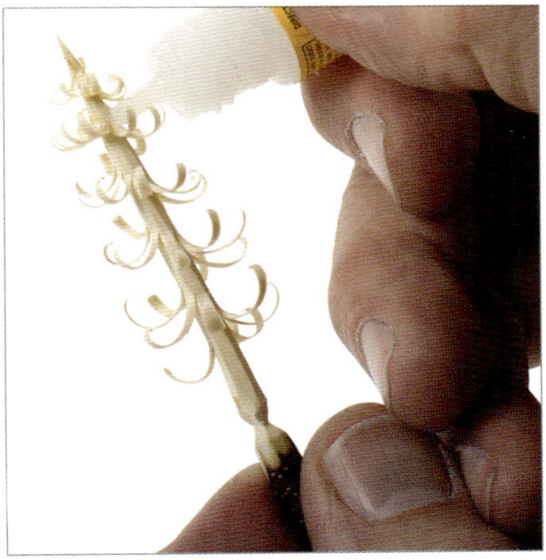

5 Tupfen Sie ein wenig flüssigen Cyanacrylat-Sekundenkleber auf die Zweigansätze. Der Kleber zieht ins Holz ein und verstärkt die Späne, sodass sie nicht allzu leicht brechen.

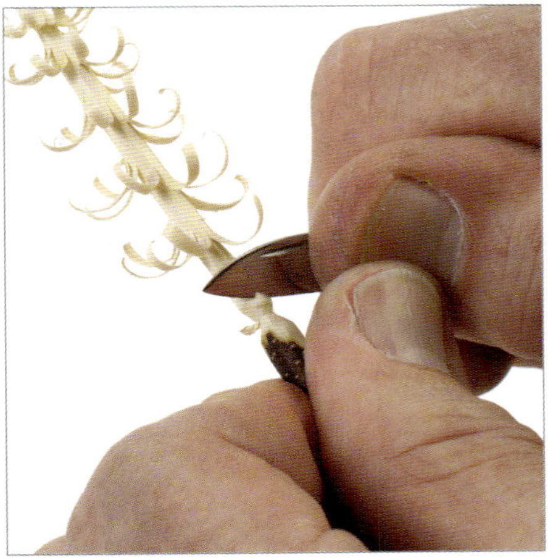

6 Fällen Sie den Baum! Ich schneide dazu rund um den Stamm eine Rille aus kleinen V-förmigen Kerben ein, danach lässt sich der Rest leicht durchtrennen.

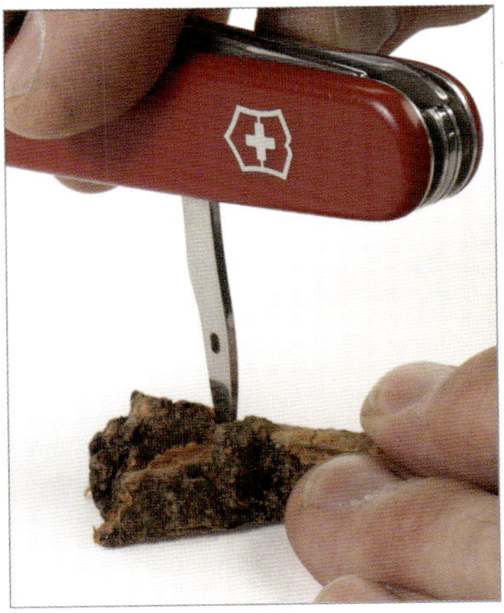

7 Nun „pflanze“ ich meine Bäumchen gerne in einem Stück Rinde ein. Mit der Spitze der Klinge oder der Ahle des Taschenmessers bohre ich dazu ein Loch in das Rindenstück.

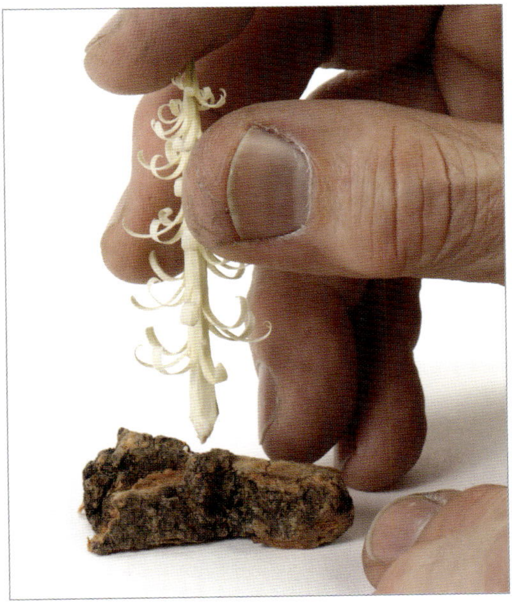

8 Kleben Sie den Baum in das Loch ein, achten Sie dabei darauf, dass er von allen Seiten her gerade steht.

HAHN

Die Mehrheit der von mir geschnitzten Geschöpfe sind Hähne aller Formen und Größen. Ich wurde schon oft gefragt: „Warum so viele Hähne?" Es gibt mehrere einfache und praktische Gründe, warum die Maskottchen meiner Ästeschnitzerei tatsächlich Hähne sind. Erstens war, abgesehen von einer Steinschleuder, das erste aus einer Astgabel geschnitzte Ding, das mir je unterkam, ein Gockel. Zweitens ist der Hahn vielleicht der einzige Vogel, der mit einem nicht nur prächtigen, sondern zudem auch noch nach oben gestreckten Schwanz herumläuft (Truthähne und Pfauen stolzieren zwar auch herum, aber deren prächtige Schwänze zeigen normalerweise nach unten). Drittens sind Hähne auf der ganzen Welt zu finden und es scheint, dass die Menschen sie überall mögen. Und letztens zeige ich immer wieder gerne, wie man Hähne schnitzt, weil man hier viele Grundtechniken des einfachen Schnitzens lernt, die man auch für andere Objekte benötigt. Wenn Sie erst die Techniken drauf haben und einen Hahn zustande bringen, ist es nicht schwer, sich an Reiher, Roadrunner und jede Menge anderer Kreaturen und Kreationen zu wagen. Daher also Hähne!

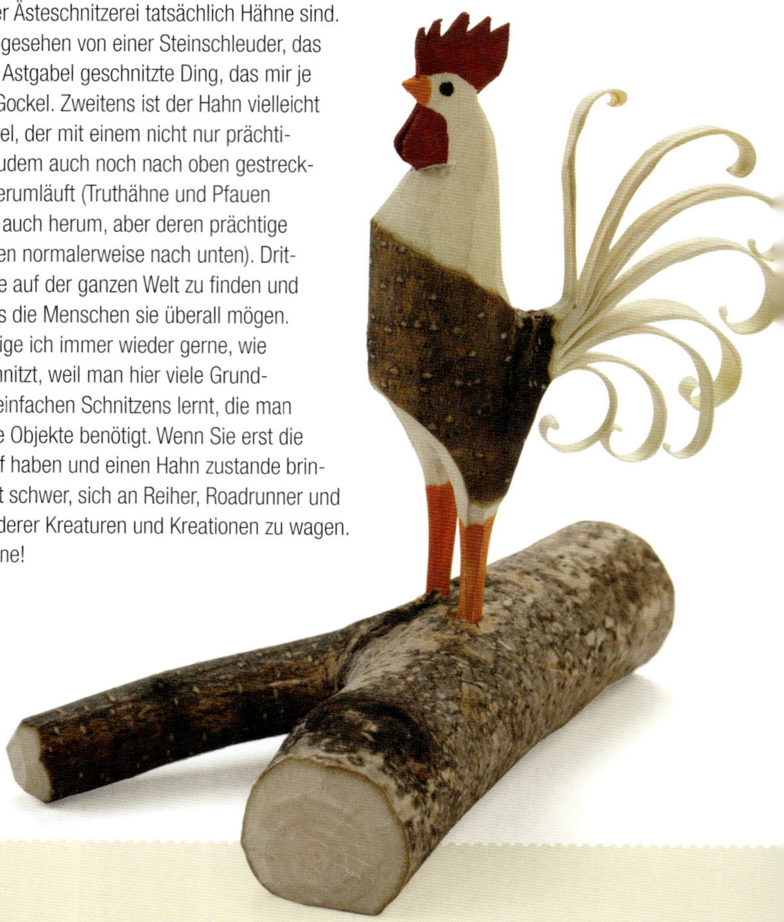

MATERIAL:

- Messer
- ein gegabelter Ast, der Hauptast (Kopf bis Fuß) ca. 6,5 cm lang und ca. 1,5 cm im Durchmesser, der Seitenast für den Schwanz ca. 10 cm lang und ca. 0,5 cm im Durchmesser
- Schleifpapier
- Öl- oder Acrylfarben, rot, gelb, schwarz
- Pinsel

1 Sie können Hähne in allen möglichen Größen schnitzen, wichtiger als die Maße sind bei der Auswahl des Astes aber die Proportionen.

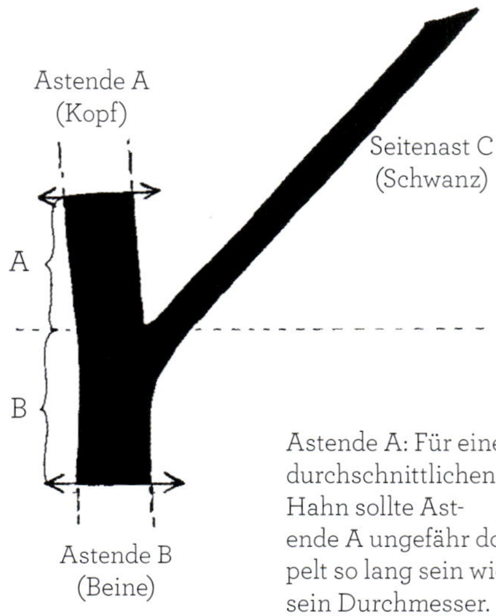

Astende A: Für einen durchschnittlichen Hahn sollte Astende A ungefähr doppelt so lang sein wie sein Durchmesser.

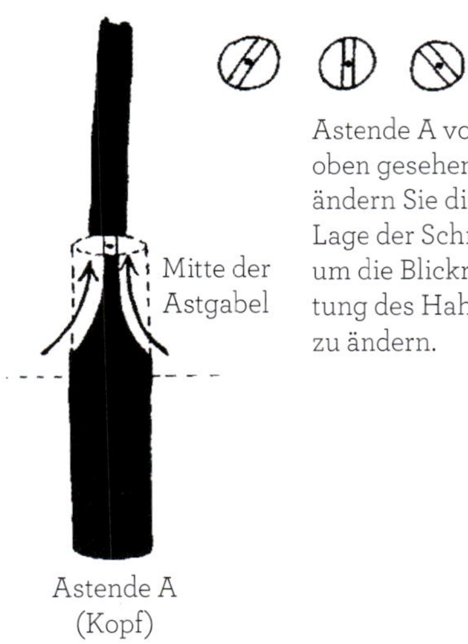

Astende A von oben gesehen. Verändern Sie die Lage der Schnitte um die Blickrichtung des Hahns zu ändern.

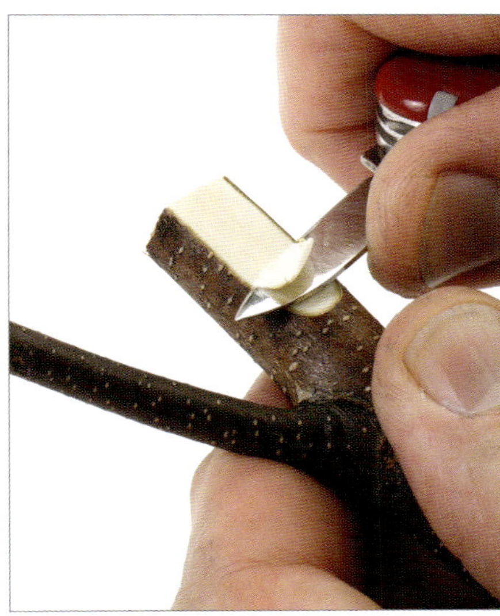

2 Verjüngen Sie die Seiten von Astende A, um den Kopf und den Hals des Hahns zu formen. Hören Sie auf, bevor Sie das Mark erreichen – das gilt für beide Seiten.

In Indonesien hat einem Mann sein Schweizer Taschenmesser das Leben gerettet, als er an einer Fischgräte zu ersticken drohte. Er nahm kurzerhand die in seinem Messer integrierte Zange und zog sich die Gräte selbst aus dem Hals.

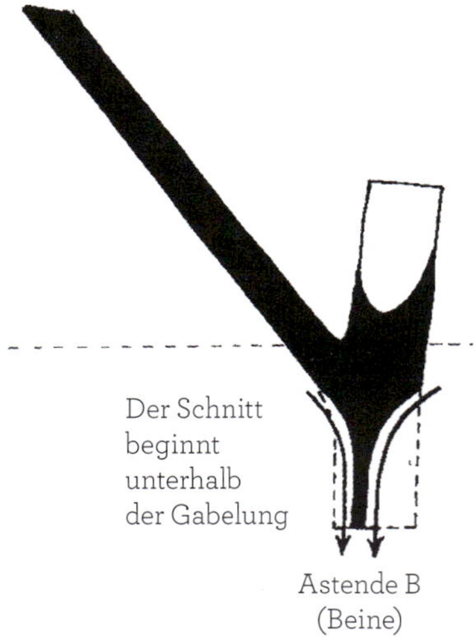

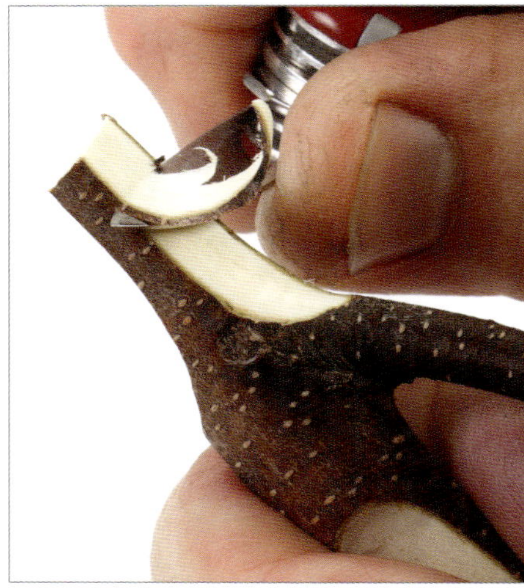

3 Drehen Sie den Ast um 90 Grad. Verjüngen Sie Vorder- und Rückseite von Astende B für die Beine. Schnitzen Sie an der Vorderseite über das Mark hinaus, nehmen Sie hier also mehr Holz weg als auf der Rückseite. So erhält der Hahn eine geschwellte Brust.

4 Entfernen Sie mit langen, gleichmäßigen Schnitten die Rinde von allen Astenden, nur am Rumpf trägt der Hahn ein „Wams" aus natürlich gewachsener Rinde. Soll es ein weißer Hahn werden, dann entfernen Sie auch hier die Rinde.

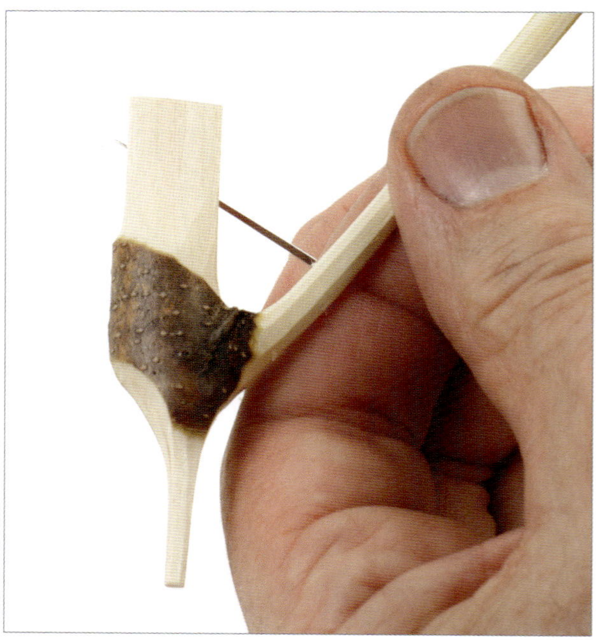

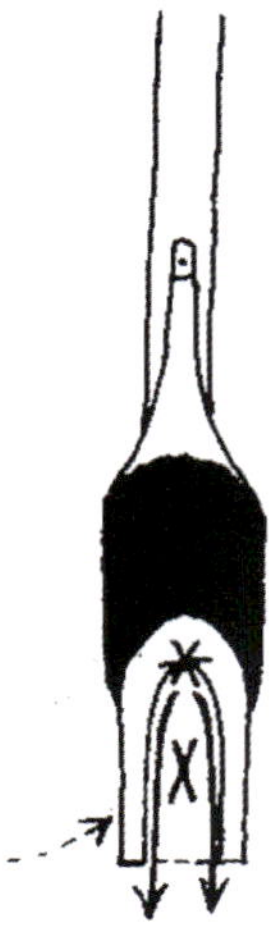

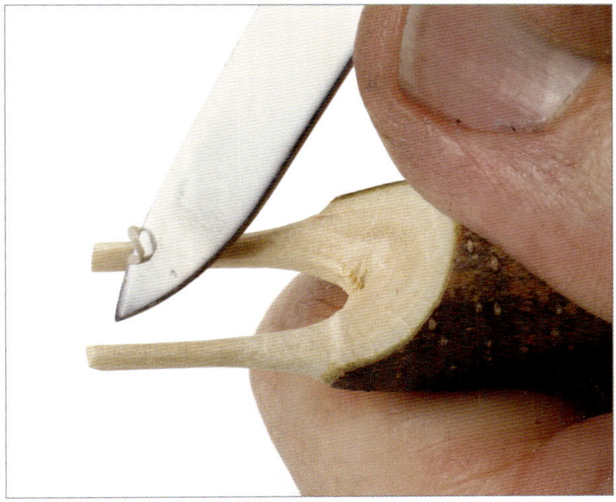

5 Beginnend in der Mitte von Astende B schneiden Sie zwei Bögen nach unten und vom Körper des Hahns weg, um die Beine auszuformen, ähnlich den Zinken einer Gabel (genauere Anleitung siehe S. 37). Runden Sie die Beine beim Ausformen ab.

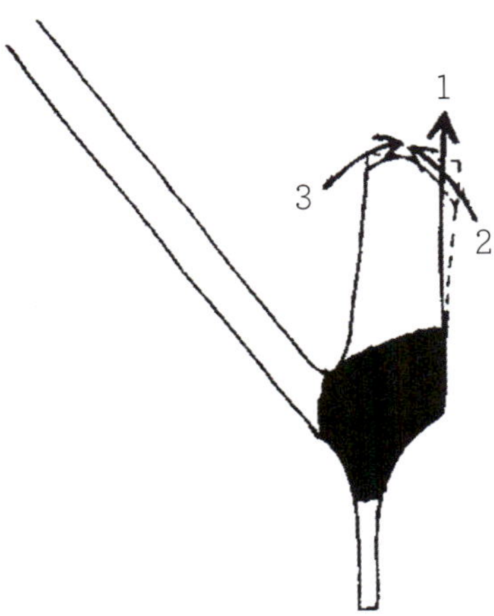

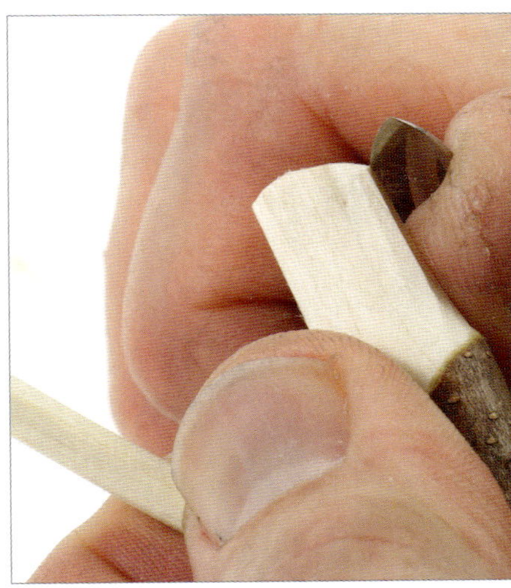

6 Formen Sie den Kopf mit drei einzelnen Schnitten aus. Schnitt 1: Entfernen Sie ein klein wenig Holz an der Vorderseite von Astende A. Schnitt 2: Schneiden Sie eine leichte Rundung von der Vorderseite zur oberen Mitte. Schnitt 3: Schneiden Sie eine Rundung von der Rückseite des Kopfes zur oberen Mitte. Schnitt 2 sollte etwas tiefer ansetzen, da der Winkel etwas steiler ausfallen soll als bei Schnitt 3.

1997 rettete sich ein Fischer, der sich in einem Garnelennetz verfangen hatte, vorm Ertrinken, indem er mit seinem Schweizer Taschenmesser das Tau kappte.

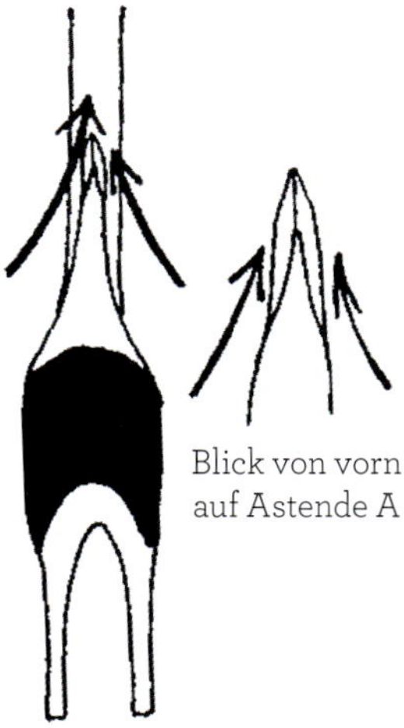

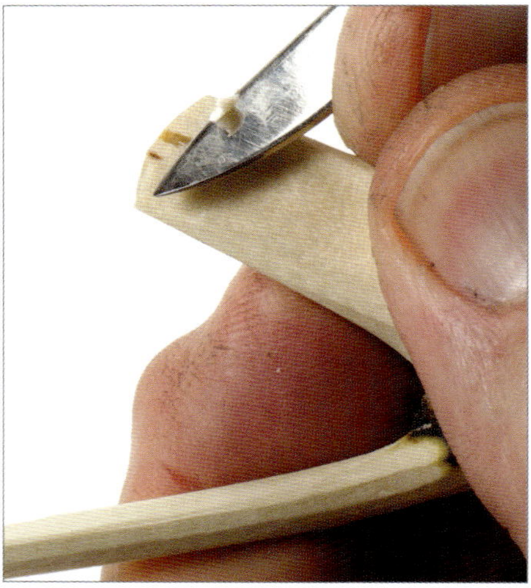

7 Schneiden Sie die Seiten am oberen Astende A konisch zu einem scharfen Grat zu, dies wird der Hahnenkamm.

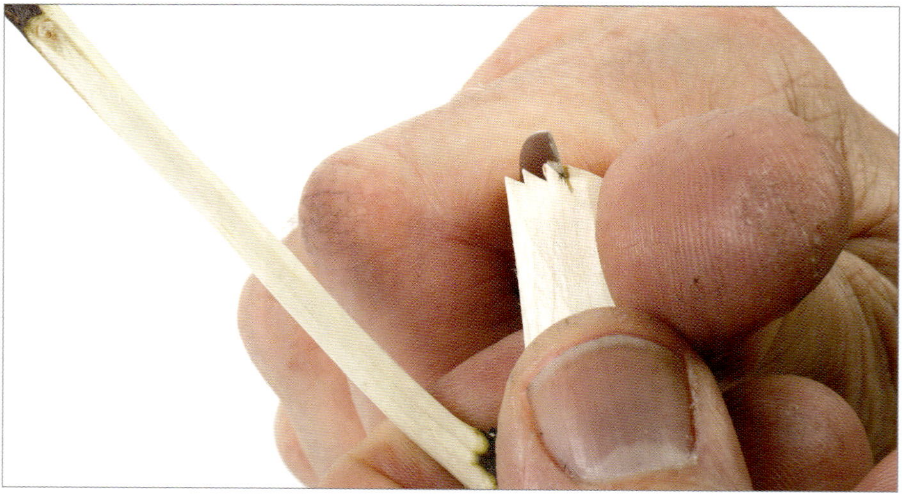

8 Formen Sie den Kamm aus, indem Sie eine Reihe winziger V-förmiger Kerben hineinschneiden. Beginnen Sie mit einem Schnitt im Winkel von 45 Grad, es folgt ein Schnitt im Winkel von 90 Grad und schon löst sich ein dreieckiger Holzschnipsel.

BEMERKUNG ZUM SCHNITZEN DES HAHNS

Halten Sie besonders bei den Schritten 9, 10 und 12 die einzelnen Schnitte sehr klein, machen Sie immer erst Schnitt 1, dann Schnitt 2 und wiederholen Sie das so oft wie nötig, um die gewünschte Form zu erreichen. Es ist besser, viele kleine, flache Schnitte zu machen, als mit einem Mal zu tief ins Holz zu schneiden und am Ende gar etwas abzuschneiden, was gar nicht abgeschnitten werden sollte.

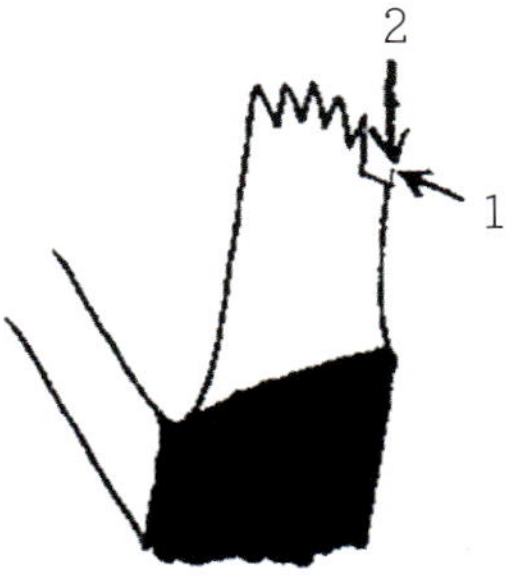

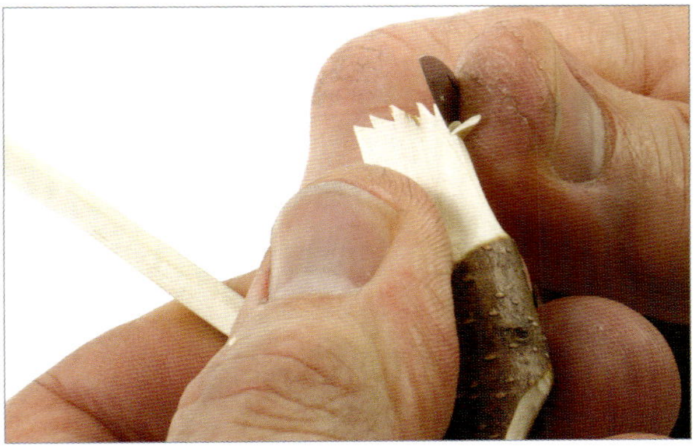

9 Formen Sie die Vorderseite des Hahnenkamms und die Oberseite des Schnabels aus, indem Sie Schnitt 1 und 2 wie in der Skizze setzen. Für Schnitt 1 bewegen Sie das Holz unter der Schneide entlang, bis es Ihnen entgegenkommt, anstatt das Messer mit Macht ins Holz zu treiben – so haben Sie mehr Kontrolle über den Schnitt. Führen Sie Schnitt 2 sehr vorsichtig aus, um nicht versehentlich den Schnabel mit abzuschneiden.

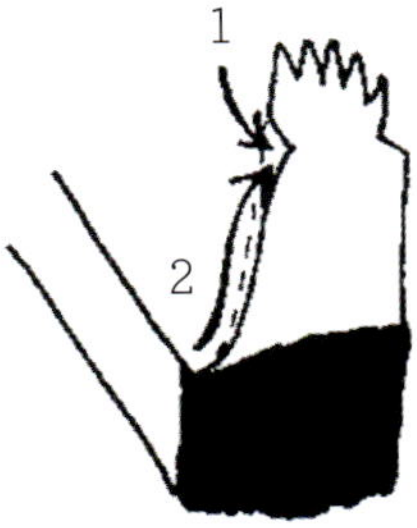

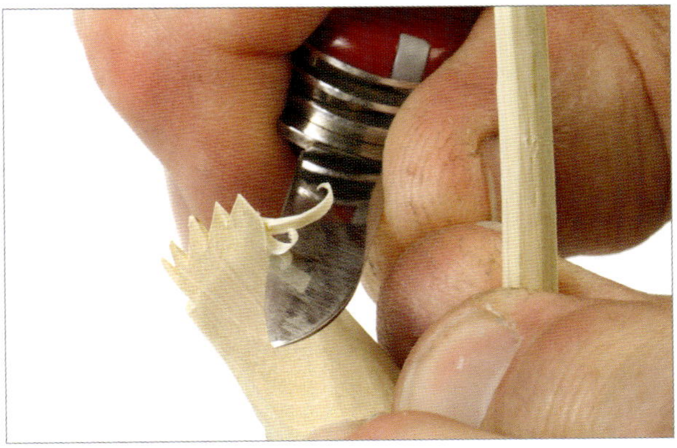

10 Führen Sie die zwei in der Skizze gekennzeichneten Schnitte aus, um die Rückseite von Hals und Hahnenkamm auszuformen. Beherzigen Sie bitte die Bemerkung oben, bevor Sie loslegen.

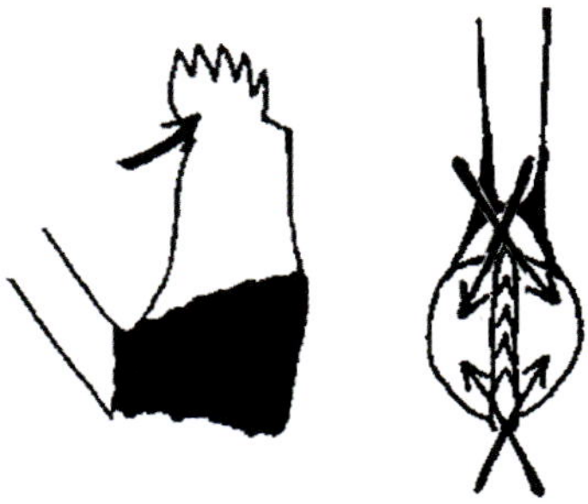

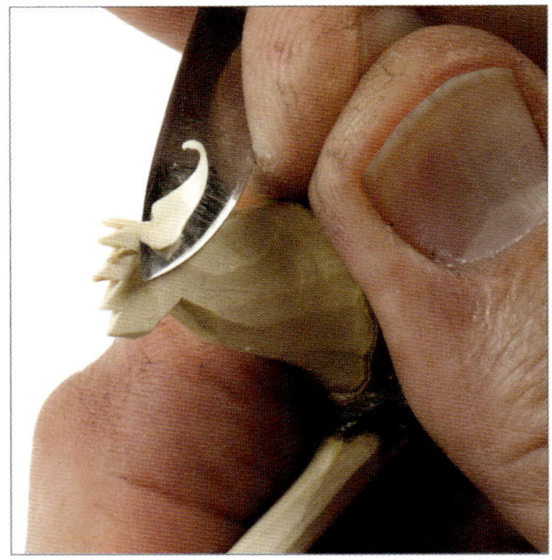

11 Verjüngen Sie die Seiten, sodass die Rückseite des Kamms und der Schnabel schön spitz zulaufen.

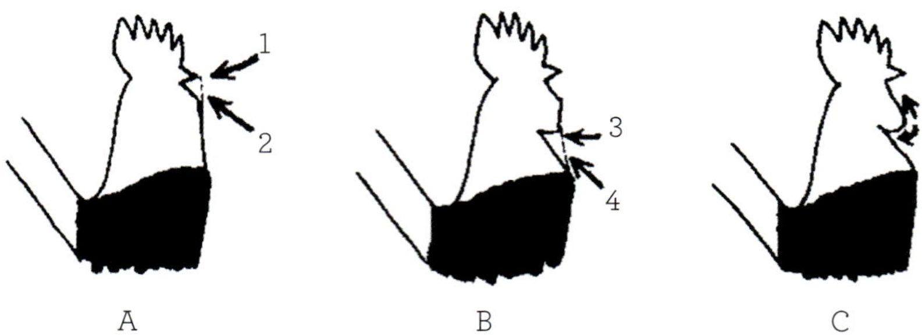

12 Schneiden Sie je eine V-förmige Kerbe zuerst unterhalb des Schnabels (A) und dann unterhalb der Kehllappen ein. Dann runden Sie die Kehllappen ab und glätten den Hals (C).

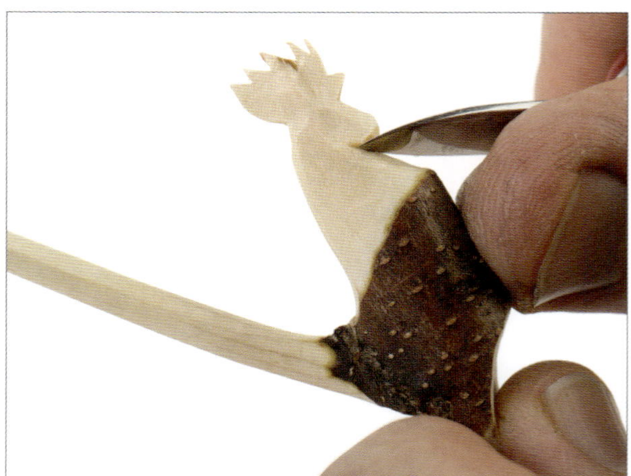

Die Römer des ersten Jahrhunderts schufen das erste klappbare Taschenmesser, das aber immer weniger Anklang fand, als Messer mit Messerscheiden in Mode kamen. Das Taschenmesser wurde im 16. Jahrhundert erneut populär, besonders in den Kolonien auf dem amerikanischen Kontinent.

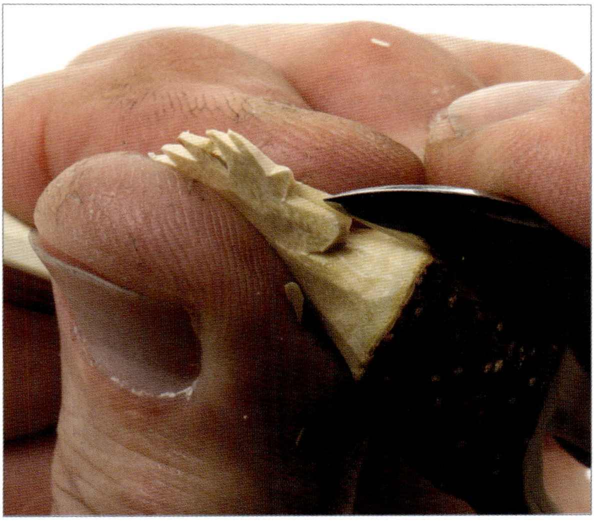

13 Trennen Sie die beiden Kehllappen durch einen winzigen V-förmigen Schnitt mit der Messerspitze.

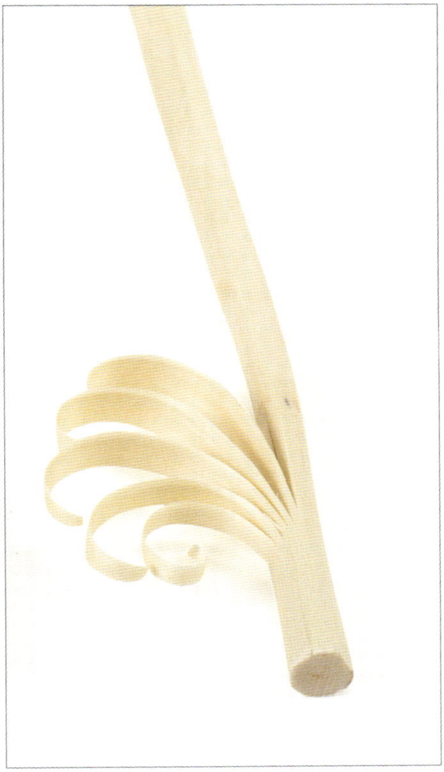

14 Nun sind wir bereit für den Schwanz. Doch vorher sollten Sie an einem anderen Ast, der dieselbe Größe hat wie der, aus dem der Schwanz entstehen soll, üben. Sichern Sie das Ende des Asts, indem Sie es auf einer rutschfesten Oberfläche an Ihrem Knie festbinden (zur Platzierung des Werkstückes auf dem Knie siehe S. 109).
Bilden Sie mit kurzen Schneidbewegungen dünne Spanlocken (siehe S. 84). Diese Holzstreifen sollten zwar so dünn wie möglich geraten, aber nicht abgetrennt werden. Sollten Sie Grünholz für Ihren Hahn verwenden, lassen Sie es erst ein wenig trocknen und probieren Sie an dem Übungsast aus, ob das Holz schon trocken genug ist.

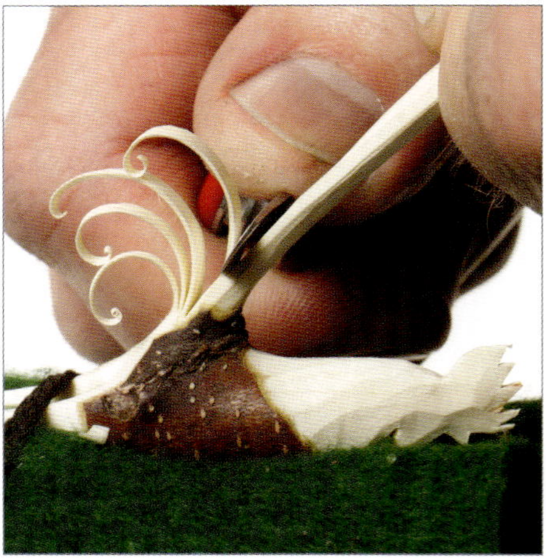

15 Nun, da Sie geübt haben, können Sie sich mit eben dieser Methode an den Hahn wagen. Vergessen Sie nicht: kurze, vorwärtsweisende Schneidbewegungen! Man braucht mitunter durchaus sieben oder acht einzelne Schnitte, um bis zum unteren Ansatz einer einzelnen Kräuselspan-Schwanzfeder vorzudringen. „Schälen" Sie die Späne bis nach unten, also bis zum Ansatz des Seitenastes, der jetzt zum Schwanz wird.

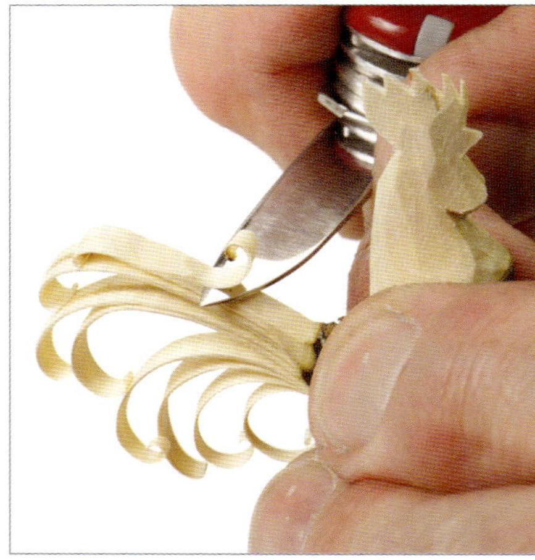

16 Wenn Sie die letzte Schwanzfeder (die oberste) fertig haben, verdünnen Sie diese ein wenig, indem Sie von unten nach oben schneidend ein wenig Holz abtragen.

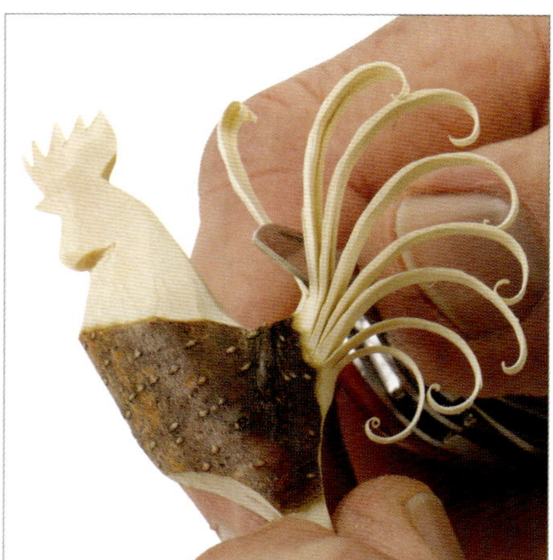

17 Mit der Klingenseite des kleinen Messers fächern Sie die Federn etwas auf und drücken diese vorsichtig an die gewünschte Position.

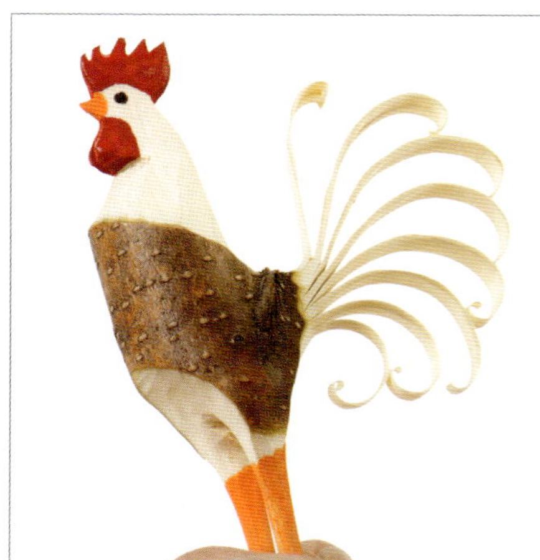

18 Malen Sie den Hahn mit roter, gelber und schwarzer Acrylfarbe an. Zuerst das Gelb und dann erst das Rot, denn so können Sie kleine Fehler noch übermalen. Die Augen werden schwarz angemalt. Probieren Sie auch, den Hahn dabei verkehrt herum zu halten, die Ränder gelingen so mitunter besser.

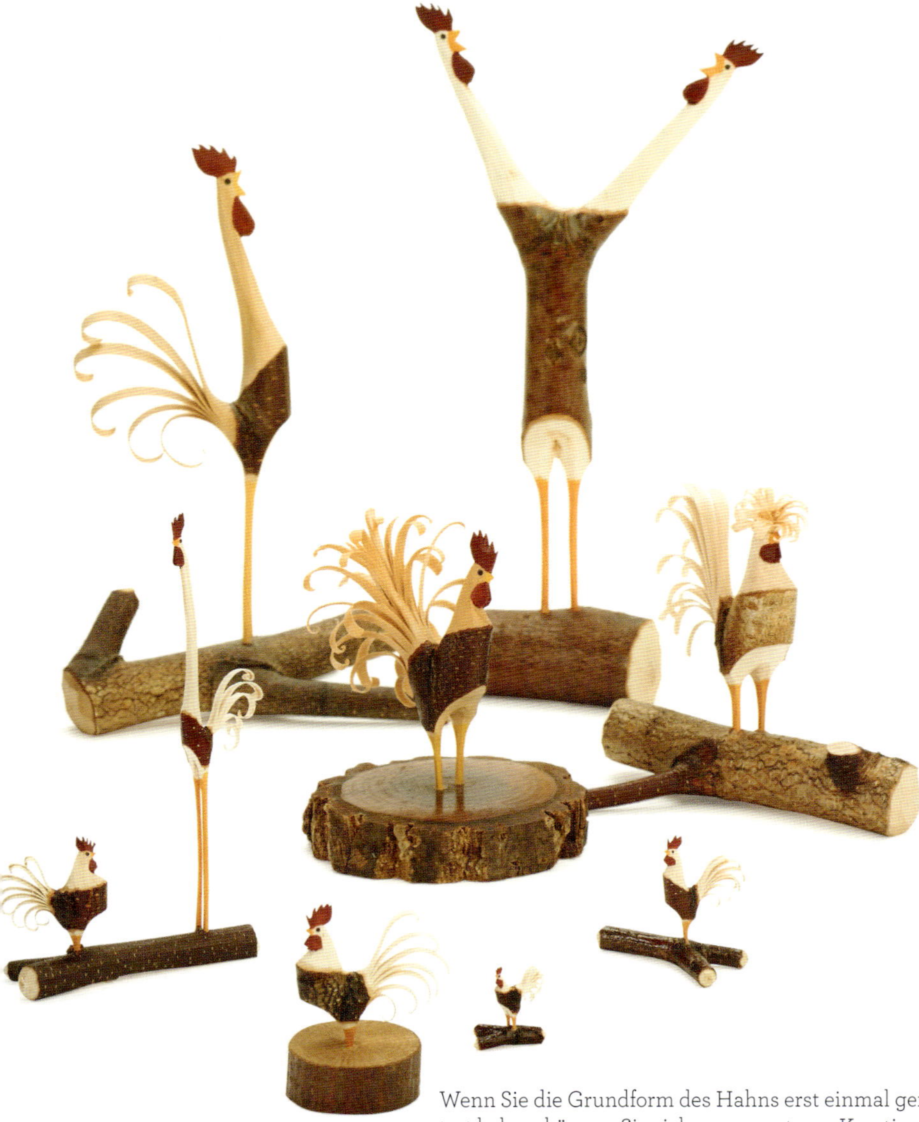

Wenn Sie die Grundform des Hahns erst einmal gemeistert haben, können Sie sich an gewagteren Kreationen austoben. Ich habe große, kleine, dürre und sogar Hähne mit zwei Köpfen geschnitzt. Spielen Sie mit den Spanlocken-Federn: verwegene Schwänze oder Federbüschel an unerwarteten Stellen – lassen Sie Ihrer Fantasie freien Lauf.

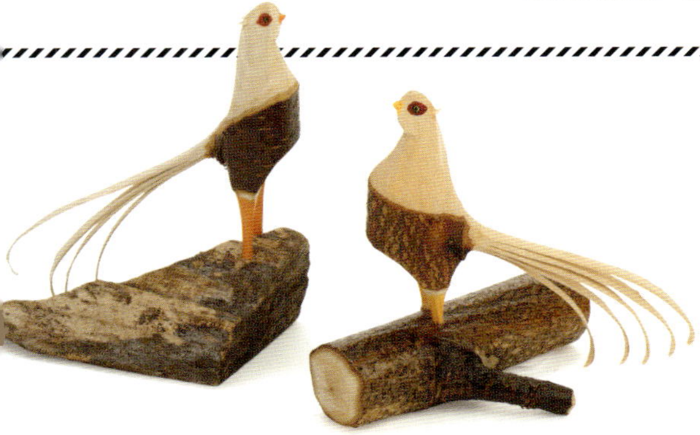

FASAN

Um einen Fasan zu schnitzen, stellen Sie einen für einen Hahn geeigneten Ast einfach auf den Kopf. Am Kopf lassen Sie den Kamm und die Kehllappen weg. Schnitzen Sie die Schwanzfedern, solange das Holz noch nicht trocken ist, ein Fasan hat viel geradere Schwanzfedern als ein Hahn.

HENNE

Die Schnitttechniken, die man für eine Henne braucht, sind dieselben wie beim Hahn, aber einige Unterschiede gibt es.

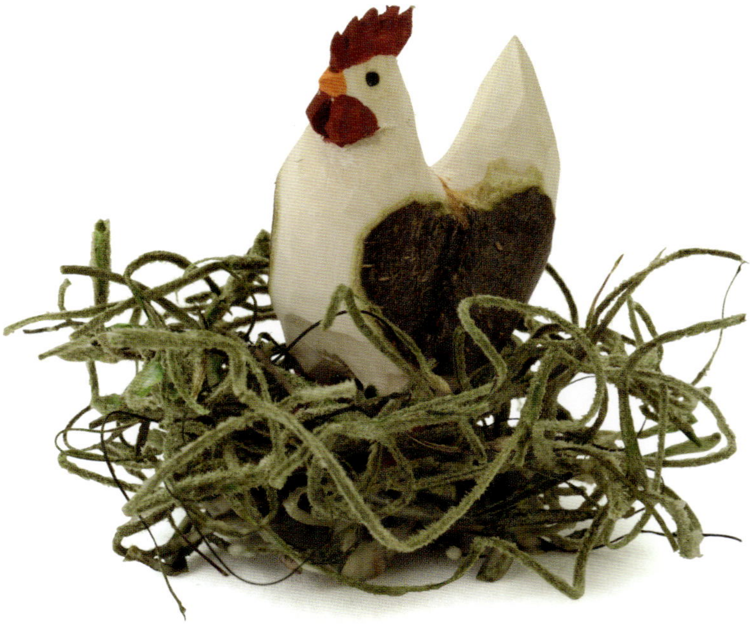

HÜHNERNEST

Schnitzen Sie eine Henne ohne Beine, den Bauch flachen Sie leicht zu einer Standfläche ab. Geben Sie einen größeren Tropfen Holzleim auf eine Unterlage und streuen Sie ein paar Schnitzspäne, Sägespäne oder getrocknetes Gras darauf. Geben Sie einen kleinen Tropfen Leim an den Bauch der Henne und setzen Sie sie ins Nest.

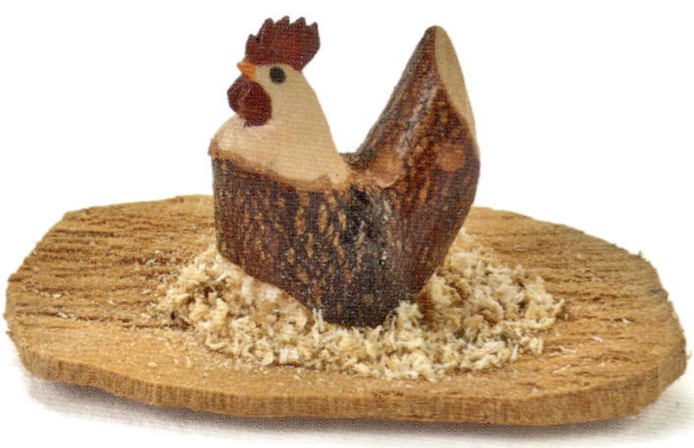

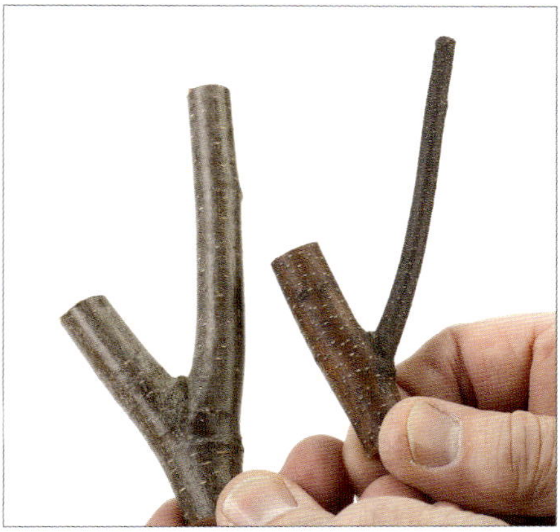

Anders als beim Hahn benötigen Sie einen gegabelten Ast, dessen Seitenäste dieselbe Stärke haben. Auf dem Foto oben sehen Sie den Unterschied zwischen einem Ast für einen Hahn (rechts) und dem für eine Henne (links). Ich verwende hier eine Astgabel, deren Seitenäste einen Durchmesser von 12 mm haben.

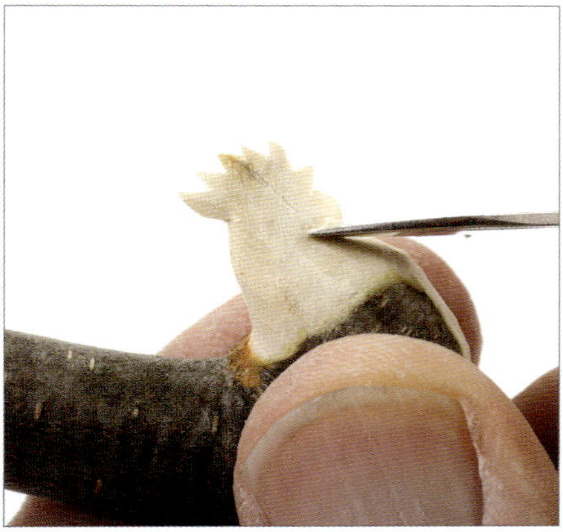

Kamm und Kehllappen unterscheiden sich von denen des Hahns, der Kamm ist kürzer und die Kehllappen sind kleiner.

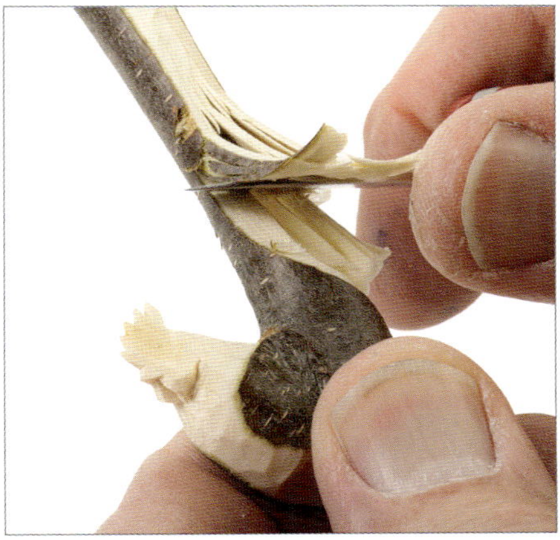

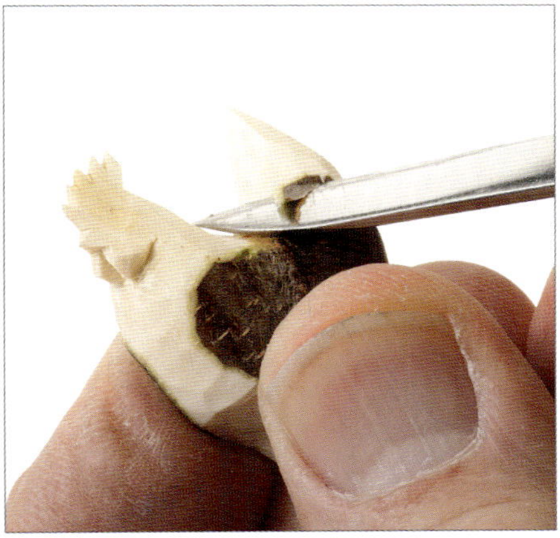

Anders als der Hahn mit seinen ausladend-rundlichen Schwanzfedern ist der Schwanz der Henne kurz und endet in einer geschnitzten Spitze. Dazu entrinden Sie den zum Schwanz bestimmten Seitenast von der Rückseite der Beine hinauf bis zum Schwanz. Schnitzen Sie die Seiten des Schwanzes konisch zu und flachen Sie die Rückseite ab. Arbeiten Sie sich von drei Seiten entlang dem Seitenast vor, ehe sie ihn abschneiden. Spitzen Sie den Schwanz zu.

Taschenmesser gehörten zu den unabdingbaren Werkzeugen, die amerikanische Soldaten durch die Jahrhunderte bei sich trugen – selbst George Washington hatte immer eins dabei.

KÜKEN

Erweitern Sie Ihr Federvieh zur Familie und machen Sie noch ein paar Küken. Aus einem mehrfach gegabelten Zweig können Sie gleich eine ganze Kükenschar schnitzen. Die Vorder- und Seitenansicht des Kükens in der Skizze (rechts) geben Ihnen eine Vorstellung, wie Sie zu Werke gehen können.

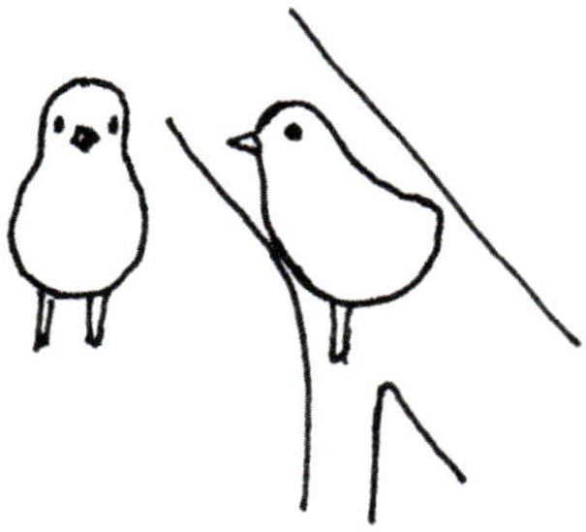

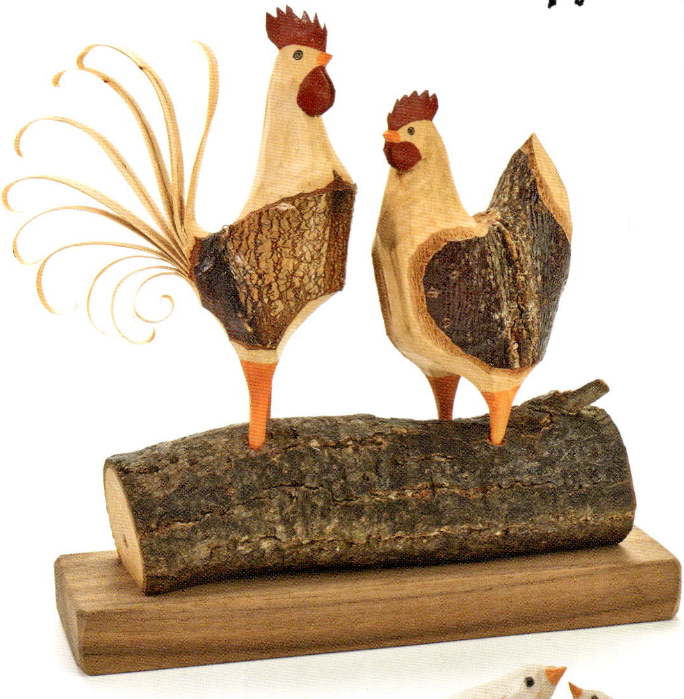

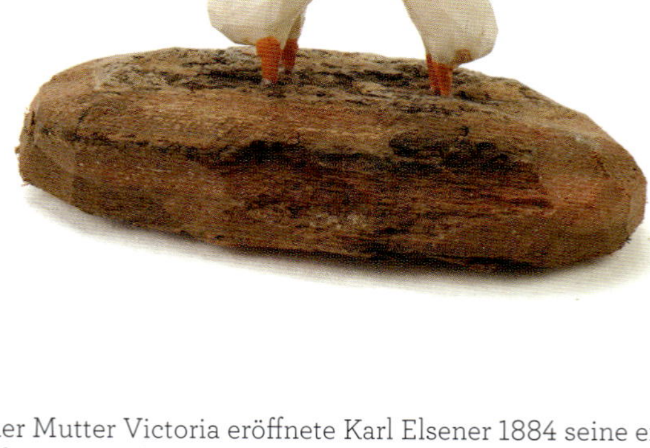

Unterstützt von seiner Mutter Victoria eröffnete Karl Elsener 1884 seine erste Messerschmiedewerkstatt im schweizerischen Ibach-Schwyz.

SOCKEL, STÄNDER UND UNTERGRÜNDE FÜR VÖGEL UND ANDERE TIERE

Die Art des Ständers und das Drumherum geben einer soeben geschnitzten Figur ein Ambiente und sorgen für das gewisse Etwas. Die Möglichkeiten sind vielfältig und nahezu grenzenlos. Astlöcher, knochige Baumrinde, verwitterte Baumstümpfe, Holzscheite, holzige Teile von Kletterpflanzen oder Weinreben ... jeder Sockel ist anders, dient einem anderen Zweck oder versetzt den Hahn oder das geschnitzte Tier in eine andere Umgebung. Über die Jahre habe ich nicht schlecht gestaunt, was sich die Leute alles ausgedacht haben, um ihre Schnitzereien zu drapieren und entsprechend zu präsentieren.

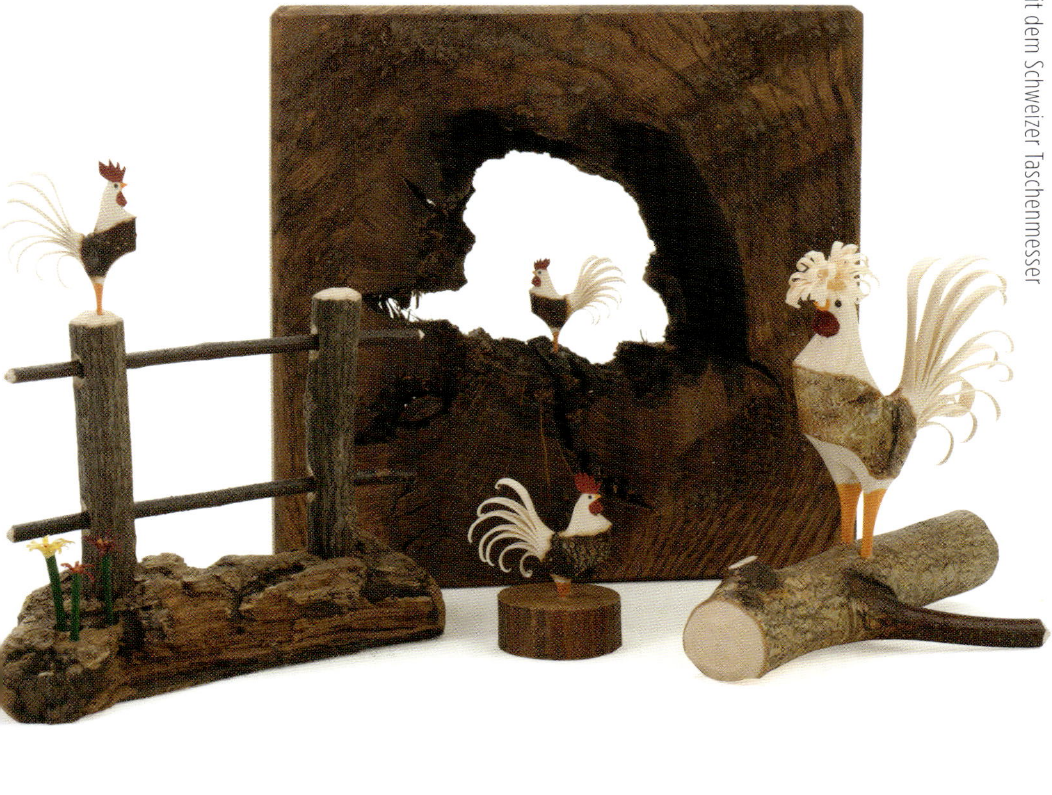

REIHER

Ich nenne diesen Vogel zwar Reiher, aber eigentlich handelt es sich einfach nur um einen ganz normalen Schreitvogel mit langen Beinen und einer schlanken, hochgewachsenen Statur. Ob es nun ein Graureiher, ein Silberreiher oder vielleicht auch ein Storch ist, muss jeder für sich entscheiden. Um Reiher zu schnitzen, braucht man lange, geradfaserige gegabelte Äste, möglichst ohne Knoten, die man beim Schnitzen auf den Kopf stellt.

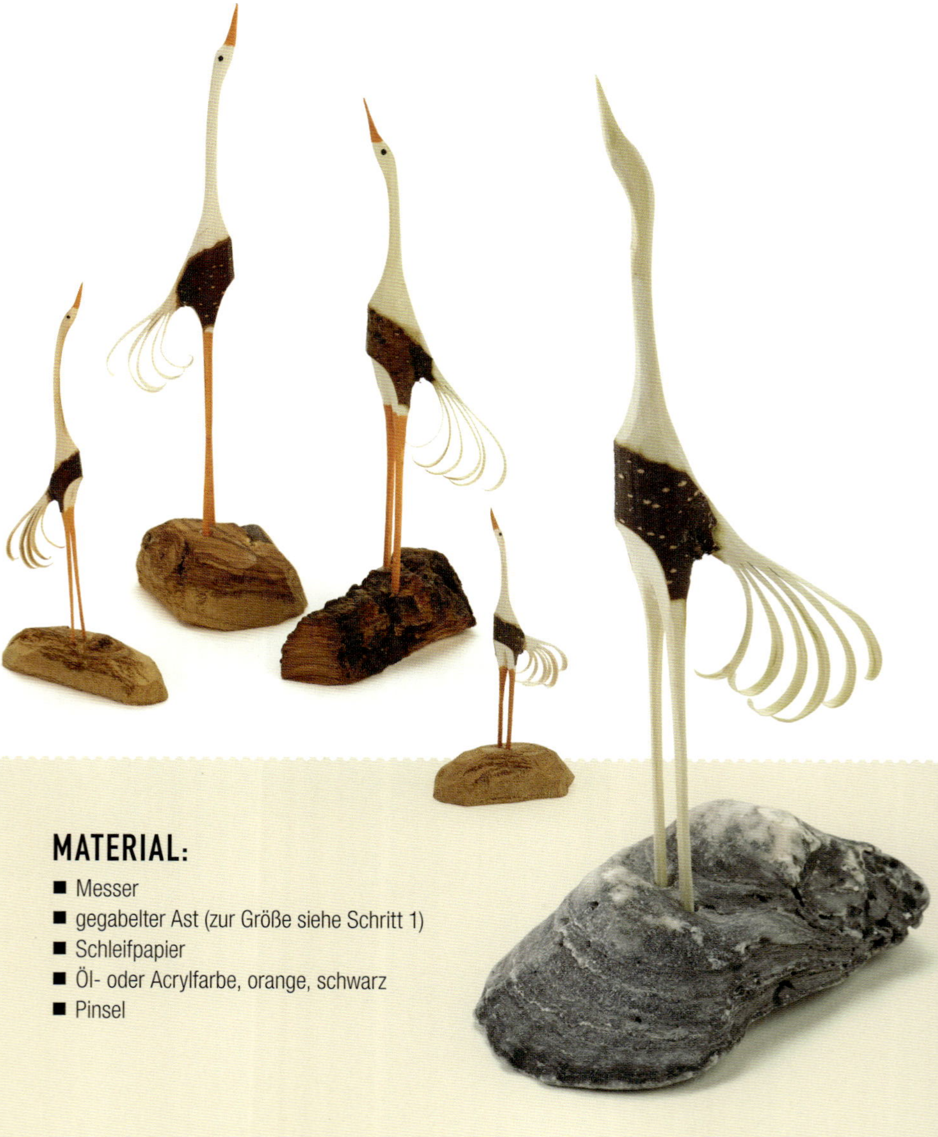

MATERIAL:

- Messer
- gegabelter Ast (zur Größe siehe Schritt 1)
- Schleifpapier
- Öl- oder Acrylfarbe, orange, schwarz
- Pinsel

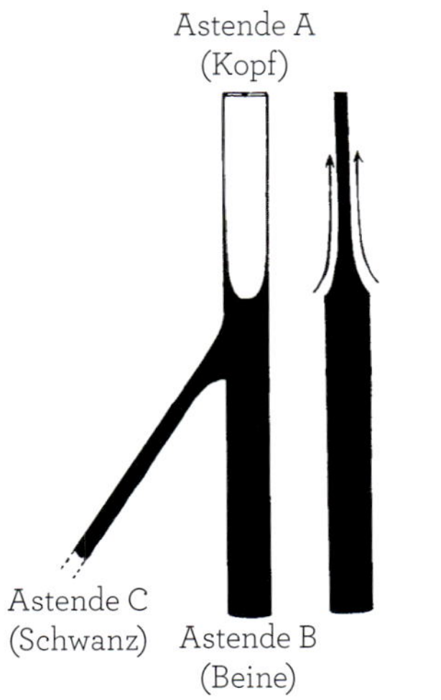

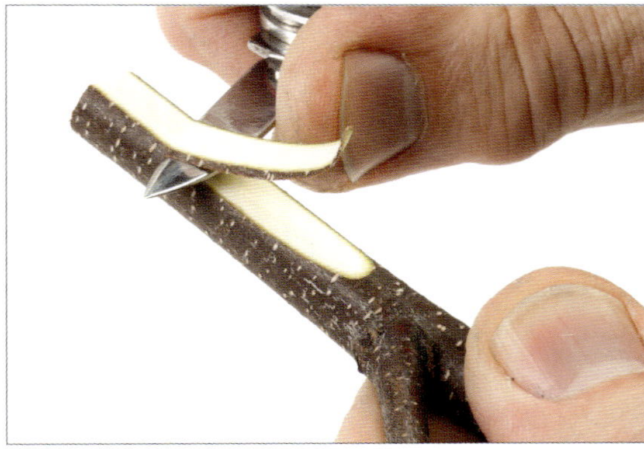

1 Schneiden Sie den Ast auf die gewünschte Größe zu. In meinem Beispiel misst der Hauptast, aus dem Kopf und Beine werden, ca. 1 cm im Durchmesser und ca. 10 cm in der Länge. Der Seitenast, aus dem der Schwanz wird, misst 0,5 cm im Durchmesser, die Länge spielt keine Rolle, aber der Ansatz sollte in etwa in der Mitte des Hauptastes liegen. Schneiden Sie die Seiten von Astende A für Kopf und Hals im Ansatz konisch zu. Soll der Reiher ein „Wams" aus natürlich gewachsener Rinde bekommen, setzen Sie die Schnitte nicht zu tief an. Auch ein komplett weißer Reiher ganz ohne Rinde ist hübsch.

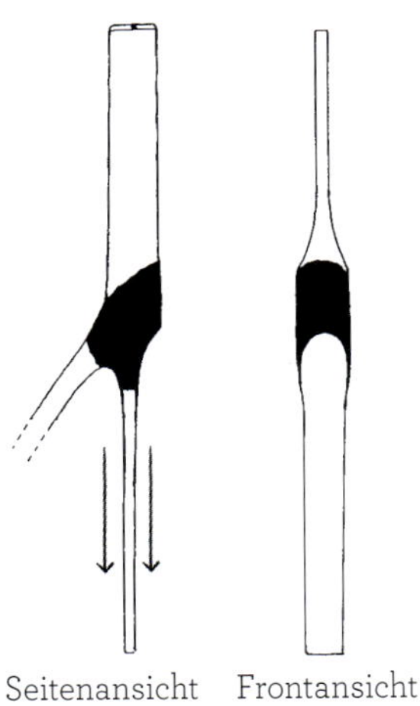

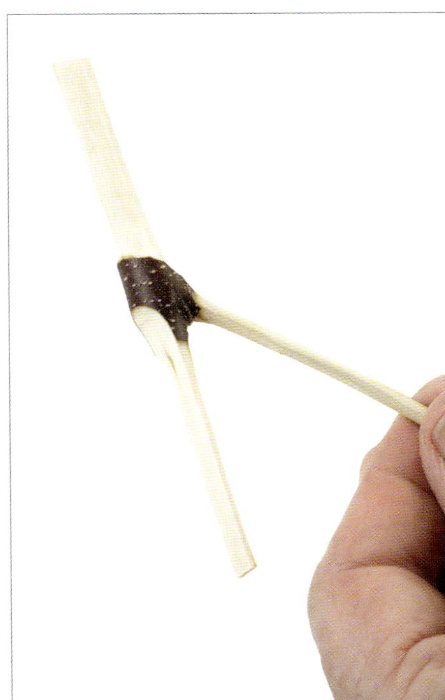

2 Drehen Sie den Ast um 90 Grad und schneiden Sie Astende B für die Beine ebenfalls im Ansatz konisch zu. Tragen Sie an der Vorderseite mehr ab als an der Hinterseite. Stutzen Sie die Rinde am Ansatz von Beinen, Rumpf und Schwanz zurecht und lassen sie soviel stehen, dass der Vogel ein natürliches „Wams" aus Rinde trägt. Schnitzen Sie an den Außenseiten der Beine zusammen mit der Rinde auch gleich etwas Holz weg.

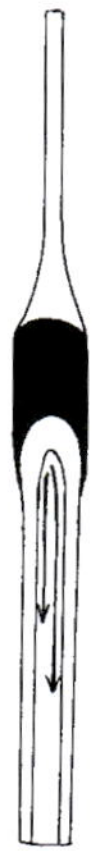

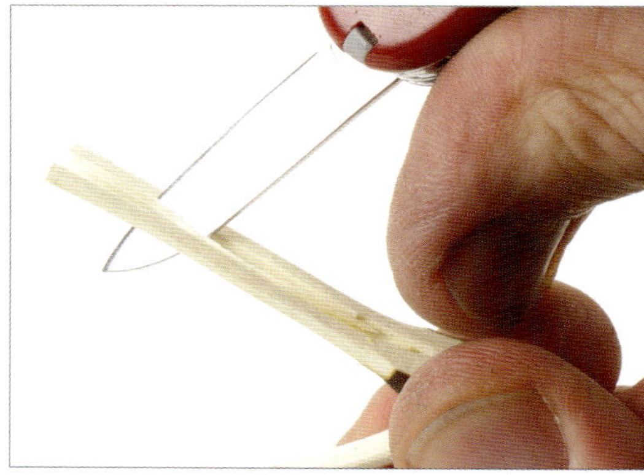

3 Denken Sie sich die Beine des Reihers wie eine lange Gabel (siehe S. 37). Um die Beine zu separieren, beginnen Sie oben am Beinansatz und schneiden in Richtung Füße. Diese Schnitte sollten von vorn und von hinten aus erfolgen. Runden Sie die dünnen Beine sehr vorsichtig ab. Arbeiten Sie langsam. Nichts ist ärgerlicher, als wenn Sie abrutschen, die Klinge schräg durchs Holz fährt und ein Bein abtrennt.

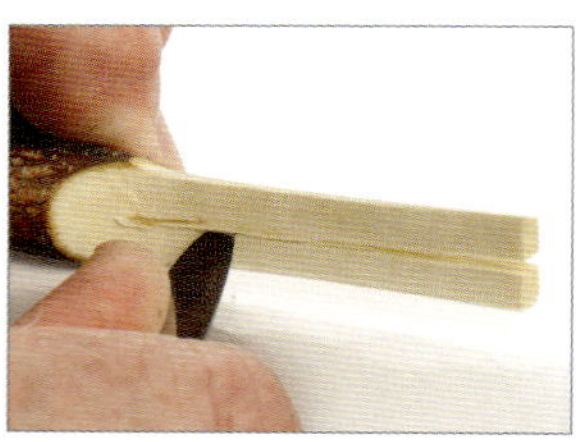

TIPP

Um ein versehentliches Abrutschen und damit eine unfreiwillige Beinamputation zu vermeiden, stützen Sie das Messer an der Tischkante ab. Legen Sie den Reiher der Länge nach auf die Seite und gleiten Sie mit dem Holz an der Klinge entlang. Sobald der erste Schnitt gelungen ist, wird es erheblich einfacher, die Beine immer dünner zu schnitzen.

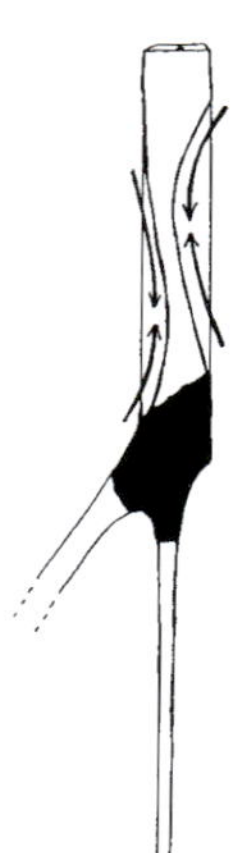

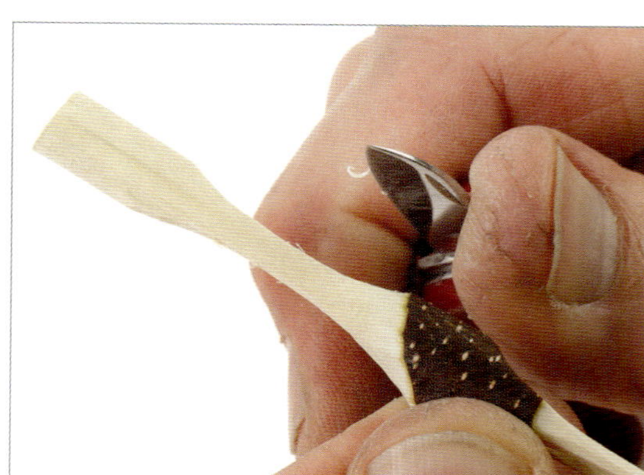

4 Formen Sie den Hals des Reihers aus. Folgen Sie den Pfeilen in der Skizze, die die Schnittrichtung andeuten. Wenn Sie die Richtung des Faserverlaufs nicht beachten, kann es passieren, dass Sie mehr Holz als geplant wegschneiden.

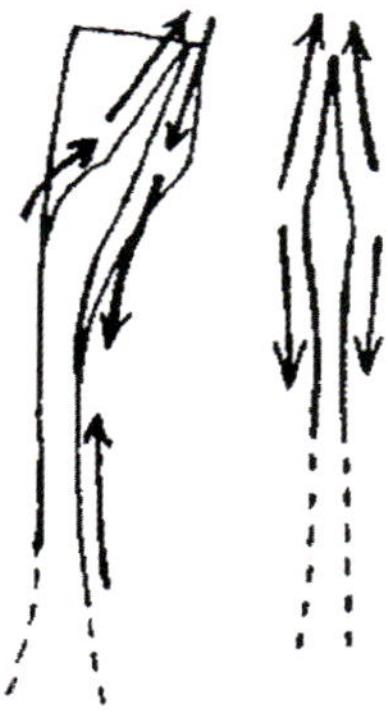

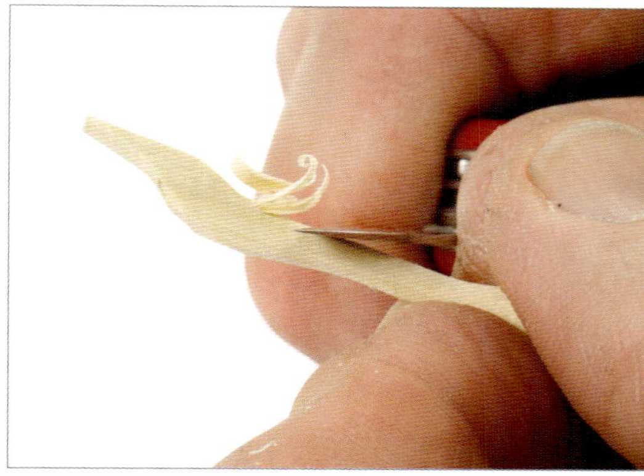

5 Formen Sie Kopf und Schnabel aus. Achten Sie auch hier genau auf die Richtung von Schnitten und Fasern. Wenn Sie die Faserrichtung nicht richtig erwischen, kann Ihnen leicht der Schnabel oder gar ein Großteil des Kopfes abhandenkommen.

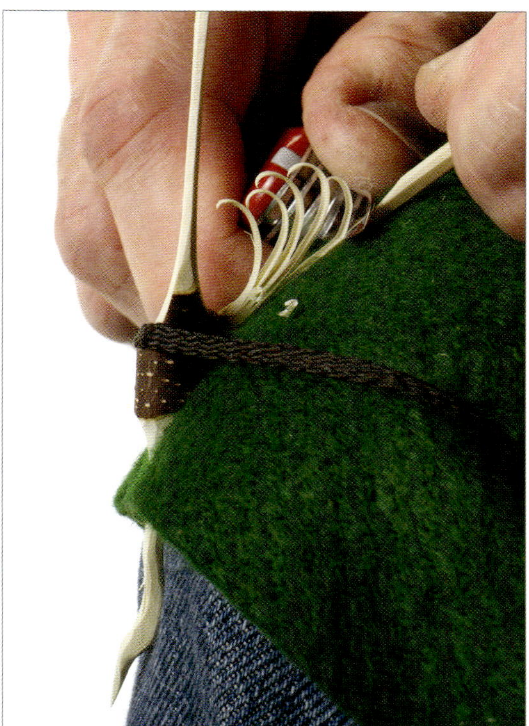

6 Schnitzen Sie nun den Schwanz des Reihers. Platzieren Sie den Reiher ganz am Rand Ihres Knies. Wenn Kopf und Hals nach unten hängen, wird beim Schnitzen der Kräuselspäne nicht so viel Druck auf diese Teile ausgeübt. Heben Sie die Späne mit kurzen Schnitten ab wie beim Hahn, beginnen Sie mit der kürzesten Feder (die der Hinterseite der Beine am nächsten liegt).

7 Nachdem Sie den Seitenast zu einem schönen Gefieder aufgefächert haben, müssen Sie die letzte Feder ein wenig dünner schnitzen. Schneiden Sie vom Körper des Reihers weg zur Federspitze hin. Dann drücken Sie die Federn vorsichtig etwas auseinander und drapieren sie wie gewünscht.

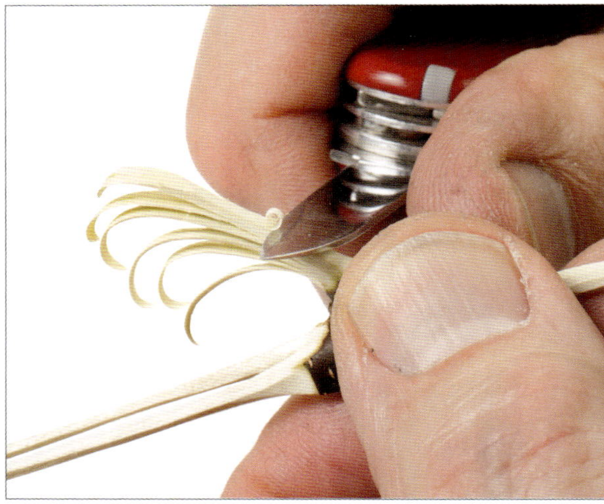

8 Runden und glätten Sie Kopf, Schnabel, Hals und Beine des Reihers. Das geht einfacher, wenn das Holz nach dem Schnitzen getrocknet und etwas härter geworden ist. Hier können Sie ein winziges Stück feinen Schleifpapiers verwenden oder auch leicht mit der Messerklinge über diese Teile schaben, achten Sie aber darauf, die Holzfasern nicht aufzurichten. Bemalen Sie Schnabel, Beine und Augen.

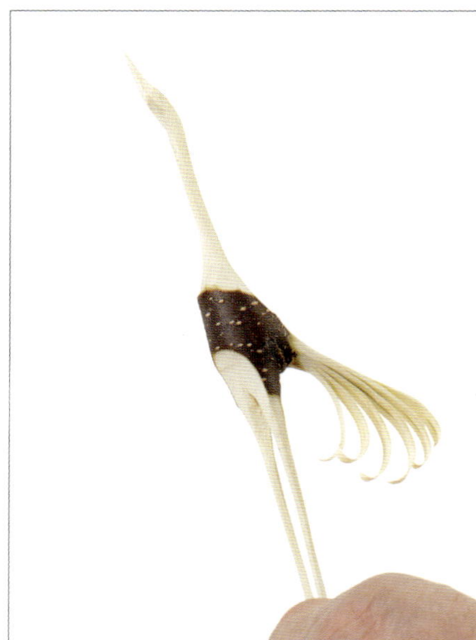

1891 belieferten Karl Elsener und seine Berufskollegen die Schweizer Armee zum ersten Mal mit Soldatenmessern.

ROADRUNNER

Ich möchte zwar bezweifeln, dass uns ein echter, reinrassiger Wegekuckuck des amerikanischen Südwestens, jemals beipflichten würde, wenn wir sagen, er ähnele dem Wesen, dem wir uns als nächstes Schnitzobjekt zuwenden wollen – aber vielleicht erkennt ja der kleine Kerl, der mit seinen langen Beinen raketenschnell durch Trickfilme flitzt und auf jede erdenkliche Weise von einem gewissen Kojoten durch die Wüste gejagt wird, hierin einen Cousin.

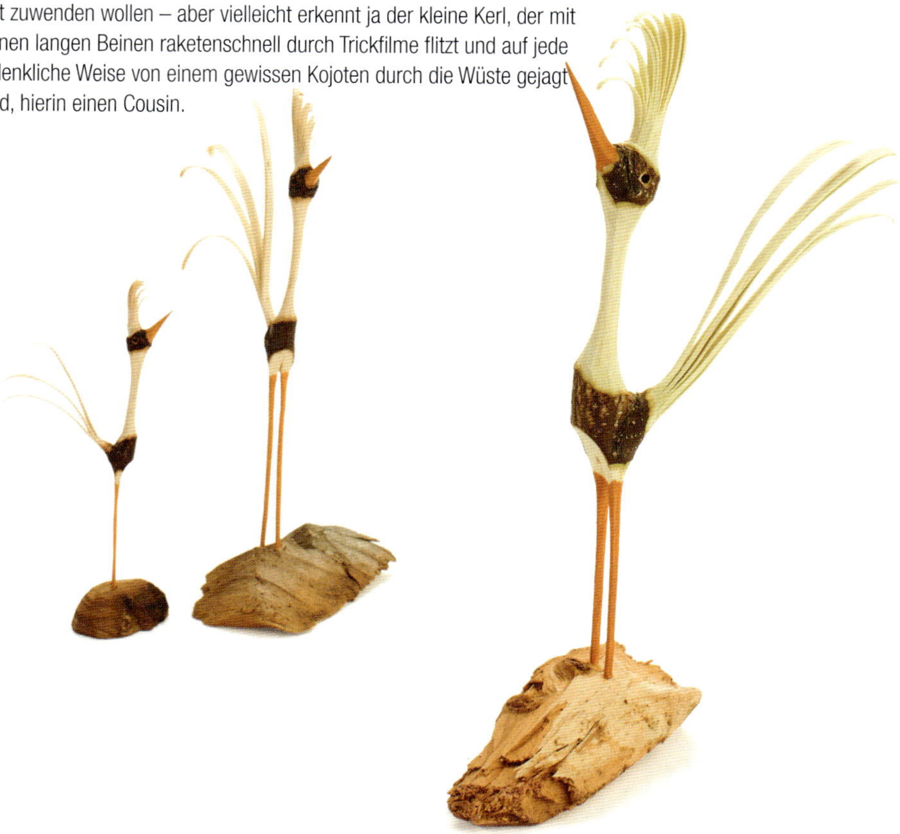

MATERIAL:

- Messer
- zweifach gegabelter Ast (zur Größe siehe Schritt 1)
- Schleifpapier
- Öl- oder Acrylfarbe, orange, schwarz
- Pinsel

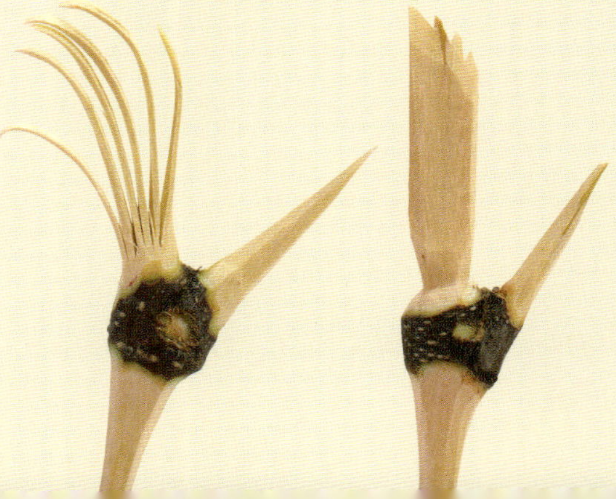

1 Für den Roadrunner brauchen wir einen Ast mit zwei Seitenästen, die an unterschiedlichen Stellen aus dem Hauptast gewachsen sind. Hier ist es besonders wichtig, dass die Äste C (Schwanz), B (Beine) und A (Hals) lang, gerade gewachsen und ohne Knoten oder Astansätze sind. Ast E (Schnabel) braucht dagegen nicht hundertprozentig gerade zu sein. Dieser Teil darf auch zur einen oder anderen Seite oder sogar nach hinten zeigen. Bei meinem Beispiel ist der Hauptast ca. 16 cm lang und ca. 1,3 cm im Durchmesser. Der Seitenast für den Schwanz ist ca. 14 cm lang.

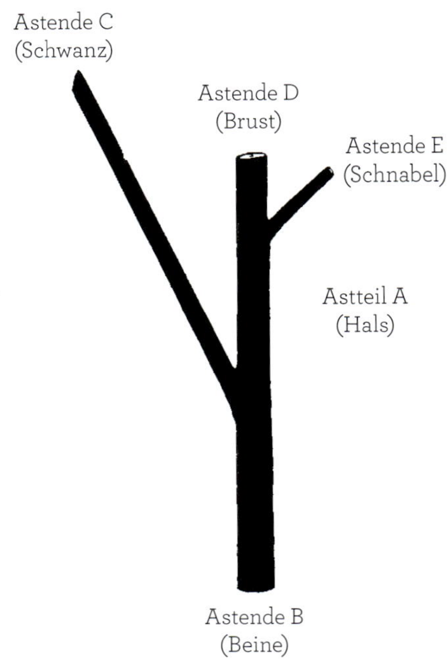

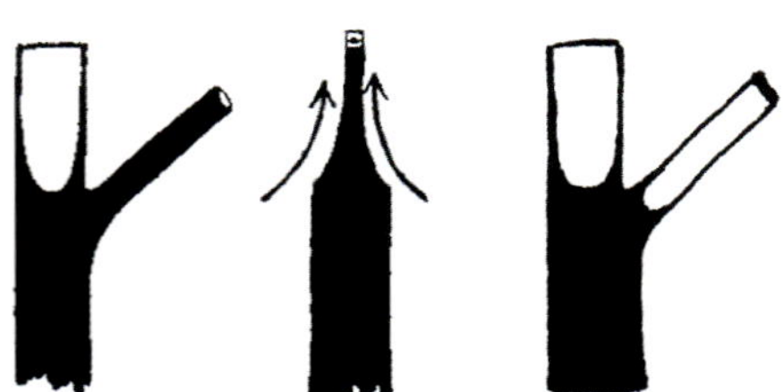

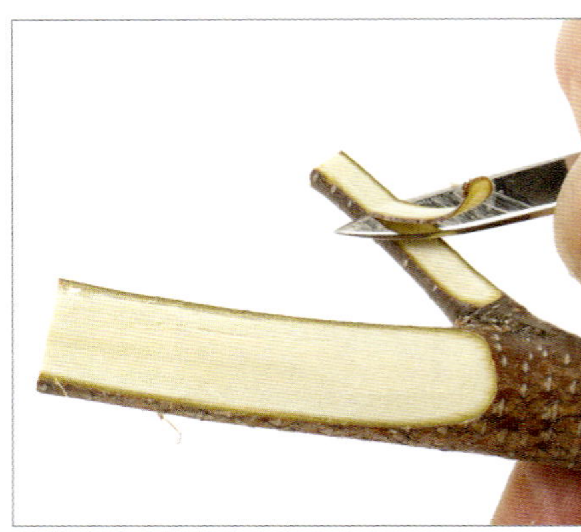

2 Schnitzen Sie für die Federhaube zwei Seiten von Astende D konisch zu, indem Sie von der Astgabel aus nach innen und dann nach oben schneiden. Verjüngen Sie auch Astende E beidseitig für den Schnabel.

1909 ließ Karl Elsener das charakteristische Emblem mit Kreuz und Schild gesetzlich schützen.

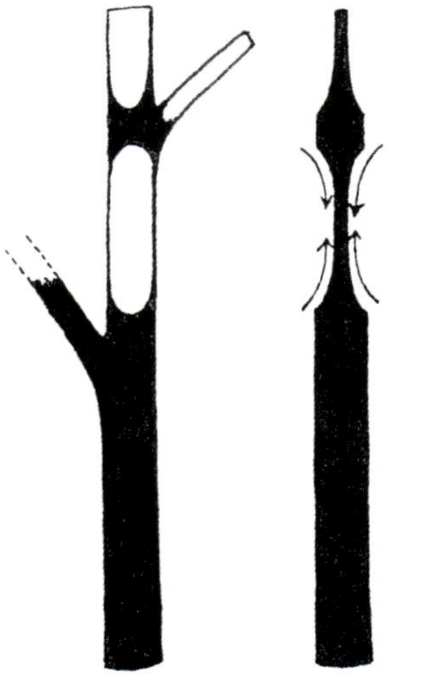

Seitenansicht Blick von vorne

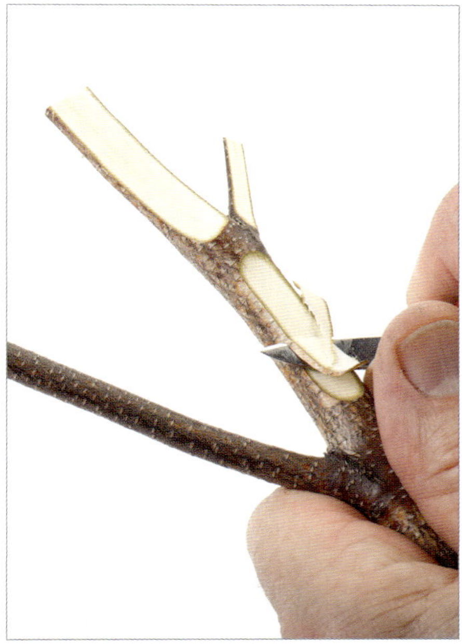

3 Verjüngen Sie die Seiten von Aststück A zur Mitte hin, um den Hals auszuformen. Folgen Sie den Pfeilen in der Skizze. Beachten Sie, wo die Schnitte beginnen und wo die Rinde intakt bleibt.

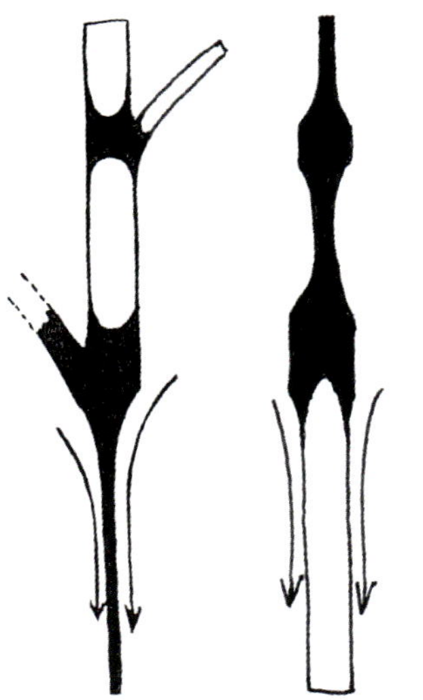

Seitenansicht Blick von vorne

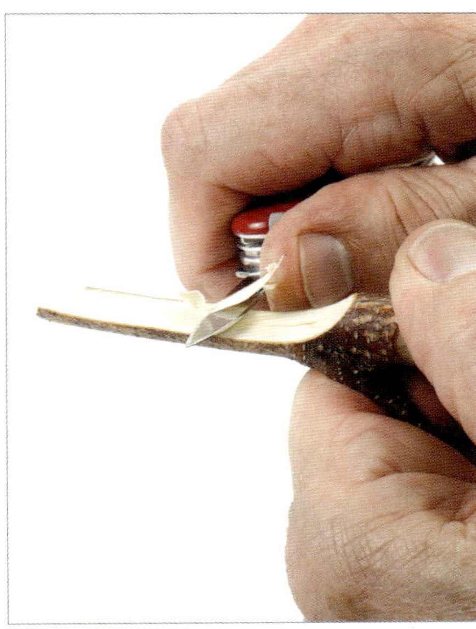

4 Drehen Sie den gesamten Ast um 90 Grad und verjüngen Sie die Vorder- und Rückseite von Astende B für die Beine. Nehmen Sie an der Vorderseite mehr Holz weg als an der Rückseite. Schnitzen Sie dabei am oberen Ende der Vorderseite eine schöne, nach innen gewölbte Rundung, damit die Brust des Roadrunners deutlich erkennbar wird.

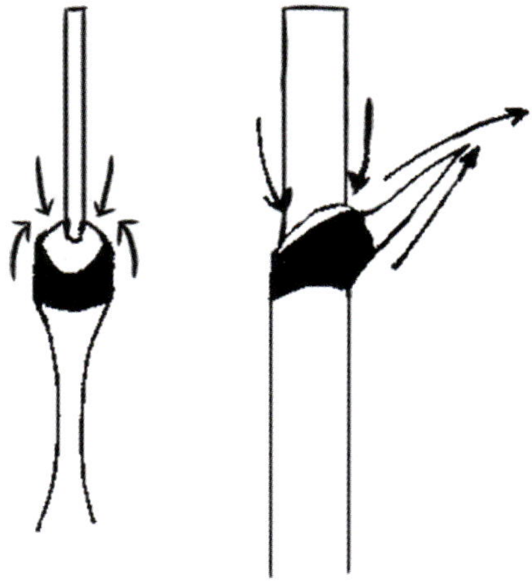

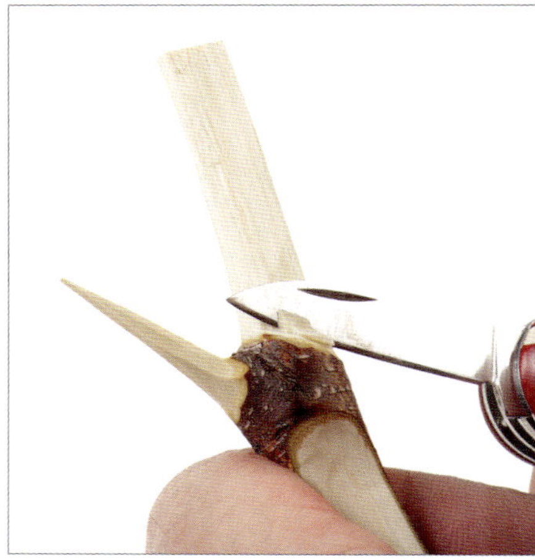

5 Formen Sie Schnabel und Schopf weiter aus. Der Schnabel ist spitz zulaufend. Runden Sie den oberen Teil des Kopfes mit winzigen V-förmigen Kerben ab und setzen Sie ihn damit optisch deutlich vom Schopf ab. Schneiden Sie die verbleibende Rinde am Kopf des Vogels so zu, dass die Gesichtszeichnung angedeutet wird.

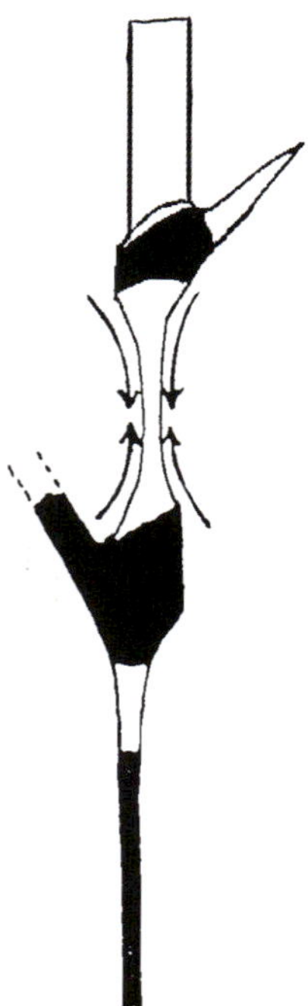

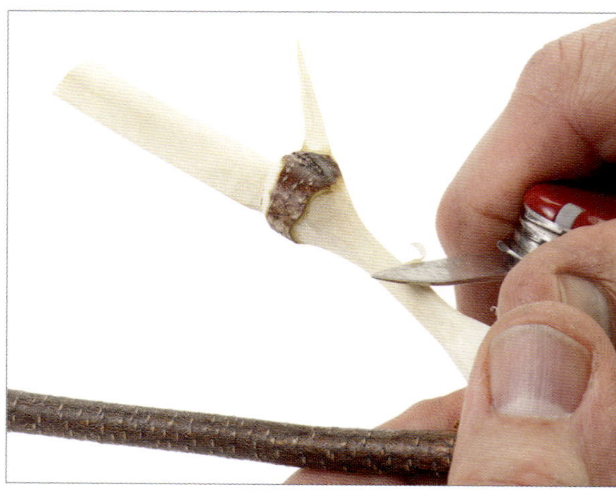

6 Formen Sie die Vorder- und die Hinterseite des Halses weiter aus. Runden und glätten Sie diesen und schneiden Sie die Rinde an den Übergängen vom Kopf zum Körper schräg an, sodass diese gefällig wirken.

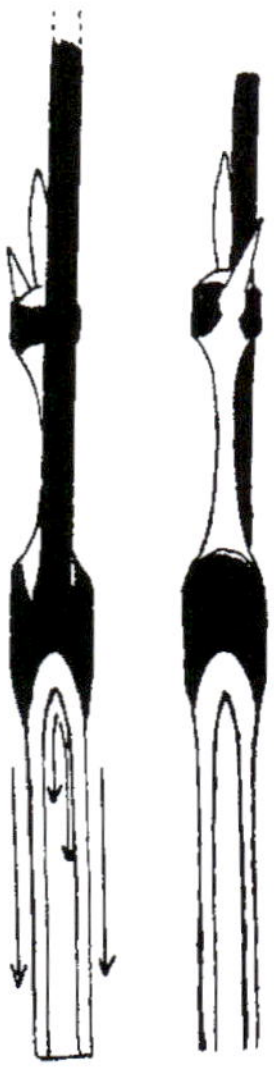

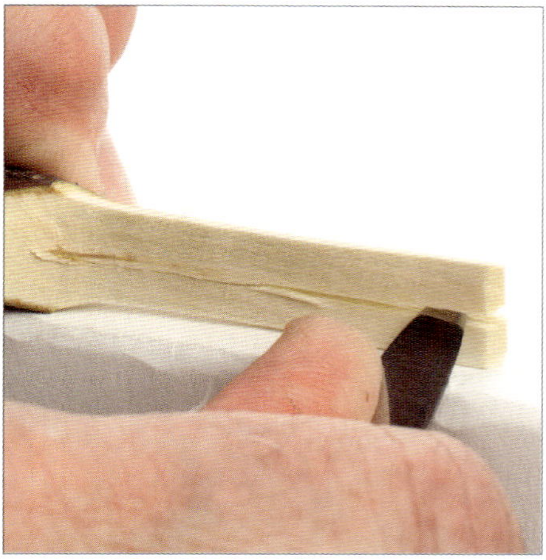

7 Entrinden Sie die Außenseiten beider Beine. Dann denken Sie sich die Beine wie beim Reiher (siehe S. 108) als lange Gabel. Beginnen Sie oben und schnitzen Sie in Richtung Füße. Beim ersten Schnitt stützen Sie das Messer auf dem Tisch ab, schieben es ins Holz und lassen das Holz an der Klinge entlanggleiten.

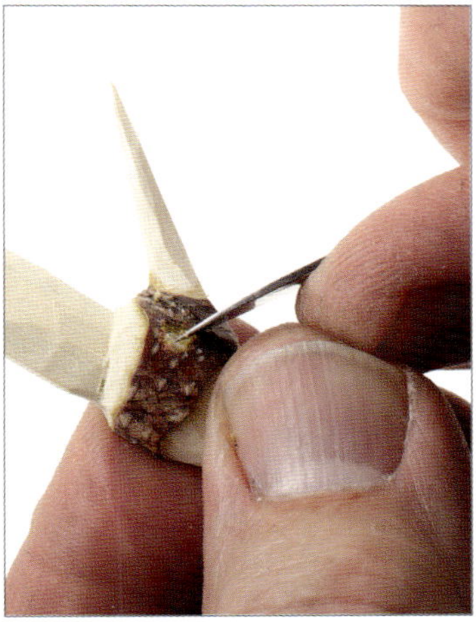

8 Schneiden Sie Löcher für die Augen in die Rinde am Gesicht.

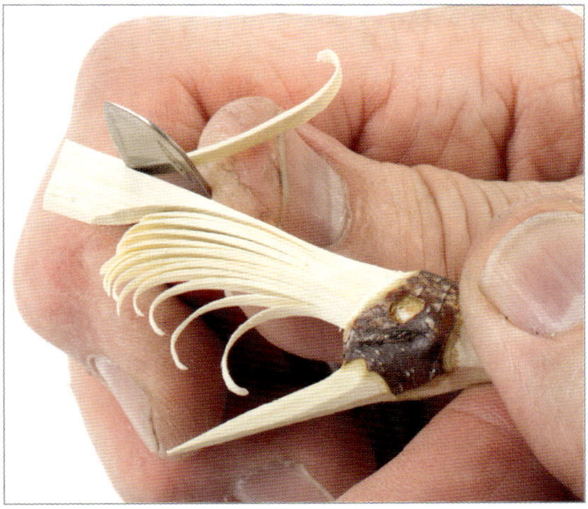

9 Entrinden Sie den Schwanz. Dann wenden Sie sich der Federhaube zu. Schneiden Sie wie bei der Blume von oben nach unten, zum Kopf hin. Beginnen Sie vorne, wenn sich die Späne über dem Gesicht nach vorne kräuseln sollen, oder am Hinterkopf, damit sie sich nach hinten kräuseln. Man kann die Schopffedern auch weglassen und einfach eine Reihe von Kerben einschneiden, um einen Kamm wie beim Hahn anzudeuten (siehe S. 111). Ist der Ast recht dick, schneiden Sie nur einen Teil davon an der Vorder- oder Rückseite zu Kräuselspänen und entfernen Sie den Rest.

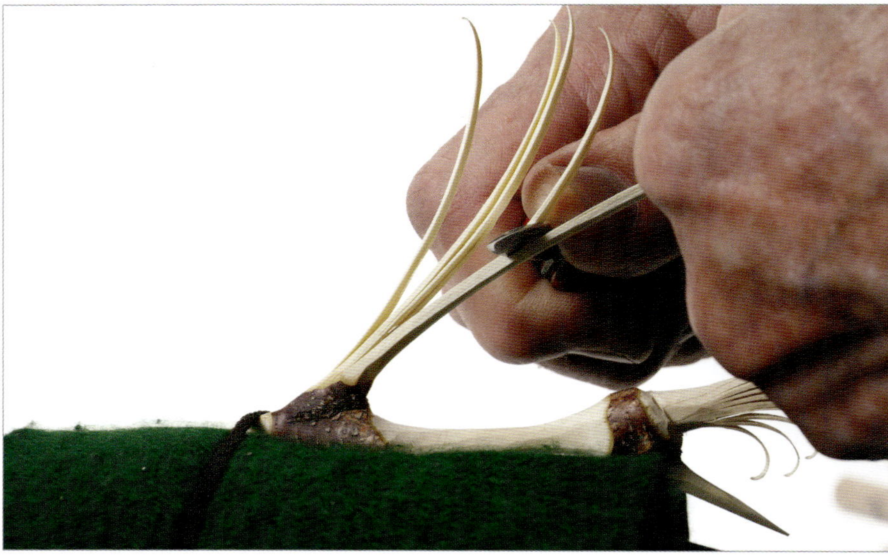

10 Nun ist der Schwanz des Roadrunners an der Reihe. Der besteht aus nur wenigen Federn. Damit ein so langer Schwanz schön fällt, müssen sich die einzelnen Späne nicht allzu sehr kräuseln, also schnitzt man mit langen Schnitten vom Schwanzende zum -ansatz. Je kürzer die Schnitte, desto mehr kräuseln sich die Späne, je länger, desto weniger.

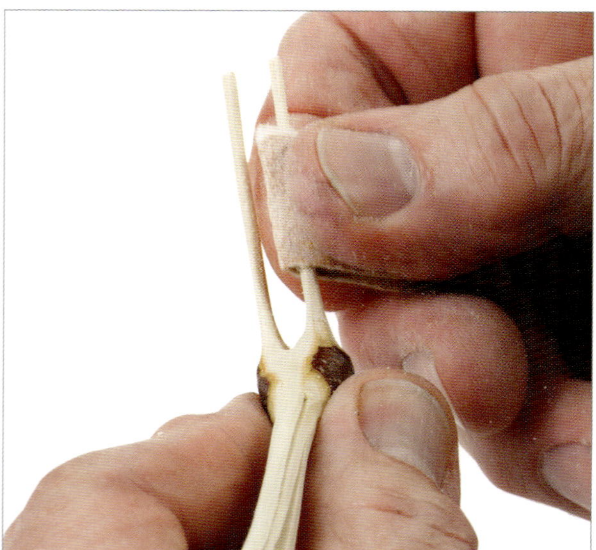

11 Nun fehlen nur noch die letzten Feinarbeiten. Biegen Sie die Schwanzfedern zur Hinterseite des Halses hin und drapieren Sie sie, wie es Ihnen am besten gefällt. Glätten Sie Beine und Hals mit sehr feinem Schleifpapier oder schaben Sie ganz leicht mit der Klinge über das Holz. Malen Sie Schnabel und Beine orange an, die Augen schwarz. Besprühen Sie eventuell den Vogel mit Klarlack.

1921 prägte Karl Elsener den Firmennamen „Victorinox“, indem er den Namen seiner Mutter, Victoria, mit „Inox“ kombinierte, dem aus dem Französischen (von inoxydable für nicht oxidierbar bzw. rostfrei) abgeleiteten Kurzwort für rostfreien Stahl.

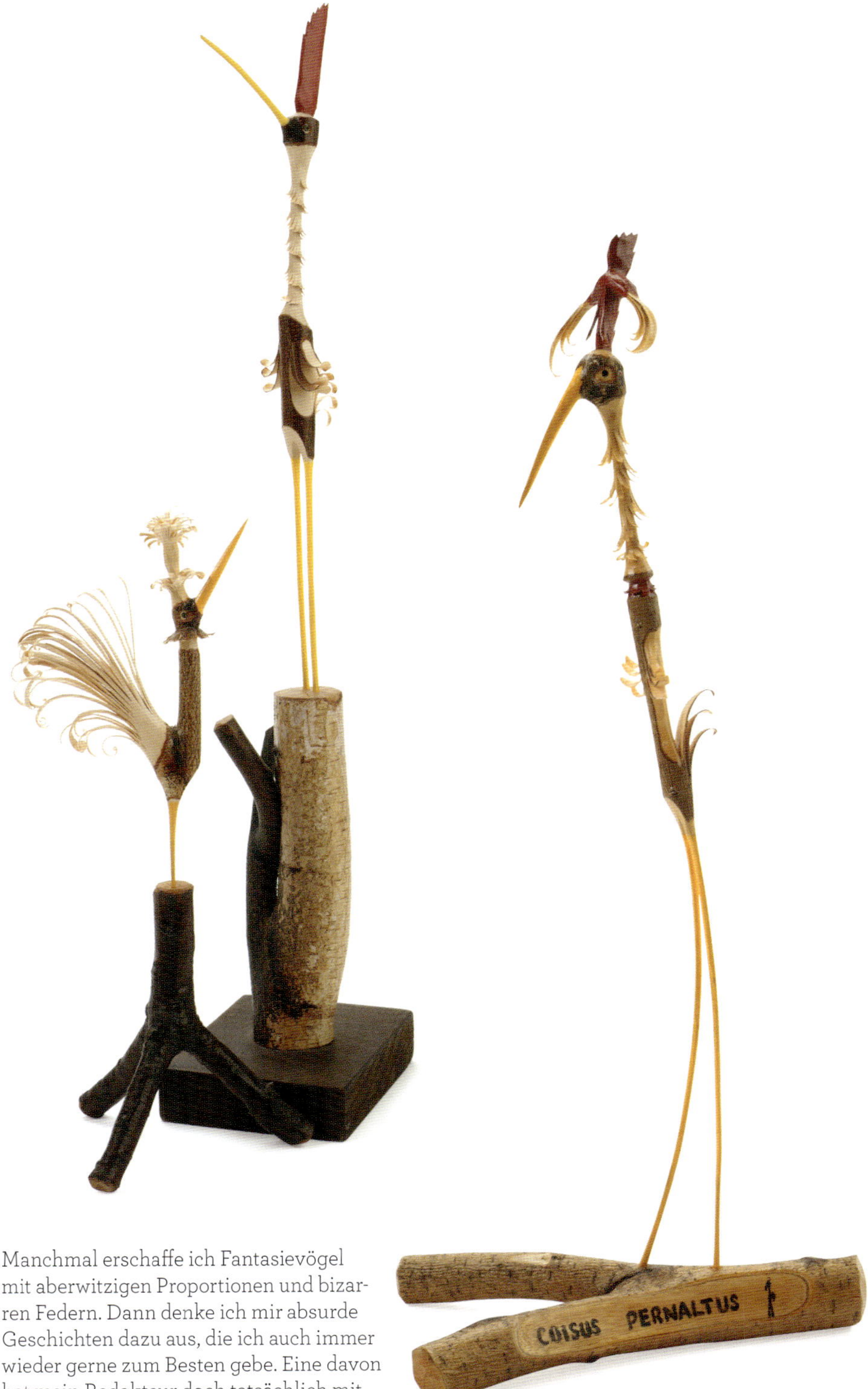

Manchmal erschaffe ich Fantasievögel mit aberwitzigen Proportionen und bizarren Federn. Dann denke ich mir absurde Geschichten dazu aus, die ich auch immer wieder gerne zum Besten gebe. Eine davon hat mein Redakteur doch tatsächlich mit Stumpf und Stiel geschluckt!

EICHHÖRNCHEN

Wenn ich an Eichhörnchen denke, beschleichen mich ambivalente Gefühle. Positive in der Hinsicht, dass meine Familie und ein Freud aus Portugal viel Spaß mit besonders zutraulichen und freundlichen Hörnchen mitten in Washington, D. C. hatten, die uns aus der Hand fraßen. An der Internatsschule in Asheville, North Carolina, hielten mein Zimmergenosse und ich uns ein Gleithörnchenpärchen, bis unser Direktor sie bemerkte und die Hörnchenfamilie des Internatszimmers verwies. Die beiden hatten Junge, die wir immer unter unseren Hemden herumkrabbeln ließen.

Dann ist da aber auch das zerstörerische Grauhörnchen, das sich vor vielen Jahren durch die Wand meines Baumhauses knabberte, in Panik ausbrach und dann versuchte, durch nagende, an den Fensterrahmen ausgelebte, Zerstörungswut zurück ins Freie zu gelangen. (Mein Taschenmesser leistete mit beim Beseitigen der Schäden gute Dienste. Irgendwie sind die Fensterrahmen jetzt schön abgerundet …)

Die Idee, ein Eichhörnchen zu schnitzen, verdanke ich Shep Rexrode aus York, Pennsylvania. So um die zwanzig Jahre muss es her sein, da nahm Shep an einem Schnitzwettbewerb teil und präsentierte einen Ast-Hahn, der ein Ast-Eichhörnchen, das auf einem Zaunpfahl saß, mit den Worten anblaffte: „Los, krähe, oder verschwinde von dem Pfosten!“. Jahre später schenkte mir Sheps Witwe eben dieses kleine Eichhörnchen. Natürlich fühlte ich mich geehrt und bin ihr sehr dankbar. An dieser Stelle folgt nun mein eigener Versuch, solch einen fröhlichen kleinen Gesellen zu schaffen, ähnlich dem, den Shep mit so viel Fantasie schnitzte.

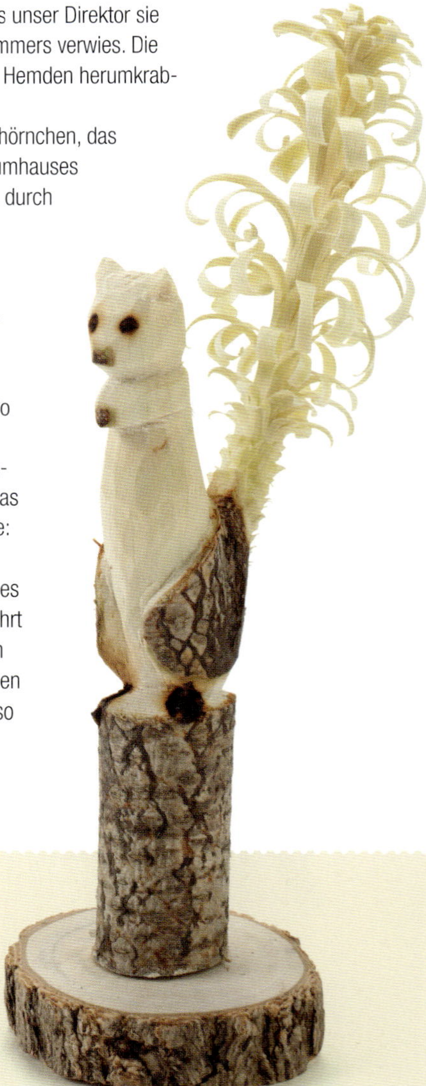

MATERIAL:

- Messer
- gegabelter Ast (zur Größe siehe Schritt 1)

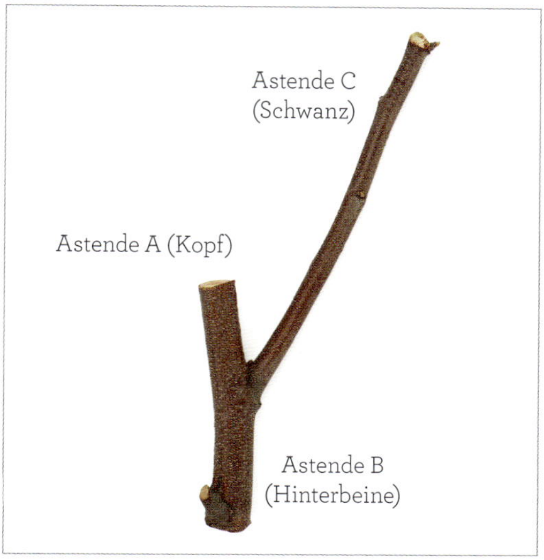

1 Ein geeigneter Ast für ein Eichhörnchen ähnelt dem Ast für einen Hahn. Allerdings sollte der untere Teil des Hauptastes etwas länger sein, damit nicht nur der Unterkörper des Tieres, sondern auch ein Stück des Pfostens, geschnitzt werden kann. Auch sollte der Ast, aus dem der buschige Schwanz wird, einen größeren Durchmesser haben (ca. 10 mm).

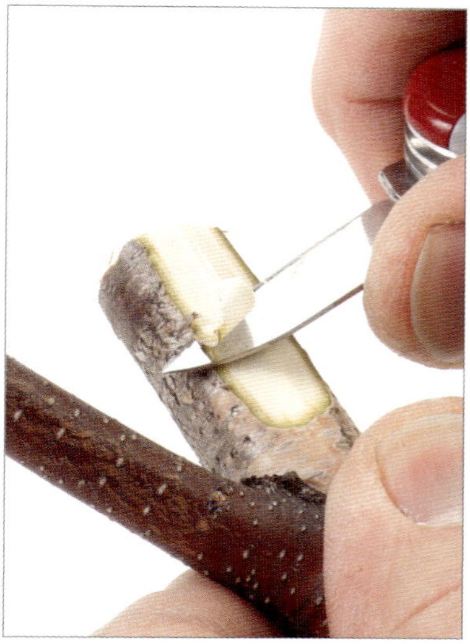

2 Entfernen Sie den Großteil der Rinde von den Astenden A und C. Vorne an Astende A bleibt ein bisschen Rinde stehen für die Nase sowie für die Eichel oder Nuss, die es in den Pfoten hält.

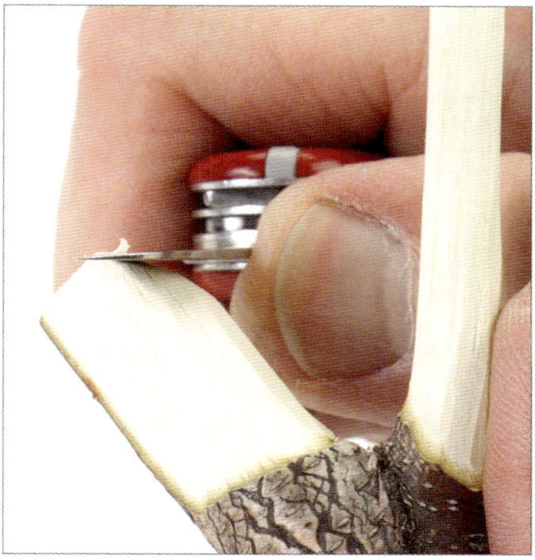

3 Schnitzen Sie die Rückseite von Astende A oben winklig bzw. rundlich zu, um die Rückseite von Kopf und Ohren zu formen.

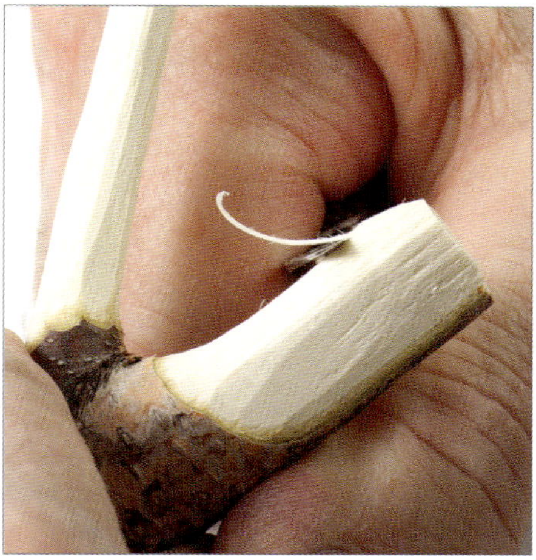

4 Mit einem nach innen gewölbten Schnitt formen Sie den Rücken aus.

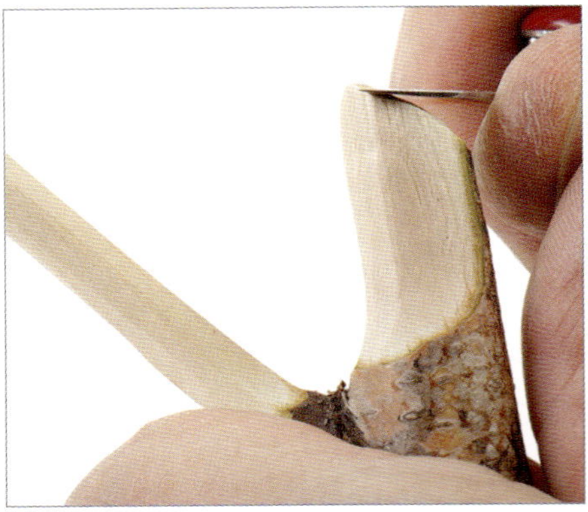

5 An der Vorderseite schnitzen Sie das Astende ebenfalls schräg zu, um die Stirn zu formen. Dieses Ende soll spitz zulaufen, denn das werden die Ohren. Sie sollten sich etwas näher am Hinterkopf befinden, als an der Stirn (sie sollten sich also nicht mittig am Kopf befinden).

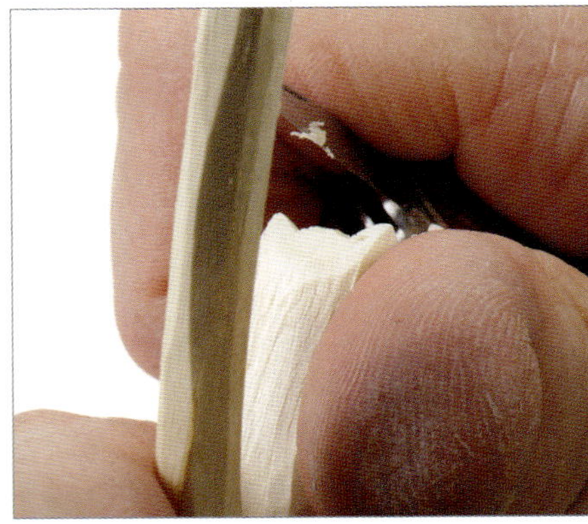

6 Formen Sie die Seiten der Ohren mit zwei kleinen V-förmigen Kerben aus. Dazwischen sollte mittig etwas Holz stehenbleiben, das wird die gewölbte Oberseite des Kopfes. Nachdem Sie die Ohren auf die richtige Länge zurechtgestutzt haben, arbeiten Sie die Rundung des Kopfes weiter heraus.

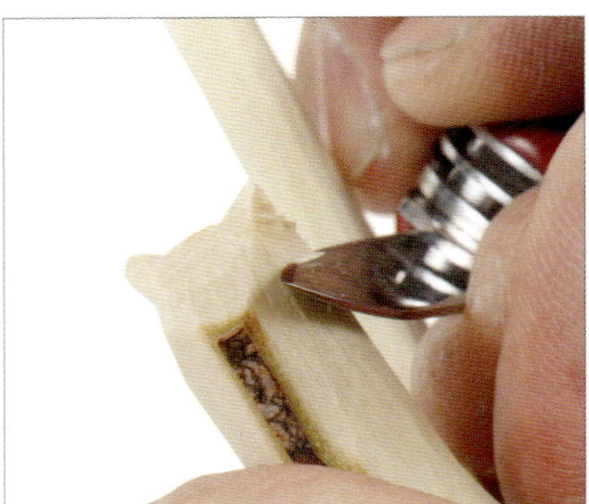

7 Arbeiten Sie das seitliche Äußere der Ohren mit einer langen V-förmigen Kerbe weiter heraus und runden Sie das Gesicht ab. Die Ohrenspitzen ragen seitlich über den Kopf hinaus. Runden Sie das Gesicht weiter bis zu der Stelle ab, an der die Ohren am Kopf angewachsen sind.

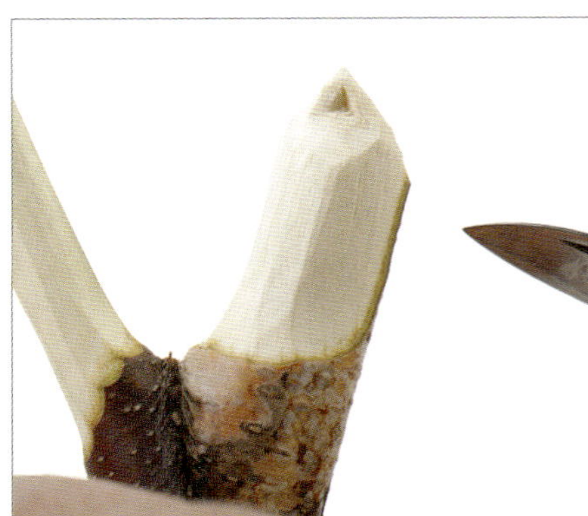

8 Um die Innenseiten der Ohren auszuformen, schneiden Sie mit der Spitze des Messers eine kleine dreiseitige Pyramide heraus. Das entstehende dreiseitige Loch soll in der Mitte am tiefsten sein.

Victorinox verkauft längst nicht mehr nur Taschenmesser – auch Küchenmesser für den privaten Haushalt und Berufsmesser für Profis sowie Uhren, Reisegepäck, Bekleidung und Parfums.

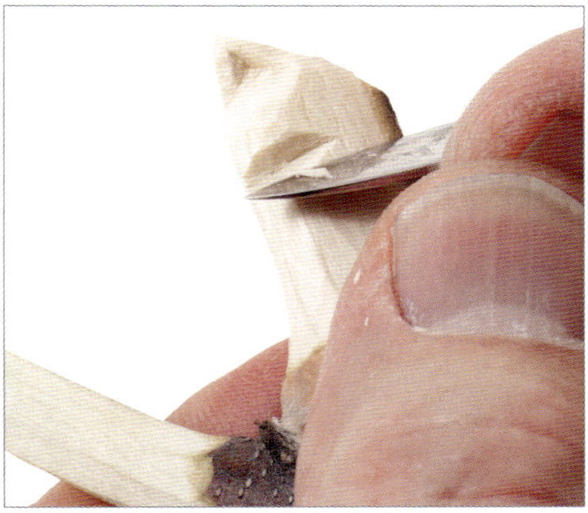

9 Um den Kopf von den Armen abzusetzen, schneiden Sie unterhalb des Kopfes (frontal betrachtet) auf beiden Seiten eine V-förmige Kerbe ein. Runden Sie den Kopf in diesen Kerben vorsichtig ab.

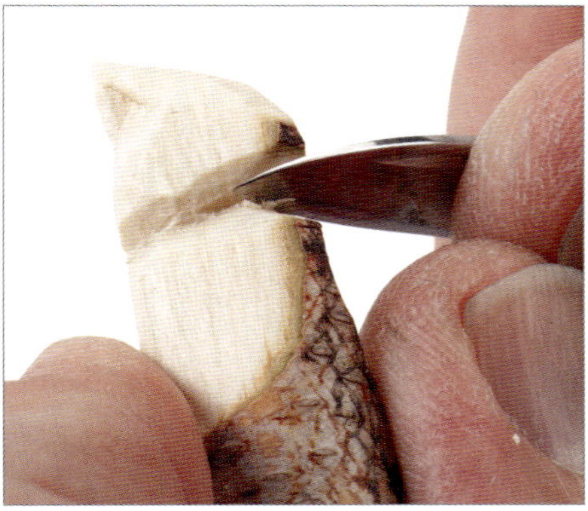

10 Schließen Sie rund um die Vorderseite des Halses weitere V-förmige Kerben an, um auch die Nase und das Kinn von den Armen abzugrenzen. Lassen Sie an der Nasenspitze die Rinde stehen, damit bekommt das Eichhörnchen automatisch eine schwarze Nase. Schneiden Sie die Wangen zur Nasenspitze hin schräg zu.

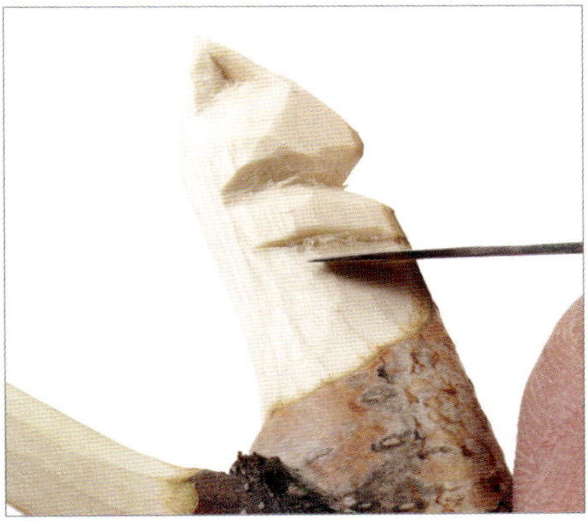

11 Führen Sie unterhalb der Arme auf beiden Seiten einen fast waagerechten Schnitt aus und schnitzen Sie dann den Körper zu diesem Schnitt hin schräg zu, um ihn von den Armen abzusetzen. Die Arme sind an den Schultern flacher und ragen dann nach vorne hin immer weiter über den Bauch hinaus.

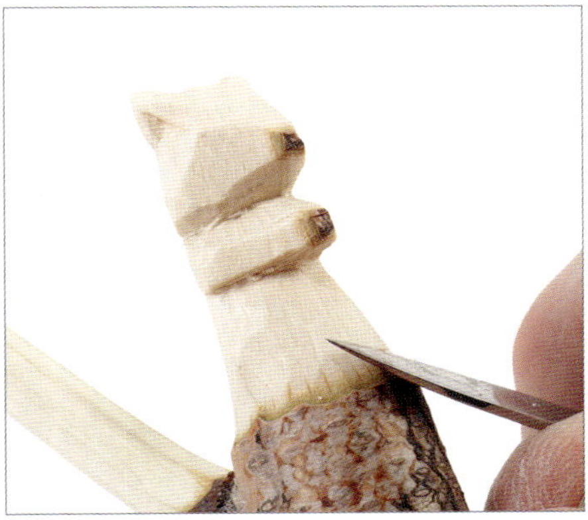

12 Lassen Sie an der Vorderseite der Arme etwas Rinde stehen, diese stellt die Nuss oder Eichel dar, die das Eichhörnchen festhält. Machen Sie vorn, unterhalb der Arme, die mitsamt der Nuss herausstehen, einen tieferen Schnitt. Schrägen Sie den Bauch bis zu diesem Schnitt hin ab. Runden Sie auch die Nuss etwas ab, ohne jedoch die Rinde dabei zu entfernen.

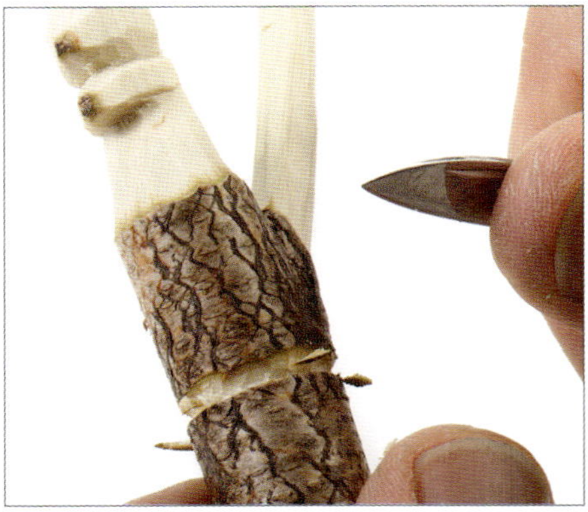

13 Schneiden Sie unterhalb der Hinterbeine rund um den gesamten Ast eine V-förmige Rille ein (ähnlich der V-förmigen Rillen rund um den Griff des Holzmessers, siehe S. 27).

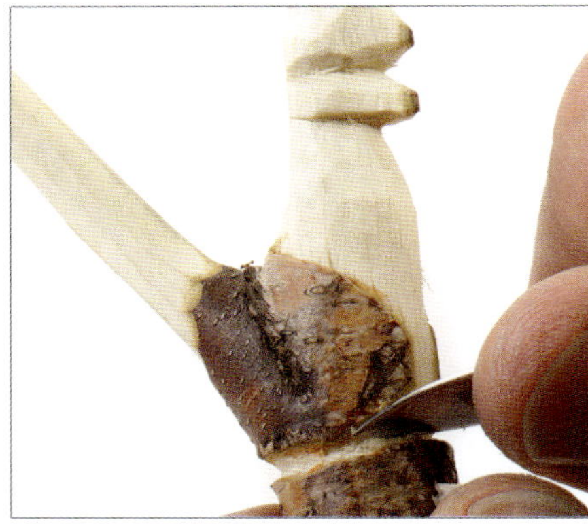

14 Die Hinterbeine sollen durch die Rinde angedeutet werden. Schneiden Sie dazu an der oberen und vorderen Kante der Hinterbeine in die Rinde ein und schälen Sie diese vorsichtig ab, sodass sie innerhalb des Umrisses der Hinterbeine stehenbleibt. Setzen Sie den Körper zu dieser Umrisslinie hin etwas ab, um den Hinterbeinen ihre Form zu geben.

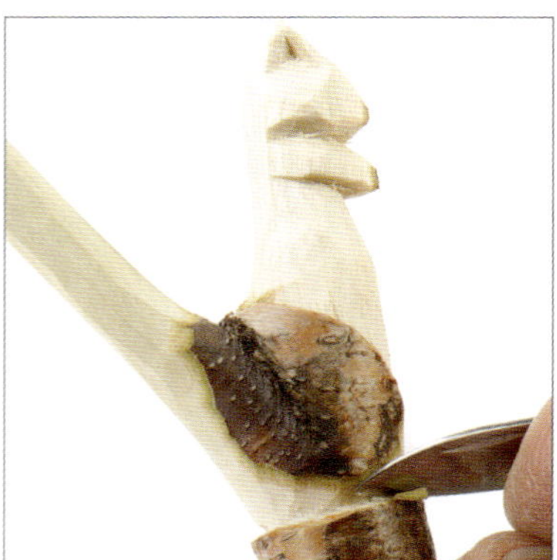

15 Entfernen Sie die Rinde von der Hinterseite des Körpers unterhalb des Schwanzansatzes, lassen Sie sie aber unmittelbar an der Astgabel stehen. Schnitzen Sie die Unterseite der Hinterbeine bis zu der Stelle, an der sie auf den Sockel (den geplanten Pfosten) stoßen, schräg zu.

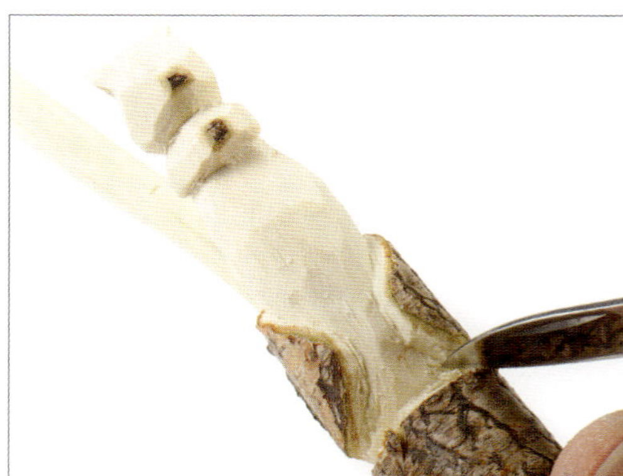

16 Vertiefen Sie die Schnitte an der Vorderseite der Hinterbeine zum Sockel hin. Nehmen Sie zwischen den Schnitten vorsichtig Holz weg und arbeiten Sie somit den Umriss der Hinterbeine weiter heraus. Es entsteht eine Kerbe, die noch tiefer wird, wenn Sie den Bauch zum Sockel und zu den Füßen hin weiter abrunden. Wenn Sie mit Grünholz arbeiten, legen Sie die Arbeit wie beim Hahn an dieser Stelle zur Seite und lassen Sie sie trocknen, damit sich später der Schwanz schön buschig kringelt. Bei zu feuchtem Holz würden sich die Späne nicht kräuseln.

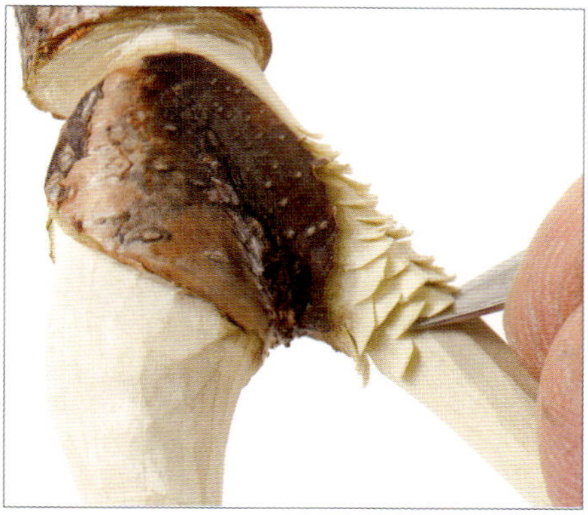

17 Führen Sie am Schwanzansatz viele winzige Schnitte aus, die das kurze buschige Fell an dieser Stelle darstellen sollen. Diese Schnitte dürfen sich bereits leicht kräuseln, aber vor allem soll hier eine gewisse Textur angedeutet werden. Benutzen Sie dazu die auf S. 19 beschriebene Technik, bei der Sie mit dem Daumen kontrolliert nachdrücken. Diese Schnitte dürfen ca. ein Drittel der geplanten Schwanzlänge flächig abdecken.

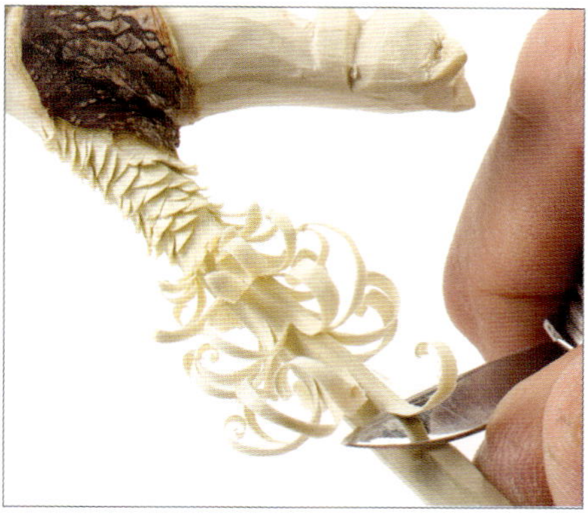

18 Zum Schluss schnitzen Sie den Schwanz. Arbeiten Sie sich immer weiter zur Spitze hin vor, vergrößern Sie dabei allmählich die Spanlänge, auch sollen sich die Späne immer mehr kräuseln. Drücken Sie mit dem Daumen dabei kontrolliert nach. Ein Eichhörnchenschwanz ist im Grunde nichts anderes als ein Baum mit langen Zweigen, der auf dem Kopf steht (siehe S. 89).

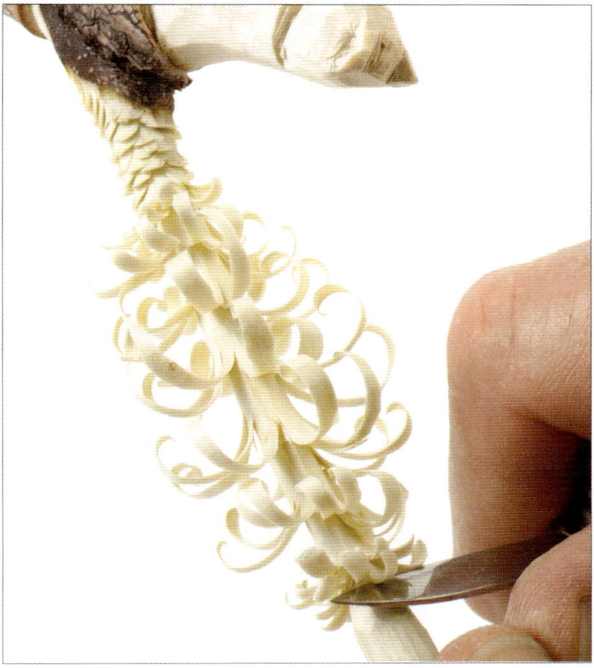

19 Wenn Sie zum Ende des Schwanzes vordringen, lassen Sie die Spanlocken allmählich wieder kleiner werden. Die Schwanzspitze ist im Prinzip wie eine kleine geschnitzte Kräuselspanblume. Wenn der Schwanz lang genug ist, brechen Sie ihn vorsichtig ab, wie bei der Blume (siehe S. 88).

20 Damit der Schwanz seine Form behält, benetzen Sie die Ansätze der Spanlocken mit flüssigem Cyanacrylat-Kleber. Wenn Sie möchten, glätten Sie den Bauch und den Rest des Körpers etwas mit Schleifpapier.

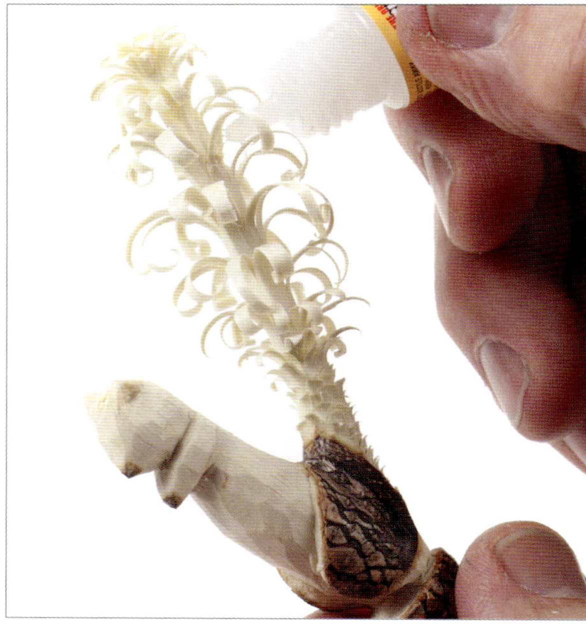

21 Markieren Sie die Augen und die Füße mit einem Bleistift, um sicherzugehen, dass sie auch symmetrisch werden. Ich male Augen und Füße hier mit einem Holzbrenngerät nach, ein Stift wäre aber auch möglich.

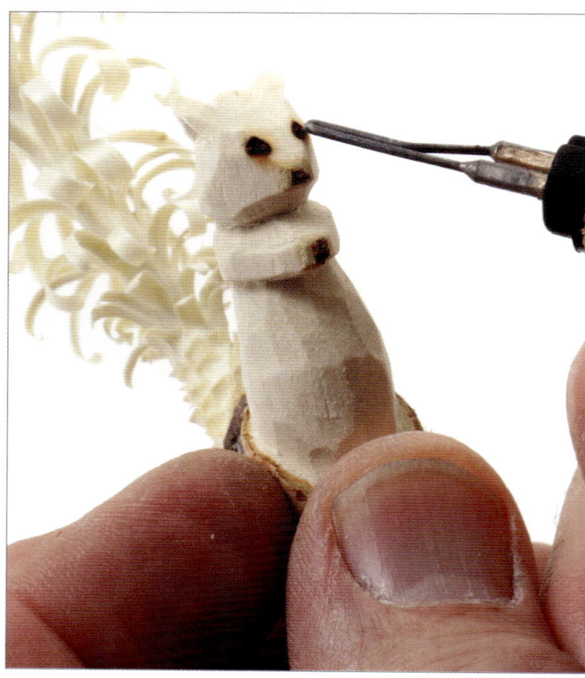

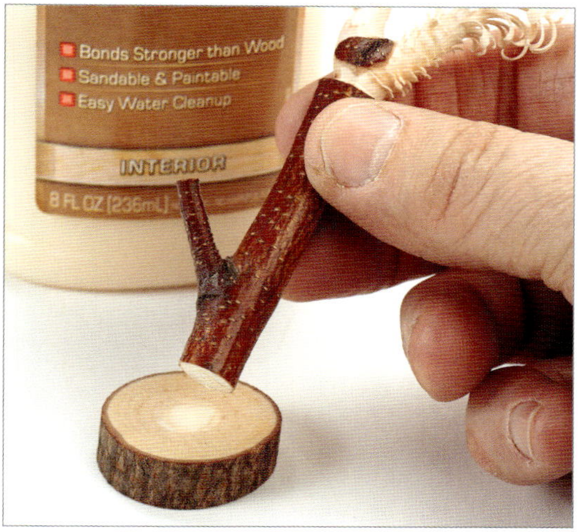

22 Damit der Pfosten, auf dem das Eichhörnchen sitzt, gut steht, muss dieser unten glatt abgeschnitten werden. Halten Sie danach ein Stück Schleifpapier flach aufgelegt auf dem Tisch fest und schleife Sie den Boden des Pfostens plan. Ich klebe hier noch eine dünne Baumscheibe von einem stärkeren Ast darunter, so steht der Pfosten mitsamt Eichhörnchen noch stabiler.

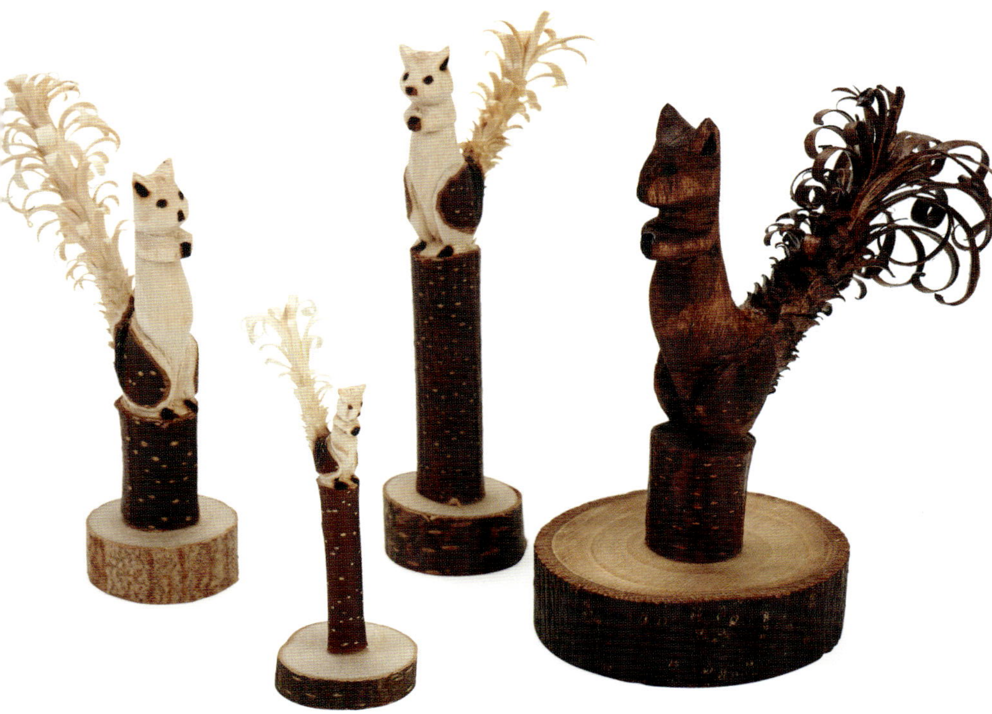

Eichhörnchen können groß oder klein, hell oder dunkel sein. Viel Spaß macht eine ganze Kollektion der niedlichen Gesellen!

KAPITEL SECHS

EINFACH ABER WIRKUNGSVOLL

Die nahezu unendliche Vielfalt von Dingen, die man mit und aus Holz herstellen kann – und dies oft auch noch ohne große Mühe –, erstaunt mich immer wieder. Vielfach regt ein Holzstück selbst schon zu einer bestimmten Verwendung an, man sieht es und weiß sofort, was daraus werden soll. Bizarr gewachsene Äste, einzigartige Rindenauswüchse oder Maserungen und vielfältige Farbnuancen im Holz verlangen geradezu danach, zu einem Kunstwerk verarbeitet zu werden, manche aber auch zu durchaus praktischen und nützlichen Objekten.

Je mehr man sich mit Holz umgibt und mit Holz arbeitet, desto leichter fällt es, ganz besondere Stücke zu erkennen. Manchmal entdeckt man ein Holzstück mit Charakter, das alle möglichen Ausprägungen haben kann – ein hohler Stumpf, ein markantes Astloch oder selbst ein winziger Zweig –, man weiß aber nicht, was man damit anfangen soll. Noch nicht. Aber man bückt sich, hebt es auf und trägt es nach Hause ... denn eines Tages wird man plötzlich wissen, was daraus werden soll! Schon oft habe ich so etwas erlebt.

Halten Sie die Augen offen. Schauen Sie genau hin. Haben Sie Spaß dabei und seien Sie kreativ!

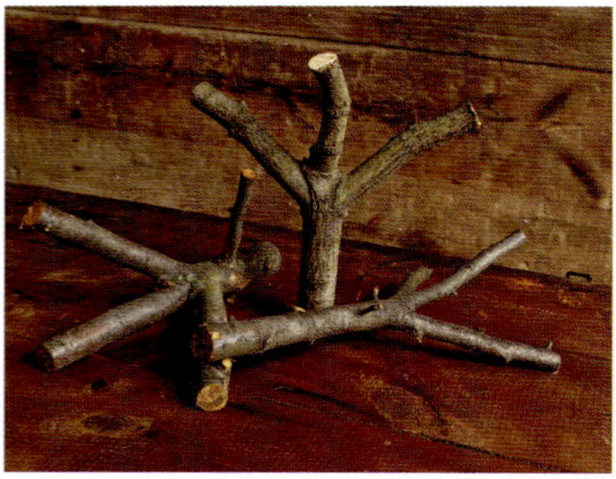

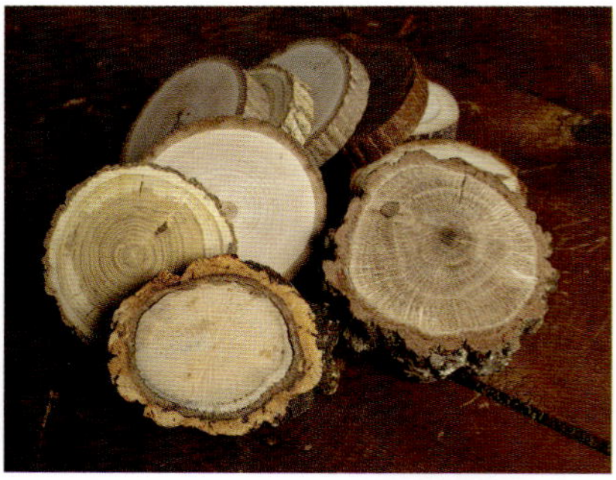

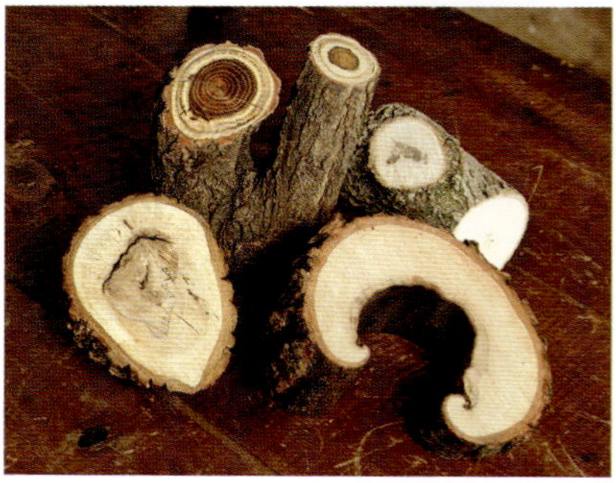

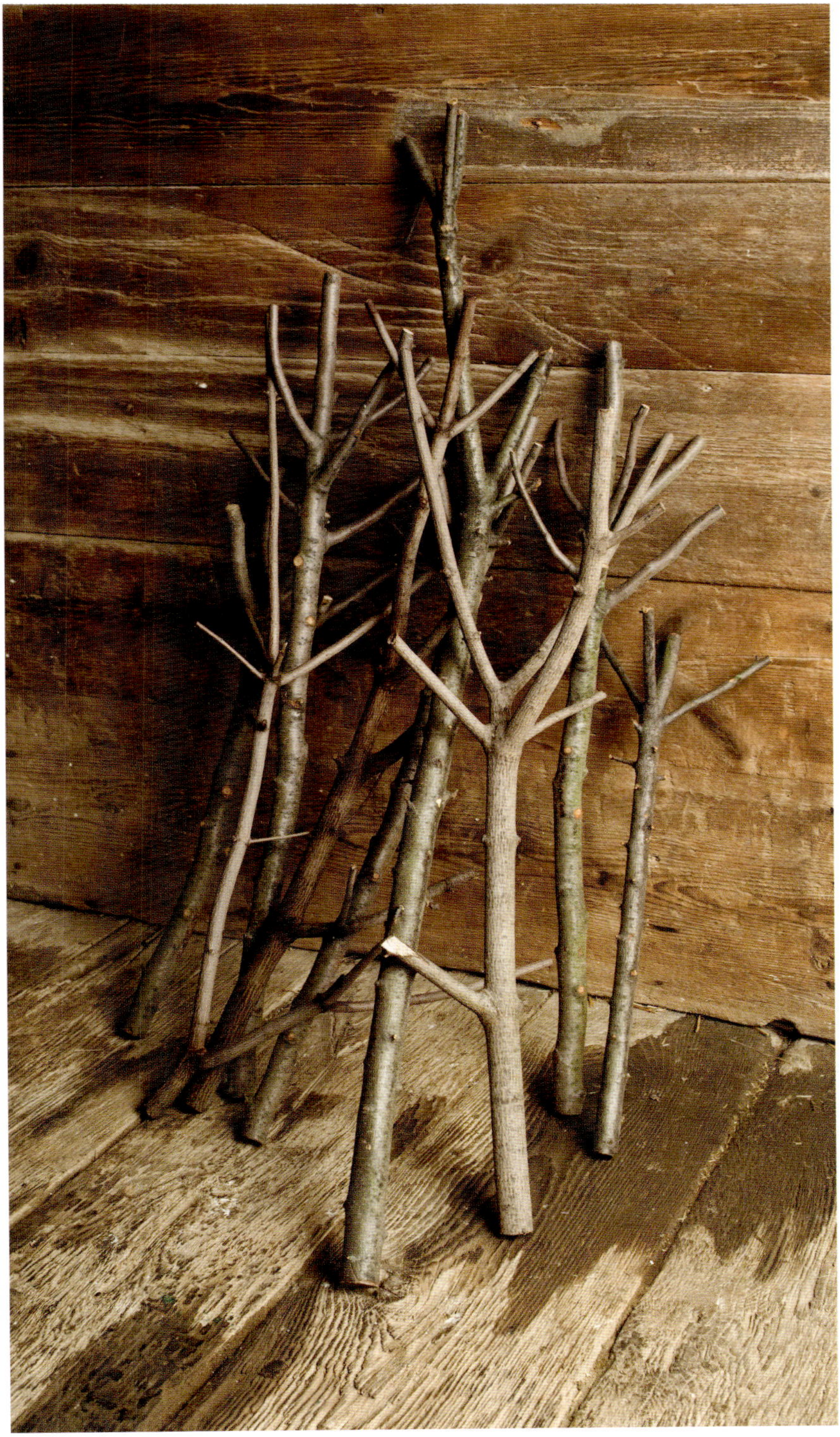

TISCHDEKORATION

Gelegentlich stolpere ich über ein Stück Holz, das danach schreit, in der Mitte eines Couchtisches platziert zu werden. Auf der Suche nach gutem Holz zum Schnitzen findet man mitunter etwas, das für sich alleine und ohne Schnitzerei schon toll aussieht. In so einem Fall sollte man es säubern und wirken lassen. Es wird für sich selbst sprechen.

Suchen Sie also nach interessanten Holzstücken. Um so etwas wie unten abgebildet zu finden, sollte man da suchen, wo große Sträucher abgeholzt werden. Die Strauchbasis, an der bodennah immer neue Triebe abzweigen, sieht bei vielen Sträuchern ähnlich aus wie dieses Stück von einer Eibe. Schrubben Sie das Holz gründlich mit Wasser und einer Scheuerbürste sauber. Schneiden Sie das Gewirr aus Ästen und Zweigen nach Gutdünken zurecht, bis es Ihnen gefällt. Glätten Sie die Sägeflächen mit Schleifpapier und lackieren Sie es nach Belieben.

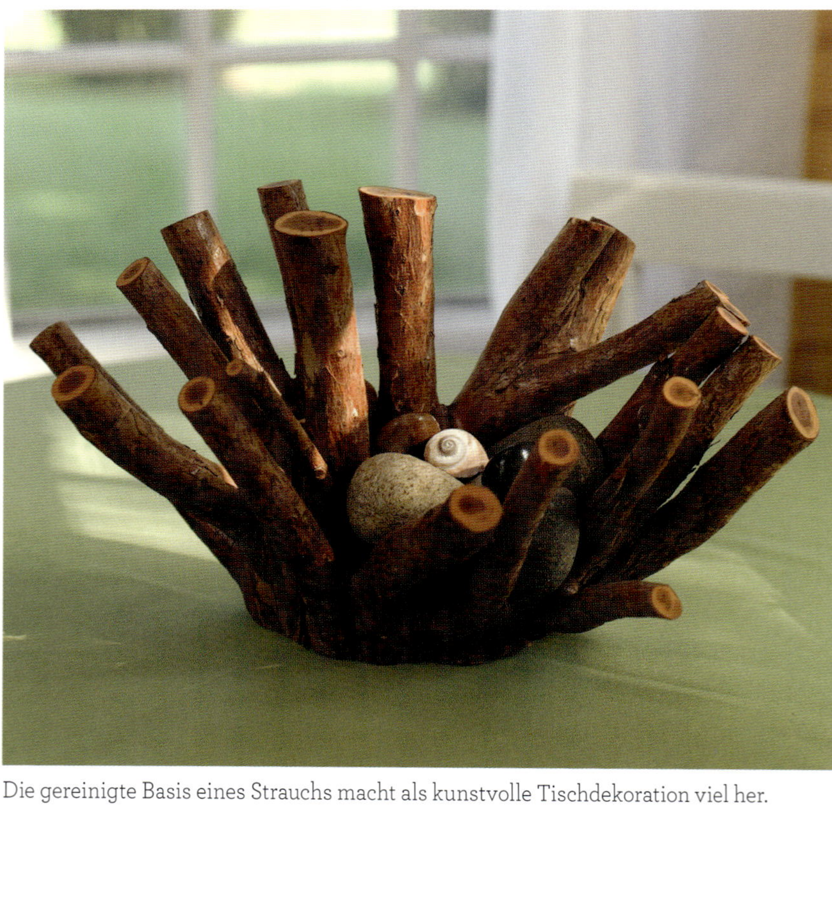

Die gereinigte Basis eines Strauchs macht als kunstvolle Tischdekoration viel her.

DEKOBÄUME FÜR UTENSILIEN UND SCHMUCK

Bäume und Sträucher werden aus allen möglichen Gründen zurückgeschnitten oder gefällt, die schönsten Äste und Zweige, die man nach so einer Aktion aufsammeln kann, haben oft das Potenzial, sich in wunderbar originelle und nützliche Stücke zu verwandeln. Die folgenden Äste wurden auf einen Sockel montiert und eignen sich prima, um Ordnung zu schaffen, Utensilien dekorativ zu verwahren, Küchengeräte griffbereit zu platzieren und beim Schmuck die Übersicht zu behalten.

Schneiden Sie die Äste entsprechend Ihrer Bedürfnisse zu und befestigen Sie sie mit einer Schraube an einem Sockel. Dieser kann aus einer Baumscheibe oder auch einem Stück Schnittholz bestehen. Wenn Sie möchten, können Sie das Ganze mit Klarlack besprühen. Es kann hilfreich sein, ein paar Haken in die Zweige zu schrauben, manchmal braucht man so etwas aber auch gar nicht.

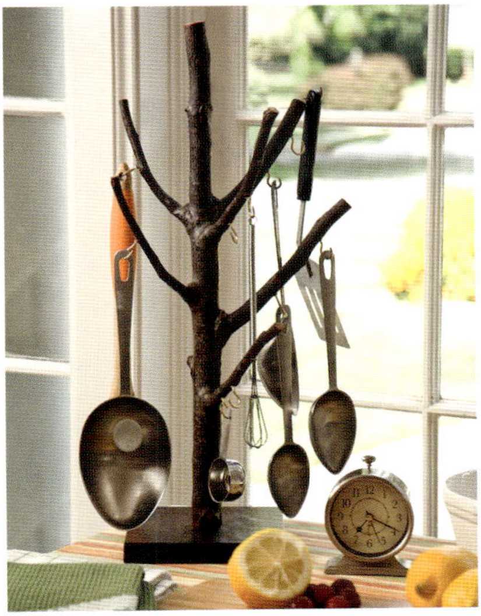

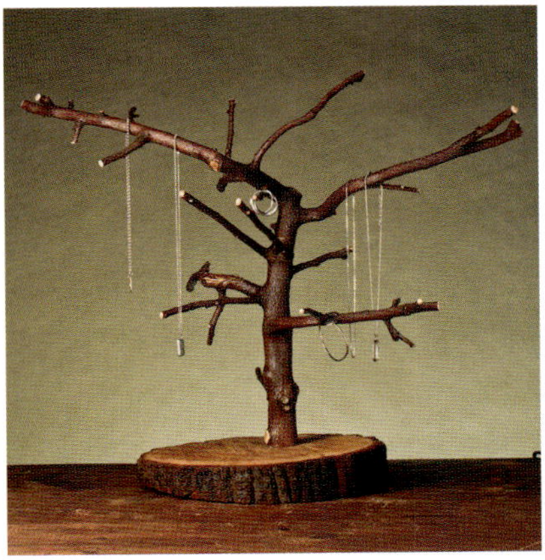

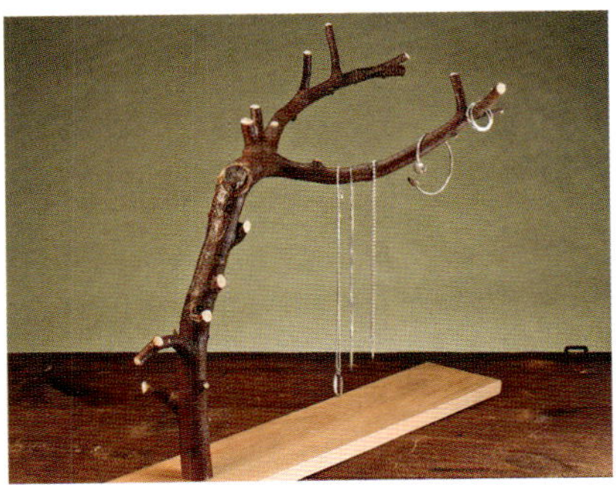

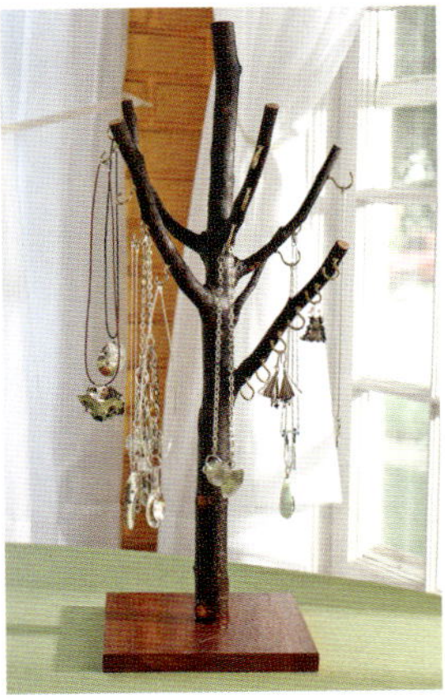

HOLZSCHEIBEN

Holzscheiben besitzen ein großes Potenzial – hier folgen nur ein paar Anregungen, was man daraus machen kann. Meist reicht es, wenn man lediglich die Scheiben zusägt und diese dann mit Schleifpapier glättet. Die Säge am Victorinox-Messer, z. B. am Modell Hiker, eignet sich für dünnere Äste. Achten Sie darauf, dass die Äste, von denen Sie Scheiben absägen, gut abgelagert sind, denn wenn man frisches bzw. grünes Holz sägt, bekommen die Scheiben höchstwahrscheinlich beim Trocknen Risse. Ein Schnitt im Winkel von 90 Grad bringt runde Scheiben hervor, sägt man schräg, entstehen ovale Scheiben.

Untersetzer

Hinter einem Untersetzer steckt die Idee, eine flache, stabile Oberfläche zum Abstellen eines Glases, Bechers oder einer Tasse zu haben, die den Tisch vor Hitze oder Flüssigkeiten (oder beidem) schützen soll. Nichts leichter als das, solche Untersetzer sind wirklich einfach herzustellen und erfüllen ihren Zweck, gleichzeitig sind sie aber alles andere als gewöhnlich, denn jeder einzelne ist einzigartig und dekorativ. Bei verschiedenen Holzarten finden wir alle möglichen Muster im quer gefaserten Hirnholz und unterschiedliche Farben. Diese kommen besonders gut zur Geltung, wenn die Holzscheiben sorgfältig mit Schleifpapier geglättet wurden.

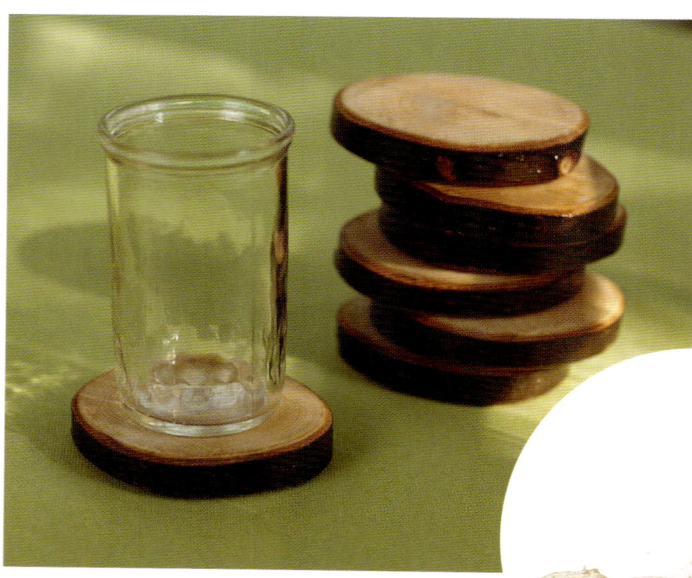

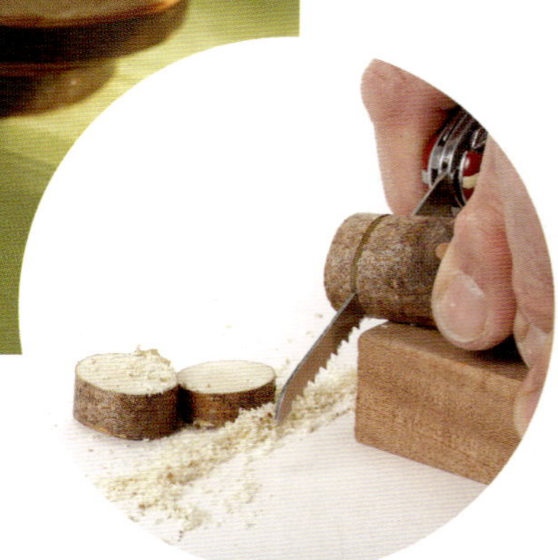

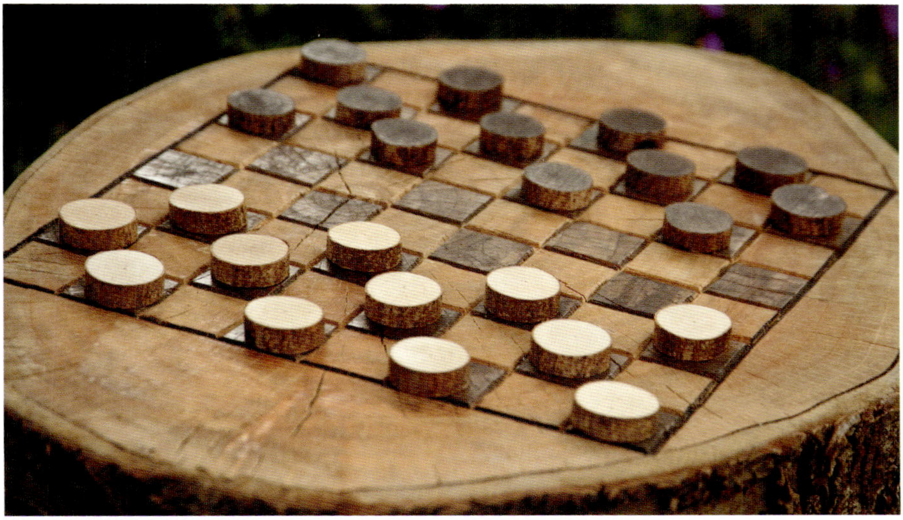

Damespiel

Eins der am weitverbreitetsten Spiele überhaupt ist Dame. Zugegeben, in verschiedenen Teilen der Welt gelten unterschiedliche Regeln. Spieler aus vielen englischsprachigen Ländern müssen sich vor den bei uns in Deutschland üblichen Damen in Acht nehmen, denn diese dürfen beliebig weit ziehen und springen – nicht in allen Ländern besitzt eine Dame derart große Macht. Das Spielbrett und die Steine hingegen sind immer dieselben. Ich habe bereits mehrere Damespiele hergestellt, manche sind riesig (eins, das aus dem Stamm einer Ulme entstand, ist über einen Meter breit), andere recht klein. Die Säge am Victorinox-Modell Hiker leistet beim Zusägen der Spielsteine gute Dienste. Färben Sie die dunklen Steine mit Holzbeize oder einem Permanentmarker ein, die hellen Steine behalten einfach ihre natürliche Holzfarbe. Die Hälfte der 64 Felder des Spielbretts müssen natürlich ebenfalls, immer abwechselnd, eingefärbt werden.

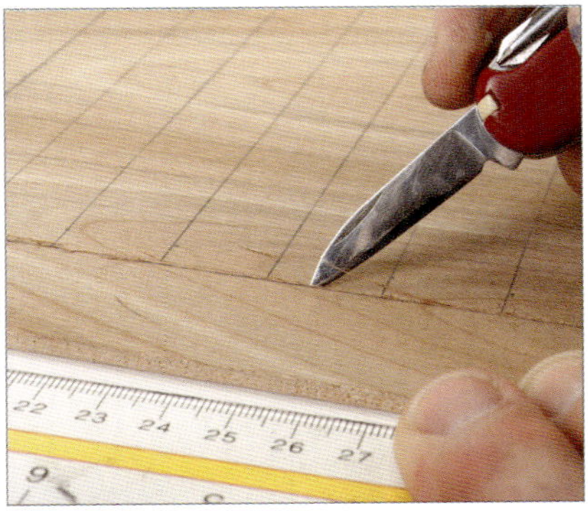

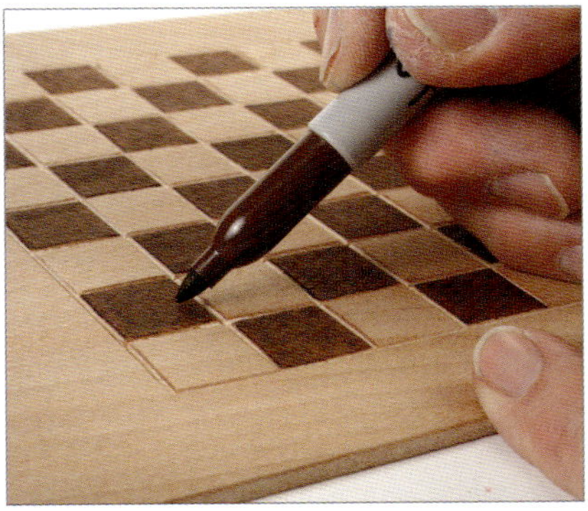

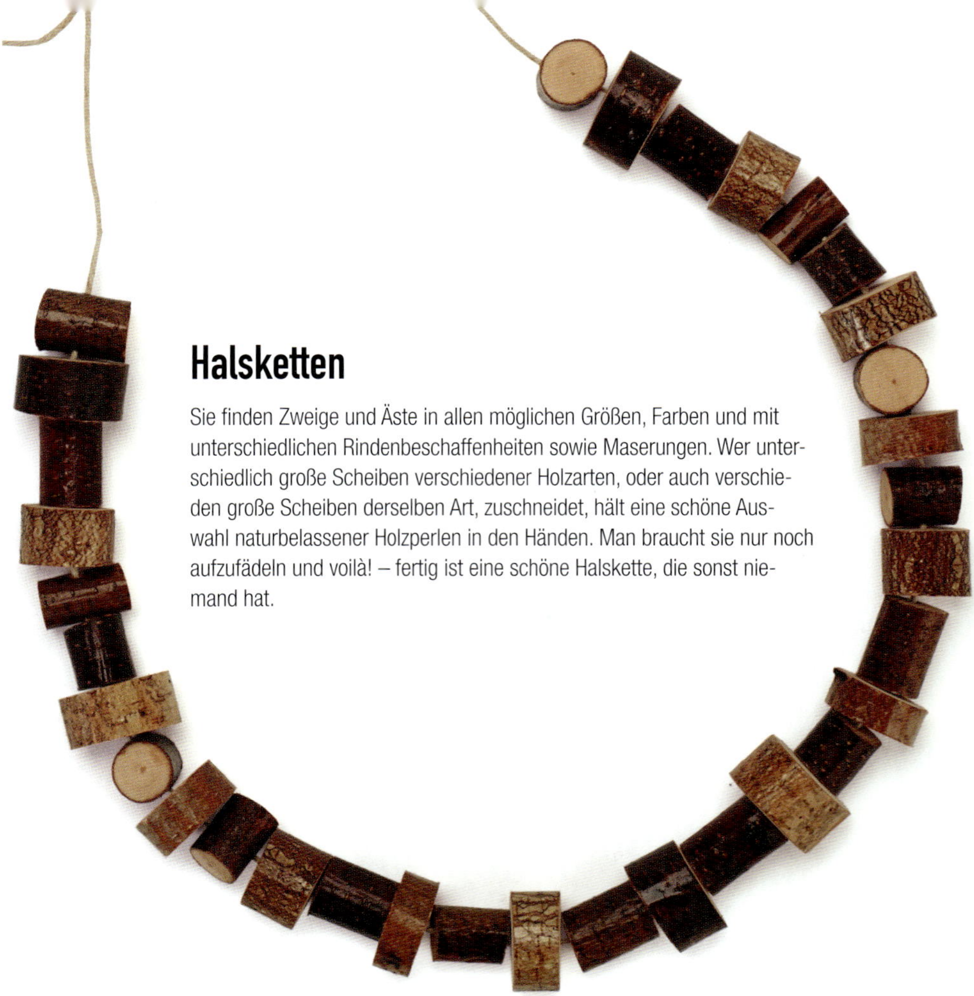

Halsketten

Sie finden Zweige und Äste in allen möglichen Größen, Farben und mit unterschiedlichen Rindenbeschaffenheiten sowie Maserungen. Wer unterschiedlich große Scheiben verschiedener Holzarten, oder auch verschieden große Scheiben derselben Art, zuschneidet, hält eine schöne Auswahl naturbelassener Holzperlen in den Händen. Man braucht sie nur noch aufzufädeln und voilà! – fertig ist eine schöne Halskette, die sonst niemand hat.

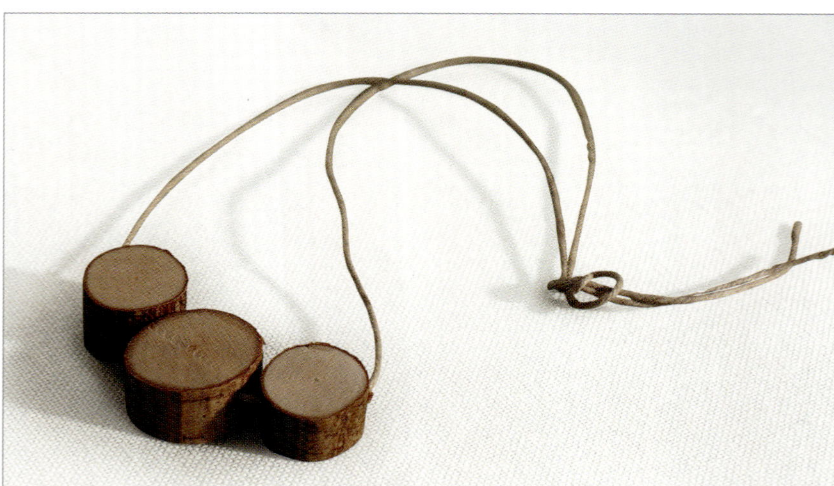

Tic-Tac-Toe

Ich mache Tic-Tac-Toe-Spiele auf zwei unterschiedliche Arten. Wer draußen in der Natur unterwegs ist und eine Beschäftigung sucht, kann mit einem Schweizermesser (z. B. Modell Hiker) Scheiben von einem Ast sägen. Die knappe Hälfte wird mit einem X markiert, die anderen sind ja schon rund, eine Markierung mit einem O kann man sich also sparen. Schnell ein Spielfeld auf einem Stück Papier oder dem Boden aufgemalt und schon kann man losspielen.

Wer einen Bohrer zur Hand hat, kann sich ein immer wieder verwendbares Reise-Tic-Tac-Toe-Spiel basteln. Sägen Sie von einem dickeren Ast eine Scheibe ab und schnitzen Sie gerade, sich kreuzende Rillen hinein, um das Spielfeld anzudeuten. Bohren Sie in jedes Quadrat ein nicht allzu tiefes Loch und schneiden Sie dann Stücke von einem Zweig ab, die in die Löcher passen. Malen Sie bei der knappen Hälfte die oberen Enden schwarz an und lassen Sie die übrigen hell. Bewahren Sie das Spiel in einem kleinen Beutel auf, damit kein Teil verlorengeht und schon können Sie stehenden Fußes losspielen, egal, wo Sie gerade sind.

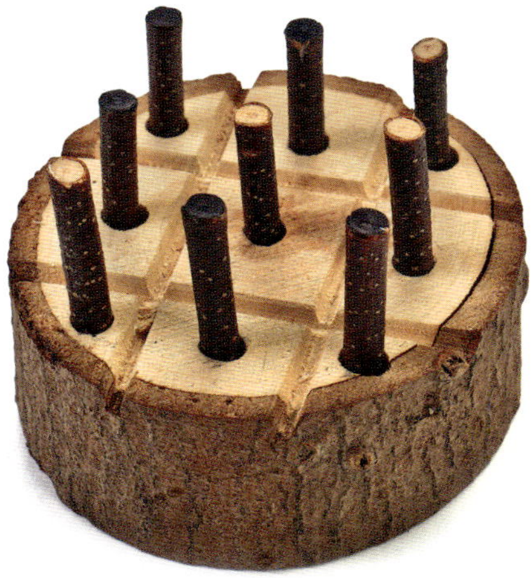

Magnete

Für dieses Projekt brauchen Sie nur wenige Minuten. Sägen Sie Scheiben von einem gut durchgetrockneten Stück Holz und glätten Sie diese anschließend mit Sandpapier. Kleben Sie einen starken Magneten auf die Rückseite. Malen Sie mit einem Holzbrenner Bilder oder Wörter auf die Vorderseite, die Sie, wenn Sie möchten, mit Permanentmarkern noch bunt ausmalen können. Waren die verwendeten Äste ausreichend abgelagert und durchgetrocknet, werden Sie sich nicht über Risse oder sich lösende Rinde ärgern müssen.

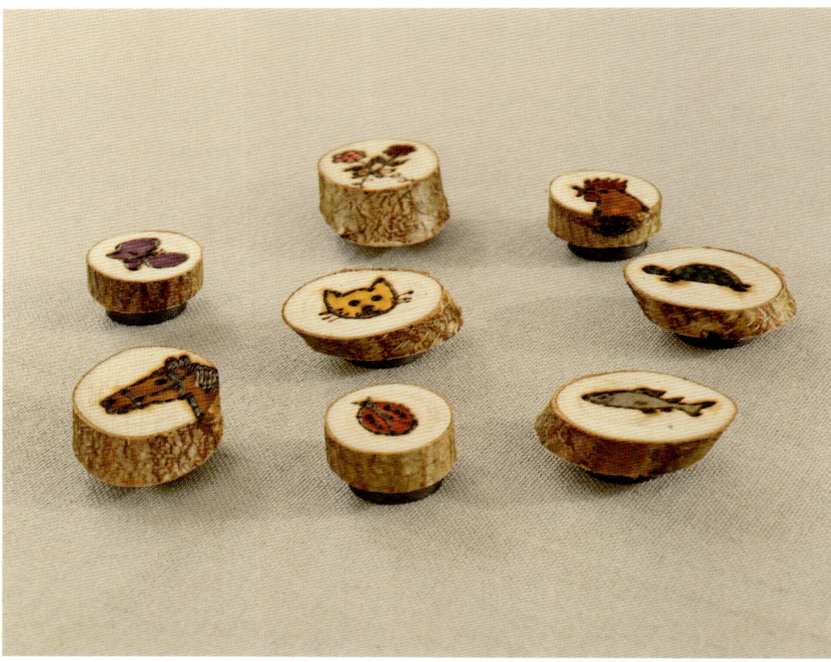

Die CO_2-Bilanz eines Schweizer Taschenmessers von Victorinox ähnelt der einer Scheibe Toast zum Frühstück.

Serviettenringe

Stecken Sie schöne Stoffservietten in diese Ringe und schon verleihen Sie Ihrem gedeckten Esstisch einen Hauch von Klasse. Diese geschmeidigen Serviettenringe machen Ihre nächste Mahlzeit zu etwas Besonderem, egal, was auf den Tisch kommt. Wie dick die Scheiben dafür sein sollen, bleibt Ihnen überlassen, da gibt es keine Regeln. Ich mache meine meist so um die 2 cm breit.

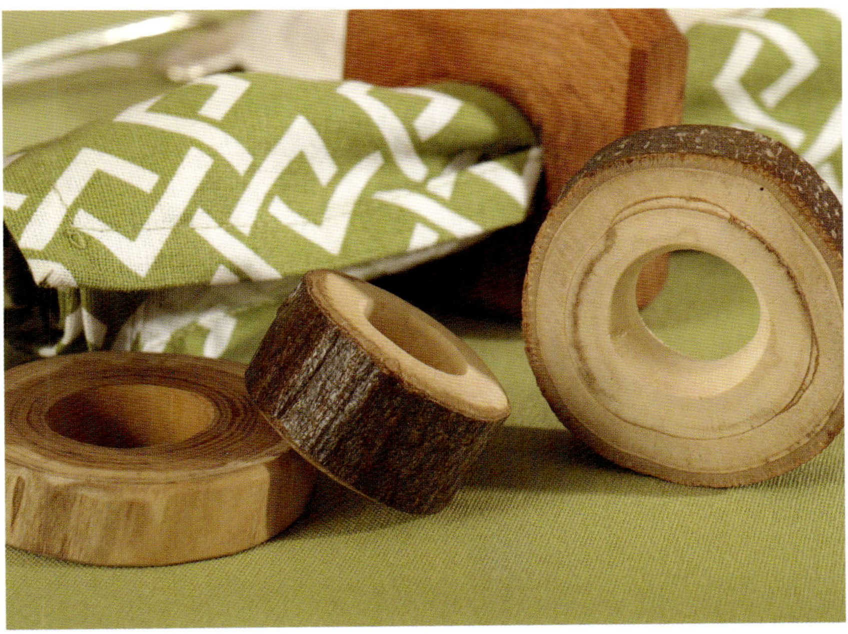

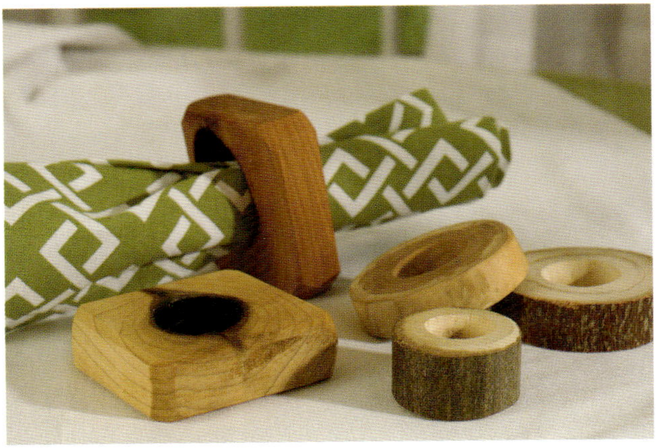

Register

Kursiv gedruckte Seitenzahlen kennzeichnen in diesem Buch beschriebene Objekte